武市健人譯

ヘーゲル全集 6a

改譯

大論理學

上卷の一

岩波書店刊行

譯者の序言

この本は鈴木權三郎氏の舊譯書の全面的な改譯である。というよりも、私自身の新譯といった方がよいであろう。テキストとしてはグロックナー版を用い、ラッソン版を參考にした。また W. H. Johnstone, L. G. Struthers 共譯の英譯本を參考にし、時にはフランス譯をも參照した。

註釋は鈴木君が元つけてあったものを私が再檢討して附加したほか、さらに相當多くの項を附け加えた。ただ、このような難解な書物に對してはもっと多くを加えるべきであったかもしれないが、この點はいろいろの事情からして致方なかった。その代りに、本文の各節に一々內容見出しをつけた。〔 〕で示した見出しが、それである。

なお、テキストも舊譯も上卷は一册になっているが、上卷は分量が非常に大きいのと、譯出その他の便宜から、上の一と上の二として分けることにした。これに引きつづいて、上卷の二、中卷、下卷を刊行する豫定である。

近ごろ、ソ連や東獨において形式論理學、記號論理學との關係から辯證法が再び大きな問題になっているところから、日本でも辯證法に關する議論が盛んである。しかし辯證法を論ずるためには、何といってもヘーゲル論理學をしっかり硏究しなければならない。それも、『小論理學』にとどまらず、やはりこの『大論理學』を中心にして徹底的に勉强する必要がある。『小論理學』は一體にカテゴリーを簡潔に竝べてあるきらいがあり、一應ヘーゲル論理學を知るには便利ではあっても、辯證法論理の精神をつかむためには、どうしても『大論理學』を學ばねばならないからである。この頃の外國や日本における空廻りの辯證法論議を見るにつけても、私はこのことを痛感するのである。

一九五六年七月二八日

武市健人

目次

第一版の序文

この凡そ二十五年このかた(一)ドイツの哲學的思考様式〔考え方〕が蒙った大變革も、この時期の間に精神の自覺が到達した立場の高揚も、これまでのところではまだ論理學の體裁の上にはほとんど影響を及ぼさなかった。

この時期以前に形而上學と呼ばれていたものは、いわば根こそぎに拔き取られて、學問の列からその姿を消してしまった。曾ての實體論、合理的心理學、宇宙論の聲は、或いは前代の自然神學の聲さえも今は何處に聞くことができようか。また何處に聞こうとするものがあろうか。例えば、靈魂の非物質性についての研究、動力因や目的因についての研究は、まだ何處かで關心をもたれていると云えるだろうか。また神の存在についての昔の證明も、ただ歴史的な意味で擧げられるにすぎず、そうでなければ敎化とか精神の向上とかのために述べられるにすぎない。要するに、人々の關心が曾ての形而上學に對して、或いはその内容の點で、或いはその形式の點で、或いはまたその兩面において共に失われてしまったことは事實である。だが、國民にとって例えばその國法に關する學問が無用となり、その心情、その人倫的慣習や德行が要らないことになるとすれば大變であるが、同樣に國民がその形而上學を失い、自分の眞の本質を求める精神がもはや國民の中に本當に存在しないことになれば、それもまた一大事である。

カント哲學の公敎的《エソテーリッシュ》敎說——即ち悟性は經驗を踏み越えてはならない、そうでなければ認識能力は妄想の外に何ものをも產まない理論理性となり終るという敎說は、學問的な面から思辨的思惟の斷念を正當づけたものであった。近世敎育學は喚聲を擧げてこのカントの平易な敎說を歡迎し、直接的必要ということだけを眼中におく時代の要求も、これを歓び迎えた。即ち認識にとって經驗が第一義的なものであるように、公私の生活上の技能にとっても理論的見識は却って有害で、一體に練習と實際的敎養の方が大事であり、それこそ有益だというのである。――このように學問と常識とが手をたずさえて形而上學の沒落に努力したために、いろいろ華麗な飾りは揃っているが、一番大事な本尊はない寺院のように、形而上學をもたない敎養ある國民が濶歩するという奇妙な光景が出現した。――以前には思辨的密儀と、ともかくも自分の婢たる形而上學との守護者であった神學も、いまはこの學を感情の犧牲にし、世俗的關心と博學な歷史的考證の犧牲にしてしまった。だが、事態のこの變化に應じて他方では、永遠なるものの瞑想とこの瞑想にひたすら奉仕する生活を取っておこうとの目的から、利益のためではなく、祝福のために國民が自分達の犧牲として捧げ、俗界から取り除けておいたあの僧侶達〔神自身の代表者達〕もまた消え失せるという結果になったのである。もっとも、この消滅は上述したところとはちがった關連から見られることもできるが、本質上は上述したものと同一の現象と見られてよい。――こうして形而上學の暗黑の追放の後、この自分の中に閉じこもり、自分自身のことだけを問題にする精神の黑衣の生活が追放されてから後は、地上の存在は百花咲き匂う明朗な世界に變じたかの觀があった。實際、この世界には周知のように、黑い花などというものは一つも存在しないことになったのである。

論理學は形而上學ほどのひどい目には會わなかった。論理學は思考を學ぶためのものだとせられ、このことが以前には――丁度、解剖學や生理學によって消化や運動を學ぶべきだというのと同じように――論理學の效用と見られ、從って論理學の目的と見られていたが、こういう偏見はもうずっと以前からなくなっていた。といっても、實際的な精神は論理學をその姉妹學〔形而上學〕よりも好遇したわけではなかった。しかし、恐らくその若干の形式的效用のために、論理學にはまだ學問の中に地位が殘されていたのであり、實際、論理學は學校の科目としてさえも認められていたのである。もっとも、この幸運にしても精々その外的運命に關して云い得るにすぎなかった。なぜなら、論理學の體裁と内容とは依然として長い傳統を通じて受けつがれたままのものであり、しかもこの傳承の間にだんだんに痩せ衰えて來ていたからである。學問と現實との兩面に現われはじめていた新しい精神は、まだ論理學の中ではその片影をさえも見ることができなかった。しかし、精神の實體的形式が變った以上、舊來の諸形式を維持しようとしてもそれは到底不可能である。舊來の形式は、すでにその根から新しく萌え出た新しい芽によって撥ね落される病葉にすぎない。

しかし、この一般的變化の無視もいまや學問の領域から姿を消そうとしている。新しい觀念はその反對者にさえも何時の間にか當り前のものとなり、採用されている。反對者がこの新しい觀念の源泉や原理に對してどうしても承服できず、これに對して反對の態度をとる場合でも、その歸結は受け入れたのであり、その影響を脱することはできなかった。彼らが益ゝ無意味のものと化しつつある自分の消極的態度に對して積極的な意味と内容とを與えるためには、彼らもこの新しい考え方を身に着ける以外に手はなかったのである。

他面から見ると、新しい創造の開始期である發酵の時期は、すでに過ぎ去ったかの觀がある。こういう發酵期の初期においては、そこに流布している古い原理の體系に對して狂熱的な敵意を示すのが常であるが、それかといって一方では未知の荒野に踏み込んで自分を見失うことにも怖れをいだき、また一方では學問の發達に必要な努力を拂うこともきらい、結局その學問の發達の必要上、まず空虚な形式主義を採用するのが常である。（二）そこで次に、素材の加工と形成との必要が益ゝ切實に感じられて來る。ただその場合に、生《なま》の、未發達の形態においてではあれ、原理をつかみ、それを主張するということは、個人の教養からいっても、また時代の發達という點からいっても一つの時期を劃すものである。けれども、もう一歩進んで、この原理が學問にまで高まるということこそ更に必要である。

ところで、哲學の具體的な内容や形式に關しては、その他の點からすでに多くのことがなされたにしても、本來の形而上學をなすものであり、純粹な思辨哲學をなすものである論理學は、これまでほとんど顧みられなかった。この論理學と論理學の立場を私が嚴密にどう見るかということについては、序論の中で豫備的な形で述べておいた。しかし、この學問をここに更めて初めからやり直さなければならなかった所以とか、對象そのものの［難解な］性質とか、また以前の諸〻の勞作がもっていたところの、この現在の改革のために利用しようと思っても利用し得なかったような缺點とかの諸點については、たとえ多年の努力にもかかわらず、この試みに對してこれ以上の完全な形態を與え得なかったうらみはあっても、公平にものを判斷する者の見てほしいところである。――この企畫の根本的な觀點となっているものは、一般に哲學的方法の新しい概念を問題にするということである。私が他の個所で述べたように、(註) 哲學が學であるべき以上、哲學はそのために數學のような從屬的な學問からその方法を借りて來ることもできないし、また内的直觀のような獨斷的斷言《カテゴリッシェ・フェルジッヘルンク》に甘んずることもできず、或いはまた外的反省のやるようないろいろの根據からする屁理屈《レゾンスマン》〔推理〕を用いることもできない。學的認識において推進力となるものは内容の本性のほかにはあり得ない。というのは、この内容自身の反省こそ、はじめて内容の規定そのものを措定し、産出するものとなるのである。

（註）精神現象論、第一版の序文。〔一八三一年〕(三)――その議論の中心問題は方法の認識にあるが、その本當の場所は論理學そのものである。

悟性は規定し、またその規定を固執する。これに反して理性は悟性の諸規定を無の中に解消するものであるから、理性は否定的〔消極的〕であり、辯證法的である。しかしまた、理性は普遍を産出し、普遍の中に特殊を把握《ベグライフエン》するものであるから、肯定的〔積極的〕でもある。(四)悟性が一般に理性と別のものと考えられているのと同様に、辯證法的理性も普通は肯定的理性と異なる別のものであると見られる。けれども、本當は理性は精神である。理性は悟性的理性または理性的悟性の兩者よりも高次のものであるところの精神なのである。精神は否定的なものであり、辯證法的理性と悟性との本性《クワリテート》をなすものである。――精神は單純な存在を否定し、その點で悟性の規定的區別を措定するが、更にまたこの區別を解消するのであって、その意味で精神は辯證法的である。けれども精神は、このような結果としての無の中に停滞するものではなく、その結果としての無の中において同時に肯定的であり、その點で最初の單純な存在を回復するのである。しかも、この單純なものはいまやそれ自身具體的なものである普遍という形で回復されている。しかし、この普遍の下に所與の特殊がそのまま包攝されるのではない。特殊はあの規定の働きとその解消の中で、すでにその役目をおえたのである。このような精神の運動、即ち自分の單純性の中に規定性を産み出すとともに、またこの規定性〔區別〕の中に自分自身との同等性を生ずるものであり、その點で概念の內在的發展であるところのこの精神の運動こそ、認識の絶對的方法(die absolute Methcde)であると同時に、また內容そのものの內在的魂(die immanente Seele)である。――こういう自分自身を構成する道程においてのみ、哲學が客觀的、論證的な學であり得るというのが私の主張である。――精神現象論の中では、こういう仕方で意識を敍述することが問題であった。意識とは、具體的な、しかも外面性の中に囚われているところの知識としての精神である。しかし、この對象の進展運動は、あらゆる自然的、並びに精神的生命の展開と同様に、全く純粋本質性(die reine Wesenheiten)の本性に基くものである。ところで、この純粋本質性こそ論理學の內容をなすものである。現象する精神としての意識はその展開の道程において、その直接性と外的な具體的形態《コンクレチオーン》から解放され、これらの純粋本質性そのものをその卽且向自的の相において［それ自身を］対象とするところの純粋知識（reines Wissen）となる。これらの純粋本質性は純粋思想であり、自分の本質を思惟するところの精神である。その純粋本質性の自己運動こそ、それの精神的生命であって、これが即ち論理學を構成するものなのである。つまり論理學とは、この精神的生命の敍述にほかならない。

以上によって私が精神現象論と名付ける學問の論理學に對する關係が明らかにせられた。――だが、［この論理學刊行の］外面的關係について云えば、現象論をその內容とする哲學體系の第一部(註)に對して、論理學と哲學の二つの實在的な學、即ち自然哲學と精神哲學とをその內容とするはずで、それによって哲學體系が完結されることになる第二部が續く豫定であった。けれども、論理學そのものが含む問題の複雜さのために、私はどうしても論理學を別個のものとして公刊することにせざるを得なかった。それ故に、擴大された企畫の下では、論理學は精神現象論の最初の續巻をなすものである。これに續いて、哲學の二つのいまいう實在的な學が編入されることになる。この論理學の第一冊（erster Band）は、その第一巻（erstes Buch）として有論を取扱う。第二巻（zweites Buch）、本質論は第一冊の第二部をなす。(五) これに對して第二冊（zweiter Band）は主觀的論理學または概念論を內容とするはずである。

一八一二年三月二十二日　　ニュルンベルク

（註）（バムベルク及びヴュルツブルク、ゲープハルト書店刊。一八〇七年）――この表題は次の復活祭に出版されることになっている第二版では除くつもりである。――これに續いて論ずる豫定になっていた哲學體系の第二部、即ちそれ以外の全哲學的學問に亙るものとせられていた第二部の代りとして、(六) その後私は哲學的諸學の集成［エンチクロペディー］を出版し、また昨年その第三版を出した。（第二版の註）

第二版の序文

ここに論理學の改訂版第一巻を公にするわけであるが、この論理學を新たに改訂しようと思い立った理由は、私が對象そのものの難かしさのみならず、その敍述の難解、殊にこの第一巻の第一版のもつ不完全さを強く意識したからである。しかし、その後長年に亙って、この不完全さを取り除こうと努力して更によくこの學を研究してみた後に、いま私はやはり讀者の寛恕を乞わねばならないわけを十分にもっていることを感じる。しかも、こういう云い分の名目としては、まず第一に、特にその內容として單に舊來の形而上學と論理學の外的な材料しかなかったという事情を擧げることができると思う。この二つの學、殊に論理學は今日に至るまでも、一般に問題にせられ、繰り返して研究されて來たにかかわらず、その研究が思辨的な面にふれるということはほとんどなかった。そこではむしろ、一體に同一の材料が繰り返され、それが時には一層淺薄皮相なものにせられたり、また或る場合には舊いボロ切れがわざわざ一杯引きずり出されるといったわけで、結局こういうまるで機械的な努力が漫然と繰り返されるだけであって、哲學的內容に對しては何の寄與するところもなかったのである。それ故に、思想の王國を哲學的に、卽ち自身の內在的活動性の面から、更に云いかえると思想そのものの必然的展開の面から敍述するということは新しい仕事でなければならず、そこでは始めからやり直す必要があったのである。しかしそうはいっても、その傳來の材料、すなわち周知の思惟形式は、たとえそれが單に所々で弱い緯絲の役目をつとめ得るにすぎず、或いは生命のない骸骨の骨格の意味しかもたず、のみならずそれさえもなくて、無秩序に放り出されているにすぎなかったにしても、やはり大事の手本ではあり、實際、必然的の條件であり、われわれが感謝して受け取るべき前提であることは認めざるを得ないところである。

思惟の形式はまず人間の言語の中に表出され、また貯えられている。人間が動物と異なる所以が思惟にあるということは、今日ではもう當然のこととせられている。人間の内心に起るもの、一般に觀念となって現われる一切、人間の有する一切の思想には言語が介入する。從ってまた、凡そ人間が言葉にし、言語に表わすものはみな、不明瞭な形であれ、他のものと混合した形であれ、或いは明瞭な形でであれ、カテゴリーを含んでいる。それほどに論理〔ロゴス〕（das Logische）は人間にとって自然的のもので、むしろ論理は人間固有の本性〔自然〕そのものである。けれども、もしも自然を一般に物理的自然と見、精神的なものと對立するものと見るとすれば、論理はむしろ超自然的なものと云うべきであろう。それは人間のあらゆる自然的行動、即ち感覺、直觀、欲求、慾望、衝動の中に入り込んで、たとえ形式的な面だけからではあっても、要するにこれを人間的のものに、即ち觀念と目的とに變えるものである。或る言語が思惟規定そのものを表わす豊かな論理的表現をもつ場合、即ち固有の表現と細かな表現の區別をもつ場合には、それはその言語の長所である。前置詞や冠詞にもすでに、思惟に基くところのこういういろいろの關係が出ている。シナ語はその構造上こういう關係をまるでもたないか、少くもその點の表現が極めて貧弱だと云われる。その不變詞は全然、從屬的のもので、前綴や接尾語などのようなものと同樣に、ちっとも他のものと分けられておらない。それよりももっと大事なことは、言語の中で思惟規定が名詞や動詞の上に表わされ、それが對象的形式に打ち出されるということである。ドイツ語はこの點では他の近世語に比べて多くの長所をもっている。のみならず、その語の多くはそれぞれ異なる意味をもつのみでなく、更に反對の意味をももつという特性を具えているのであって、その點でそこに言語の思辨的精神さえも認められるのである。こういうような語にぶっつかり、思辨の所産であって悟性にとっては矛盾と思われるような反對の一致（die Vereinigung Entgegengesetzter）〔coincidentia oppositorum〕を、反對の意味をもつ一語として、素朴な形ではあれ、すでに辭書の中に發見するということは、たしかに思惟にとって一つの喜びである。それ故に哲學は、ここでは一般に特別な術語を必要としない。無論、いくつかの言葉は外國語から借りて來なければならないが、しかしそれも使用している中に哲學の中に市民權を獲得しているのである。つまり、問題そのものが根本であるこの所では、こけおどしの外國語排斥論の這入る餘地は全然ないのである。――一般文化、特に學問は、經驗的、感性的な學問であっても、一般に（例えば全體と部分、物とその特性などといった）一般的なカテゴリーを使用しているが、それが進歩するにつれて、次第に高次の思惟關係をも要求するようになり、これらのカテゴリーを少くももう一段と大きな普遍性に高め、その點に一層の考慮を拂うようになる。例えば物理學において、以前には力という思惟規定が中心にせられていたが、近頃では極性（Polarität）のカテゴリーが[七]――、即ち二つの區別の兩項が不可分の關係にあるという區別の規定が、――根本的な役割を演ずることになり、それが無闇やたらに（à tout et à travers）振り廻されて、光の現象にまでも持ち込まれるようになった。その結果、これまで同一性という抽象の形式が基にせられたために、例えば力というような規定性に獨立性が與えられたのであったが、いまやこういう仕方で、その同一性という抽象の形式がすてられて、規定〔區別〕の形式、即ち元來は區別ではあるが、區別であると同時に不可分のものとしてまた同一性の中にあるというような區別という形式〔即ち極性のカテゴリー〕が主張されることになり、これが通念となったということは非常に重要な點であり、注目すべきことである。自然の考察は、自然の對象そのもののもつ實在性に基いて、こういうカテゴリーを立てざるを得ないことになった。このカテゴリーは、たとえこれと並んで妥當性をもっている他の諸カテゴリーと全く矛盾するものであり、從って精神の領域における ように簡單に對立から抽象と普遍性〔統一〕に移って行くということは許されないものであるにしても、ともかくも自然考察においては、もはや無視することのできないものである。

しかし、このように論理的對象、並びにその表現は教養ある人々にとっては熟知のものであるが、他の個所においても述べたように、(八)知られている(bekannt)からといって、必ずしも認識されている(erkannt)とはかぎらない。しかも、熟知のことを更に取り出して問題としなければならないというのは、やり切れないことだとも云えそうである。だが、われわれがいつも使用しており、われわれが語る一つ一つの文句の中に必ず顏を出している思惟規定ほどに熟知のものが他にあろうか。しかし、この熟知のものから出發する認識の行程に關して、この自然的思惟に對する學的思惟の關係に關して、一般的な契機を指摘しておくところにこそ、この序言の役目があると云うべきである。だから、いまこの序言を前に書いた序論〔本書では次の序論〕で云ったところと併せて見てもらえば、——通常いかなる學問においても、その内容そのものであるその學問に這入る前に、その學問の一般的觀念を述べておくことが必要とされるが、——この論理的認識の意義についてその一般的觀念を述べておくという役目は果されていることと思う。

思惟の形式は日常的には自覺的な直觀とか、觀念〔表象〕の形をとり、また欲求や意欲の形をとり、或いはむしろ觀念的〔表象的〕な欲求や意欲の形をとって(——また實際、人間の欲求や意欲で觀念〔表象〕を伴わないものはないのであるが——)素材〔質料〕の中に沒入しているが、思惟の形式がこの素材から解放され、この形式の普遍性をそれだけとして取り出し、そうしてプラトンがやったように、また特にアリストテレスがやったように、この形式の普遍性を考察の對象とするようになったということは、一般に大變な進歩と見なければならない。ここに普遍性の認識がはじまったのである。アリストテレスは云う。「生活に必要なすべてのものが大體得られ、生活の安寧や享樂のためのものが存在するに至って後はじめて、人々は哲學的認識を求めはじめた」と（九）。またその少し前の所では、「エジプトにおいては數學が早くから起ったが、それはそこでは僧侶の階級が早くから閑暇のある狀態におかれていたからである」と述べている（一〇）。――事實、純粹な思想を問題として取り上げるという要求が生ずるためには、人間精神はこれに先立ってすでに長い道程を歩んでいることが前提されねばならない。云いかえると、それは必要物に對する要求がすでに充たされていることが必要だといってもよく、つまり無用なものが要求される※段階にまで達していることが必要だと云ってもよい。更に云いかえると、直觀とか想像などといったものに伴う素材が捨象されること、或いは欲求とか、衝動とか、意志とかにあっても思惟規定はこれらの素材の中に沒入し、その中に蔽いかくされているのであるが、その欲求、衝動、意志とかのもつ具體的な關心が捨象されるところまで達していることが必要である。全く自分自身が問題になるところにまで達し、自分のみを眼中におくことになった思惟の靜寂な場所においては、これまで國民や個人の生活を動かしていたような諸ゝの關心は沈默する。その意味においてアリストテレスはまたそこで云っている。「人間の性質はいろいろの面にかかわりをもつものである。しかし、實際上の使用のために求められるのでないところの學問のみが絶對に自由な學であって、それ故にそれは人間のものとは思えない」と（一一）。――哲學は一般にまだしも神とか、自然とか、精神といった具體的な對象をその思想の中で問題にするが、これに對して論理學はこれらのものを全く切り離して、全然抽象的な形で取扱う。それ故に論理學は通常、まだ具體的な生活の關心に頭を突っ込まず、その點で閑暇をもつ青年の學習すべきものとせられている。卽ち青年はただひとえに、そういう生活の關心の對象の中で活動するための手段と能力との獲得という主觀的目的だけを考慮すればよく、またこれらの對象そのものにしても、まだ全く理論的にのみ取扱えばよいのである。この點では、いま引用したアリストテレスの見解とは反對に、論理學は一個の手段と見られる。つまり論理學の勉强は準備作業であり、その場所は學校であって、それを基にしてはじめて生活の實直な營みと本當の目的に對する活動とが出て來るものとせられる。けれども、カテゴリーの使用はまた日常生活の中でも行われる。カテゴリーはそれだけとして純粋に考察されるという名譽を奪われて、生きた現實の内容の精神的處理に用いられ、その内容に關係する各種の觀念の創造や媒介のために奉仕することになる。――その場合、一方ではカテゴリーはその普遍性の點で省略の役目を果す。――というのは、戰鬪とか、戰爭とか、民族とか、海、動物等々といった觀念は、その中に外的存在や行動やの一々の具體的なものを無限に含むものだからである。――また神とか愛とかいう觀念においては、こういう觀念の單純性の中に如何に多くの個々の觀念、行動、狀態、等が摘要されていることであろう。――しかし他面では、カテゴリーはいろいろの對象間の關係を立ち入って規定したり、發見したりするために使用される。その場合には、そこに働く思惟の内容と目的、その思惟の正しさと眞理とは全くそこに現存する對象そのものに依存するものとせられ、思惟規定それ自身に對しては如何なる内容規定の能力も認められない。こういうようなカテゴリーの使用は前には自然的論理學（natürliche Logik）と呼ばれたものであるが、[三]それは沒意識的のものである。それで、學問的反省においてカテゴリーに對して手段として奉仕するという關係しか精神内で認められないとすると、思惟は一般に他の精神的規定に從屬するものとなる。われわれは感覺、衝動、關心について、それらがわれわれに奉仕するとは云わず、むしろそれらを獨立の力であると見、そういうように感覺し、欲求し、意欲し、關心をいだくものこそ、われわれ自身であると見るのである。實際またわれわれは、われわれの感情、衝動、情熱、關心、のみならず習慣の主人公としてそれらを所有するのではなく、むしろ反對にわれわれがこれらに對して奉仕しているのだという意識をもつことにもなり得るのであって、ましてこれらのものがわれわれの中で緊密に統一して、われわれの手段となるということは意識されない。すると、心情と精神とのこういうような規定はやがて普遍性に對立する特殊と見られることになり、われわれは自分を普遍性として意識するものであり、その點で自由をもつものであるのに、われわれはむしろこの特殊の中に囚われており、特殊に支配されているものと考えられるようになる。その結果またわれわれは、われわれの觀念が單に理論的のものであれ、或いは感覺、衝動、意志に屬するところの素材をもつものであれ、そのわれわれの如何なる觀念の中にも支配しているところの思惟規定を、われわれに奉仕するところのものとは考えないことになる。卽ちわれわれがこの思惟規定を所有し、手中に握っているものとは見ず、却って思惟規定がわれわれを所有し、支配するものと考えられることになる。そうすると、ここにこれらの思惟規定に對してわれわれにはどういう途が殘されているか。如何にしてわれわれは、それ自身普遍的なものそのものであるこれらの思惟規定に勝るところのそれ以上の普遍者として立ち現われることができるのか。われわれが感覺、目的、關心の中に沒入する場合、そこに自分が束縛されていること、不自由であることを感ずるとすれば、この束縛を脫して、自由に復歸し得る場所は自分自身の確實性の場所の外にはなく、純粹抽象の場所、卽ち思惟の場所こそ、それでなければならない。或いはまた、われわれが事物について語る場合、その事物の本性または本質をその事物の概念と呼ぶが、この概念はただ思惟に對してのみ存在するものである。だが、それにもかかわらず、この事物の概念について、われわれがそれらを支配するのだということ、事物の概念を構成するものである思惟規定がわれわれに奉仕するものだということを主張することにはならないで、反對にわれわれの思惟はこの概念に制約されるもので、われわれの恣意とか自由とかで以って、この事物の概念を律してはならないと考えるのである。しかし、このように主觀的な思惟がわれわれの最も固有な、最も内的な行爲であり、これに對して事物の客觀的概念が事柄《ザッヘ》そのものを構成するものであるかぎり、われわれはこの行爲を脫して、それを踏み越えることもできなければ、また事物の本性を無視して、それを踏み越えることもできない。けれども實は、われわれは後者の規定を無視することができる。この規定がわれわれの思惟と事柄との關係を意味するものである以上、それは第一の規定と一致するものであり、しかも次の點でそれは單に同義反復にすぎないからである。卽ち事柄はその點でわれわれの概念の規準として掲げられるではあろうが、しかしこの事柄とはわれわれにとっては、まさに事柄に關するわれわれの概念以外の何ものでもあり得ないが故である。批判哲學はこの三つの項（drei Terminorum）の關係について、思想[一三]（Gedanke）がわれわれ自身（uns）と事柄（Sache）との中間であるとするが、その場合に批判哲學では、この中間が兩者を關係させるものというよりは、むしろわれわれを事柄から切り離すものとする。それで、この見解に對しては次のことを一言指摘しておく必要がある。それは卽ち、このわれわれの主觀とそれに關係する思想との彼岸に遠く離れて存在するとされるような事柄はまさに思想物[一四]にすぎず、全くの無規定的な事柄として單に空虛な抽象そのものとしての一思想物（いわゆる物自體）にすぎないものだということである。[一五]

※　ここはラッソン版の讀み方に從っておく。（譯者）

だが、以上に述べたところによっても、思惟規定を單に使用のためのものと見、また手段と見るような關係を斥ける見地は明らかにされたであろう。さらにこれと關連することは、思惟規定を外的形式と考えるところの普通の見方である。――前述のように、われわれのあらゆる觀念、目的、關心及び行爲を貫いて作用する思惟の活動性は沒意識的に働く。（自然的論理學）これに對して、われわれの意識に上るところのものこそ內容であり、觀念の對象であり、要するに關心を充すところのものである。この點からして、思惟規定は單に内容に附着するのみで内容そのものではないところの形式と見られるのである。けれども前述したところから、また普通一般に承認されているところからして次のことが正しいとすれば、即ち現象とか、生滅常なき外的存在とかの多様性と偶然性の中にあってその本性、その特有の本質、眞に永續的なもの、實體的なものは事柄の概念であり、事柄そのものに内在する普遍であるということ、それは恰も人間の各個人は無限の特性をもつが、しかし人間であるという點にその全特性中の至上のもの《ダス・プリウス》があり、また各個々の動物も動物である點にその至上のものをもつということが正しいとすれば、この基礎〔個物に内在する普遍〕が他のいろいろの述語によって扮装されている存在から取り除かれてしまう場合には、――たとえこの基礎も他の述語と同様に一つの述語と呼ばれ得るにしても、――そこにはもはや個人を個人たらしめるものがあるとは云えないであろう。この不可欠の基礎、即ち概念、普遍は、――「思想」という言葉に附隨する通常の觀念を捨象することができれば、普遍は思想そのものであるが、――ただ單に内容に附着したところの、内容と無關係な形式と見なすことはできない。しかし、この自然的と精神的とのあらゆる事物の思想にしても、のみならず實體的内容でさえも、まだやはり種々の規定性を含み、魂と肉體との區別、概念とそれに關係する實在性との區別をその中にもつようなものである。だが、一層深い基礎は魂そのものであり、純粋概念であって、この純粋概念こそ諸ゝの對象の最根本、その單純な生命の脈搏であるとともに、また對象に關する主觀的思惟の中核をなすものでもある。そこで、われわれの課題は、この精神に魂を與え、精神の中にあってこれを動かし、働かすものである論理的本性を意識の中に持ち込み、意識させるにある。本能的行爲が知性的で、自由な行爲と區別される點は、一般に後者が意識を伴って行われるところにある。精神は本能的な思惟の活動の中においては、それのカテゴリーの鎖につながれて無限に多くの素材に寸斷されていたのであったが、この精神を動かすものの内容が主観との直接的統一を脱して、對象となって主観の前に現われるとき、そこに精神の自由がはじまるのである。こうして、いまやこの網の目の所々にもう一つ固い結節が結ばれるのであるが、この結節こそその網〔精神〕の生命と意識の支柱となり、照準となるものにほかならない。これらの結節の固さと力とは、結節が意識の前にもたらされて、意識の本質性の即且向自的な概念となるというところから生ずる。精神の本性にとって最も重要な點は、單に精神の即自の存在が精神の現實の存在に對する關係にあるのみでなく、むしろ精神が自分を知るという關係にある。即ち精神は本質上、意識であるから、この自己認識《ジッヒ・ヴィッセン》こそ精神の現實性の根本規定なのである。それ故に、これらのカテゴリー、即ち單に衝動という形で本能的に作用するものであり、はじめは個々別々の形で現われ、したがって變化するものとして、また混亂した形で精神の意識に現われ、そのために意識に一個の分散的で、不確實な現實性を與えるにすぎなかったところの、これらのカテゴリーを純化し、それによってこのカテゴリーの中で精神を自由と眞理とに高めることこそ、論理學の高次の職務である。

われわれが前に哲學の始元として擧げたところのものについては、それがそれ自身としても、また眞なる認識の條件としても大きな價値をもつものであることを述べておいたが、その哲學の始元、即ち諸ゝの概念と概念の契機一般、特に思惟規定を、素材と異なるもので、單に素材に附着するにすぎないような形式として取扱うということは、論理學の對象であり、また目的である眞理にふさわしくない態度であることが、そのこと自身から直ちに明らかになる。なぜなら、思惟規定をこのように内容と異なる單なる形式と見ることは、思惟規定に有限的な規定の極印を押し、それ自身において無限である眞理を把捉することが不可能だという規定をもつものにしてしまうからである。如何なる意味においてであっても、眞なるものに制限と有限性が結びつけられるということは、その眞なるものの否定の面、それの非眞理と非現實性の面を、或いはむしろその終末の面を表わすことであって、その眞なるものの本性である肯定の面を表わすことではない。そこで遂に健全な理性〔常識〕の本能がこの單なる形式的なカテゴリーの空虛に對してのさばり出し、輕蔑をこめてカテゴリー論を學校論理學と學校形而上學の手に委ねることになるが、その場合にはそれは却ってこの手引の意識〔形式論理〕がそれ自身として元來もっているところの價値を見落しているとともに、自分こそ自然的論理學の本能的行爲に、というよりもむしろ思惟規定の知識と認識との反省的拒否に、即ち不純な、したがって不自由な思惟に對する奉仕に囚われているということを意識していないのである。そこで、このような諸形式の全體の單純な根本規定、即ちその一般的形式は同一性であって、思惟形式の寄せ集めである論理學においてはそれは法則として、即ちA＝Aとして、或いは矛盾律として立てられるのである。いまや健全な理性は、こんな眞理の法則を後生大事に守りつづける學校というものに對して敬意を失い、遂にはこれを輕蔑することになり、こういう法則に從って「植物は植物である」、「學問は學問である」等々ということを大眞面目に語ることのできるような人間をやりきれないと考える。しかし、それはまた實際上、悟性の本場である推論の規則を表わす諸方式に對して、――これらの方式の領域が認識の中にあり、そこでこそそれらが正しく妥當するものだという點と、同時にまたそれらが理性的思惟に對する不可缺の材料でもあるという點を看過していることは非常な缺點であるが、――正しい認識をももった。即ちそれらの方式が少くも誤謬と詭辯とのためのあらずもがなの手段ともなるとともに、またたとえ眞理をどんなものと規定するにしても、それらの方式が例えば宗教的眞理のような高次の眞理に對しては使用し得ないものであること、――それらは要するに認識の正當性《リヒティッヒカイト》〔主觀的正しさ〕にのみ係わるものであって、眞理《ヴァールハイト》〔客觀性〕に係わるものでないということが、これである。

このような眞理を度外視する思惟考察の方法の不完全さは、この普通に外的形式と見られているもののみでなく、また內容が共に思惟考察の中に取り入れられることによってはじめて補われる。日常の反省において、內容として形式と區別されるところのものも、實際は單なる沒形式のもの、沒規定のものであるべきでないということは、すぐにわかる。——もしそうだとすれば、內容は單に空虛なものであり、物自體といった抽象にすぎないであろう。——むしろ內容は、それ自身の中に形式をもつものであり、また形式によってのみ生命と實質とが與えられる。のみならずまた、內容としての假象に轉化するとともに、またこの假象〔內容〕に卽して存在する外的形態としての假象〔形式〕に轉化するものも、實にこの形式そのものにほかならない。(六)このように、內容を論理的考察の中に導入するとともに、論理學の對象は物ではなくて、事柄、卽ち概念となる。(七)ところで、この際早速考えられることは、多くの概念、多くの事柄が存在するということである。しかしそうすると、この多くのものが制限されるのは何に基いてかと云えば、その一つの意味は前に述べたように、概念が思想一般として、卽ち普遍として、無規定的な直觀や表象の前に現われるような無數の個々の事物に對する大變な省略だということである。これに對していま一つの意味は、一個の概念（*ein* Begriff）はまず第一にそのまま概念そのもの（*der* Begriff）であって、この概念そのものは唯一のものであり、また實體的基礎であるということである。けれども第二に、概念は或る規定的概念であって、概念のこの規定性こそ概念の內容として現われるものにほかならない。しかし、概念のこの規定性は實はこの實體的統一の一つの形式規定であり、全體性としての形式の一契機であり、規定的概念の基礎である概念そのものの一契機である。概念そのものは感性的な仕方で直觀されたり、表象されたりすることはない。概念はただ思惟の對象であり、思惟の所産であり、また思惟の內容であって、卽且向自的に「絶對的に、それ自身で」存在する事柄であり、ロゴスであり、存在するものの理性であり、凡そ事物と呼ばれるものの眞理である。絶對に論理學の圏外に放置されてはならないものと云えば、それは卽ちこのロゴスである。それ故に、それは任意に論理學の中に取り入れたり、或いはその外に放置したりすることのできるものではない。單に外的形式にすぎない思惟規定も眞にそれ自身において考察される時には、その有限性とそれを自立存在と見ること（Für-sich-sein-sollen）の不當とが明らかとなり、却ってその眞理として概念が現われて來る。だから、論理學は一面では一般にわれわれの精神を本能的に、無意識的に貫いているものであるところの、そしてそれがわれわれの言語の中に這入って來る場合でさえも非對象的で、したがって氣づかれることなしにあるような思惟規定を問題にするものであるが、同時にまた反省によって抽象化されており、反省によって素材と内容に對して外的な、主觀的形式として固定されているような思惟規定の改造をしようとするものでもある。

如何なる對象の敍述も、その必然性に基いて行われる思惟の展開の敍述ほどに嚴密で、あくまでも内在的で彫塑的（gar streng ganz immanent plastisch）であり得るものは他には絶對にないであろう。[二六] また他の對象は、それほどこういう要求をもたないでもあろう。思惟の學は、この點では數學をも凌駕すると云わねばなるまい。というのは、如何なる對象も自分自身の中に、この學がもつような自由と獨立性をもたないからである。このような自由で獨立な敍述というものは數學的論證の過程の中にもまた、それなりの形で存在するものであるが、實際その敍述は展開の如何なる段階においても、この各段階の中で直接的に生じたものでないような如何なる思惟規定や反省もないこと、卽ち先行の段階から推移して來たようなものでないことを要求するものであろう。けれども、このような敍述の抽象的な完全性は勿論、一般的にはあきらめられねばならない。ところが、この學は元來、純粹な單純者、從って最も普遍的なもの、最も空虛なものから始めなければならないものであるから、その敍述にしても、ただそういう單純者そののもつ全く單純な表現が許されるだけで、そこに後續の段階の言葉を註釋に使うことは許されない。――こういう事情からして、そこに當然に出て來るべきものは、主觀的觀念や勝手な思惟が混入する餘地のあるようなものを防ぎ、遠ざけることを建前とする否定的反省であるように思われよう。けれども、展開の單純な内在的行程へのこのような主觀的な想いつきの介入が、それ自身偶然的であるとともに、これを避けようとする努力もまた同様に偶然性を伴っている。元來、このような想いつきは事柄の外部にあるものであるから、そういう想いつきのすべてを一々相手にしようとするのは無駄であって、少くもその場合には體系的要求に必要とされるような完全性は得られないであろう。しかし、近世意識に特有の動搖と散漫さのために、われわれはまた身邊に存在している反省や想いつきを多かれ少かれ取り上げざるを得ない。次に、彫塑的敍述はそれを聞く者と理解する者の彫塑的な精神《ジン》を必要とする。自分一個の反省や想いつき、したがって自分流の考えを他人に示そうとばかりするようなそれを冷靜に自制することのできるような彫塑的な青年や大人、或いはプラトンが描いているような、ひたすら事柄に隨順して、それに耳を傾けるような者を近世の對話の中に登場させることはできまい。まして、その種の讀者を期待することはできないであろう。それどころか、私はしばしば、また激しく攻撃されたのである。しかもその反對者というのは、彼らの攻撃や非難がもっているカテゴリーが前提を含むものであり、從ってこのカテゴリーはその使用に先立って何よりもまず批判される必要があるという簡單な反省を行うことさえもやろうとしないような連中である。こういう不了見《ベヴッストロージッヒカイト》は意外に廣く行われている。それは根本的な誤解を犯すものであるとともに、カテゴリーの考察に當って問題のカテゴリーそのものを見ずに、わざとそれとは別のものを考えるという質の惡い、非紳士的態度である。しかも、この別のものとは他の思惟規定、或いは概念であって、それはまた論理學の體系中で、他のカテゴリーとしてその位置を有し、そこでまた更めて考察の對象とせらるべきものであってみれば、この不了見は決して許されるわけにはいかない。このことは論理學の最初の概念、或いは最初の命題である有、無、成に向けられた特に多くの非難と攻撃において殊に著しい。――成がそれ自身は單純な規定であるが、それでも勿論、有と無の二規定を契機として含むものであることは簡單な分析からも分る。――けれども根本的な態度《グリュントリッヒカイト》としては、論理學の全構造の根底である始元を眞先に考究しておくことが必要であるように思われる。實際、始元が確立されない以上一歩も前進することができず、その場合にはむしろ以下の一切が斥けられねばならないとも見られる。同時に、この根本的な態度は思惟の仕事を非常に輕減するという利益をも伴っている。それは、その萌芽の中に後の全展開を藏しているのであって、從ってこの萌芽について十分に處理することができれば、すべてについて處理し得たものとも見られる。しかも萌芽は最も單純なものであり、單純なものそのものであるから、處理の最も容易なものである。つまり、こういう自己充足的な根本的態度、即ち始元が根本的なものとして推稱されるのは、それが極く僅かの勞力しか要らないためである。しかし、このように單純なものに問題を制限するということは、ただ單純なままにとどまることに滿足せず、それに何かと自分の反省を加えずにはおれない思惟に對して、その恣意の自由な活動の餘地を殘す。そこで、この根本的態度は何よりもまずただ原理だけを考究し、それ以上進んだ點には立ち入らないという正當な要求を掲げながら、その實際にやることと云えば、却ってそれよりも進んだ問題、即ち單なる原理とは別のカテゴリー、他の前提と偏見を持ち込むという正反對のことをやるようになる。例えば無限性は有限性とは異なるとか、内容は形式とはちがったものであるとか、内面と外面は別のものだとか、或いは媒介は直接性ではないとかといった前提が、誰れもそれを知らないとでもいうように、説教口調で述べ立てられるが、それも證明はなしに、ただ主張され、獨斷的に云われるだけである。しかも、こういう説教の態度の中にあるものは稚氣《アルベルンハイト》としか云いようのないものである。しかし、こういうことをただ前提し、端的に假定することは、一方から云えば事柄の本性上正しくないとともに、他方から云えば、それは次の點に對する無知による。即ち無限性を缺く有限性が果して眞なるものであるか、或いはまたこのような抽象的無限性が、更に無形式の内容と無内容の形式とが、外化をもたない内面そのもの、或いは内面性を缺く外面性等々が果して眞なるもの、或いは現實的なものであるかどうかを考究する點にこそ論理的思惟の必要とその任務があるということに對する無知にほかならない。けれども、この思惟が彫塑的態度を身につけ、空想と想いつきに走る反省の焦躁を克服するための思惟の陶冶と訓練は、ただ前進することによってのみ、即ち全展開を學習することと、全展開を產出し實現することによってのみ得られるものである。

プラトンの敍述を引き合いに出すとすれば、近世において哲學的な學の獨立的な建築を新たに造り上げようと苦心する者は、プラトンがその國家篇を七回書き直したという逸話を想い起さざるを得ない。その想起は、この場合また比較の意味をもつと見てよいから、その想起から切實に感じさせられる願望は、著作が近世世界に屬するものとして、現に一層深刻な原理、一層困難な對象及び廣汎にわたる材料をもつものである以上、これを七十七回推敲する閑暇が欲しかったということである。しかし著者は、このような課題の大きさを見ながらも、やはり現代の關心の過剩と多面性によって否應なしに散漫になっているような外面的必然性の事情の下では、のみならず世の喧騷とこういう現代の關心のみに汲々として痲痺し切った空想の饒舌が果して思惟に專念する認識の冷靜な寂境に耳を貸すであろうかという疑惑の下では、この現在出來上っているような形で滿足するほかなかったのである。

一八三一年十一月七日　ベルリーンにて

序論

論理學の一般的概念

〔**I、論理學の無前提性について**〕　どの學問においても論理學ほどに、先入見なしに事柄そのものから始めるという必要が強く感じられるものはない。他の學問においては、その取扱う對象とその學問の方法とは別のものである。また、その內容がその學問の絕對的始元をなすということもなく、內容は他のいろいろの概念に依存するものであるとともに、その周圍にある他の素材とも關係する。だから、これらの學問にとっては、その基礎原理とその原理の關連並びにその方法を單に假說的《レムマーティッシュ》な形で述べることが許され、周知のもの、承認されたものとして前提される定義とか、そういった種類のものの形式をそのまま採用し、その普遍概念や根本規定の確定のために普通の推理を使用することが許されるのである。

これに反して論理學は、これらの反省の形式、思惟の規則や法則の如何なるものをも前提することができない。なぜなら、これらは論理學の內容そのものの一部をなすものであって、論理學の中においてはじめて基礎づけらるべきものだからである。また學問的方法の提示のみならず、學問の概念そのものも論理學の內容に屬するものであり、その意味で內容こそ論理學の結果をなすものである。それ故に、論理學が如何なるものであるかということを豫め云うことはできない。むしろ論理學の全論述の後にはじめて論理學そのものについての知識が、その結果及びその完成として與えられるのである。同樣に論理學の對象である思惟、嚴密に云えば概念的思惟も本質的に論理學の內部で取扱われるものである。この思惟の概念は論理學の行程の中で產み出されるものであって、從って前以って立てられることはできない。だから、この序論の中で豫め云われることは論理學の概念を基礎づけるとか、或いは論理學の內容と方法とを豫め學問的に確立しておこうなどという目的からなされるものではなく、ただ普通論理の面と歷史的の面とから若干の說明と反省とを加えて、論理學を考察するための觀點をより明らかにしておこうというにとどまる。

〔Ⅱ、普通の論理學〕 論理學が一般に思惟の學とせられる場合、論理學は次のようなものと見られる。卽ちこの思惟が單なる形式にすぎないということ、論理學はすべての內容を捨象するものであるから、認識のために必要なもう一つの要素、いわゆる第二の構成部分である質料は他所から與えられねばならないということ、それ故にこの質料に全然關係をもたない論理學は眞なる認識の形式的條件を與えるにとどまり、眞理の本質である內容が全く論理學の外部にある以上、論理學は實在的な眞理そのものを含み得ず、從ってまた實在的な眞理に到る途〔方法〕ともなり得ないということが、これである。

しかし第一に、論理學がすべての內容を捨象するものであって、思考〔思惟〕の內容を問題にせず、その內容の性質を考慮せずに、ただ思考の規則を教えるにすぎないものだということが、すでにおかしい。なぜなら、思惟と思惟の規則とが論理學の對象であるべきだとすれば、論理學はその點でまさに論理學獨自の內容をもつからである。またその點で、論理學は認識の第二の構成部分である質料をももつのであり、その性狀、構造を問題にするものなのである。けれども第二に、一般的に云えば、これまで論理學の概念を支えていたところの諸觀念が一方ではすでに崩壞したのである。從ってこれを他方から云えば、これらの觀念が完全に消滅し、論理學の立場が一層高い觀念から把握され、論理學が變った形態をとる時が來ているということである。

論理學の從來の概念は、認識の内容と形式との、或いは眞理（Wahrheit）と確實性（Gewissheit）との、常識的に截然と前提された分離に基いている。ここでは第一に、認識の素材は思惟の外部にある既成の世界としてそれだけで別に存在しているということ、思惟はそれ自身としては空虚であるが、形式として外面的にその質料に働きかけ、それによって自分を充たし、そこではじめて或る内容を得、そうすることによって實在的な認識となるということが前提される。

次にこの二つの構成部分は——（兩者は互に構成部分としての關係をもつものと見られ、認識はこの二つから力學的な仕方で、或いは精々化學的の仕方で結合されるものだから）——それぞれ次のような序列をもつ。即ち客體はそれ自身として完結したものであり、一本立ち《フェルティイグス》のものであって、その現實性のために思惟が全然なくてもよいのであるが、思惟はこれに反して不完全なもので、或る素材と結合することによってはじめて完全なものとなり得るものであり、しかも軟らかな無規定的の形式として自分を質料に適合させねばならない。このように眞理は思惟と對象との一致であるが、この一致を生ずるためには、——この一致はそのまま存在するものではないから、——思惟が對象に自分を適合させ、順應しなければならないものと考えられる。

第三に、質料と形式、對象と思惟との差別が、そういう漠然とした無規定的のままに放置されるのでなくて、はっきり取り上げられるとき、各々は却って互に他と異なる別個の領域である。それ故に、思惟は素材を受用し、これに形式を與えることによって自分自身でなくなるのではない。この素材の受用、或いは素材への思惟の順應はあくまでも思惟そのものの一變容であって、そのために思惟が他のものに變化することはないのである。のみならず、自意識的な規定の作用は元々ただ思惟のみがもつところである。それ故に、思惟は對象と關係する場合でも自分自身を超えて對象そのものに達することはなく、對象はあくまでも物自體として、全く思惟の彼岸に存在するのである。

主客の關係に關する以上のような見解こそ、われわれの日常的な意識、即ち現象的な意識の本性をなす諸規定を云い表わしている。けれども、こういう偏見が理性にまでも持ち込まれて、理性の中にも同一の關係があり、この關係が絶對的に眞理をもつものだと考えられるとすれば、それは全くの誤謬である。そこで、こういう誤謬に對して精神的、並びに自然的の、宇宙のあらゆる部分に亙って反駁を試みるのが卽ち哲學である。云いかえると、こういう誤謬こそむしろ哲學への通路を妨害するものであるから、哲學はまずこれを排除しなければならないのである。

この點から見ると、古い形而上學は近世の思想よりも、思惟に關してずっとすぐれた概念をもっていた。つまり、昔の形而上學の根本前提となっている考えは、事物について、また事物において思惟によって認識されるもののみが事物の眞實の眞理だということであった。從って事物はその直接性のままで眞なるものではなく、思惟の形式に高められ、思惟されたものとなるときにはじめて眞なるものである。それ故に昔の形而上學は、思惟と思惟の諸規定とを對象に無關係のものではなくて、對象の本質をなすものと見る。云いかえると、事物《ディング》とその思惟《デンケン》とは（——ドイツ語はまた兩者の密接な關係を表わしているが——）[一九]、全く一致するものであり、その內在的諸規定としての思惟と事物の眞の本性とは同一の內容だと見たのである。

ところが、いまや反省的悟性が哲學を支配することになった。われわれはこの頃、しばしば標語として用いられるこの言葉が何を意味するかということを正確に知っておく必要がある。それは一般に分離に固執するところの抽象的な悟性、從って分離的悟性を意味する。それは理性に反對を表明して、自分が日常的な人間悟性〔常識〕であることを標榜し、眞理は感性的實在に基くものであること、思想はただ感性的知覺が思想に內實と實在性を與えるかぎりにおいてのみ思想であり得るということ、理性はそれが單なる理性であるかぎりは單に妄想を産むにすぎないものだということを主張する。けれども、こういうように理性が自分自身を見限るとともに眞理の概念は失われてしまうのである。そこでは理性はただ主觀的眞理、現象だけを認識することに、云いかえると事柄そのものの本性と適合關係をもたないようなものの認識に局限されてしまう。すると、知識は臆見〔私念〕(Meinung)に後退するのである。

だが、この一見損失と思われ、退歩と見える認識の轉向も、その根底にはむしろ深いものを藏しているのであって、そこには一般にいって、近世哲學のより高い精神の立場への理性の高揚がある。即ちいままでは一般的となったこの理性についての觀念の根底は、悟性の諸規定が自分自身と必然的に矛盾するものだという洞見の中に求めらるべきである。——上述の反省の働きは、具體的な直接的存在を超え出てこれを規定し、分離するにある。しかし反省は同様にまた、更にこの自分の分離する規定をも超え出て、まずこれらを關係させなければならない。ところで、この關係付けの立場において、いまいう規定間の矛盾が現われるのである。しかし、この反省の關係付けの作用はそれ自身、理性に屬する。その規定そのままの立場を超え出て、この規定間の矛盾に對する洞察にまで達するということは、理性の眞の概念に到るための偉大な否定の歩みである。けれども不徹底な洞見は、この自己矛盾に陷るものが理性であると考えるような誤謬に陥る。それは、この矛盾こそ即ち理性が悟性の制限を超越することであり、制限の解消であるということを認識しないのである。そのために、そこからして更に究極の點への最後の一歩を踏み出す代りに、認識は悟性規定に對する不滿から感性的存在の中へ舞い戻り、感性的存在の中に確實なものがあると想い、それを唯一の根據としようと想い誤ることになる。けれども他面では、この認識は自分が單に現象界の事物の認識にすぎないものであることを自覺しているために、自分の不十分なことを承認している。しかしまた同時に、物自體は認識されないにしても、現象の範圍内では事物は正しく認識されるものだということが想定されている。そこでは、いわば對象の種類が異なるにすぎないということが前提されておりながら、一方の種類、即ち物自體は認識し得ないが、他方の種類、即ち現象は認識の中に這入って來るとでもいったように。しかしそれは、一人の人に正しい洞見を認めておきながら、その人は眞なるものは見得ず、ただ眞でないものだけを見ることができるという但書をつけると同じである。しかし後者〔即ちこういう非眞理の認識ということ〕がおかしいのと同様に、對象を眞に認識しないところの眞なる認識ということもおかしい。

悟性の形式の批判は、この形式が物自體に適用され得ないものだという上述の結論に達した。——だがこのことは、これらの形式が、それ自身において眞でないものだということを意味するものにほかならない。ところが、これらの形式は主觀的理性と經驗とに對しては依然として妥當するものと見られるから、批判はこの形式そのものに對して何らの変更をも加えたわけではなく、これらの形式が前に客體に對してもっていたのと同一の形態において、いま主觀に對して妥當することを主張するのである。けれども、これらの形式が物自體に對して不十分なものである以上、これらの形式の所有者であるはずの悟性はこれらの形式を歡び迎え、好遇することはないであろう。もしも、これらの形式が物自體の規定であり得ないとすれば、それらは少くも物自體の尊嚴を認めなければならないはずの悟性の規定ではあり得ないであろう。有限と無限の規定も、それが時間と空間に、世界に適用されるにせよ、或いはそれが精神内の規定であるにせよ、同一の矛盾をもつ。それは、黑と白とが畫布の上で混ぜられても、またパレットの上で混ぜられても、灰色を生ずるのと同じである。もしも有限と無限の規定が世界表象の上に適用されるとき、われわれの世界表象が解消するというなら、この兩規定を元來、内に藏するものである精神はなおさら自己矛盾的なものであり、自己解消的な存在であろう。——要するに、區別を生ずる根據は規定が適用されるところの、或いは規定をその中にもつところの素材または對象の構造の中にあるのではない。というのは、對象はこれらの規定を通じて、或いは規定に照してはじめて、その矛盾をもつことになるにすぎないものだからである。(一〇)

それ故に、この批判は客觀的思惟の形式を極力事物から遠ざけようとするが、しかしこれらの形式を手當り次第に取り上げて、主觀の中に殘しておく。即ち批判は、これらの形式を根本的に〔即且向自的に〕考察し、その獨自の內容の面から考察することをせず、ただ假說的《レムマーティッシュ》にこれらを主觀的論理學から無雜作に借りて來るのである。その結果、形式を形式そのものから演繹するということも、これを主觀的、論理的な形式として演繹することも問題にはせられず、況んやその辯證法的考察は全然問題とはされないのである。

一層の首尾一貫性を期したあの先驗的觀念論(一一)は、批判哲學によって殘された物自體という幽靈の空無であること、すべての內容と懸絕した抽象的な影像の空無であることを認識し、この影像を完全に粉碎することをその目的とした。この哲學はまた、理性が自分自身で自身の規定を敍述するようになることの端緒を作った。けれども、この行き方の主觀的態度がその完成を妨げた。以來、この態度は捨てられて顧みられないことになり、それとともにいまいう純粹哲學の出發點とその完成も放棄されてしまったのであった。

ところで、普通に論理學と云われているものは形而上學的意味を全然離れて考察される。この學問はその現狀では、もちろん日常の意識によって實在とか、眞實の事柄とかと見られているような內容はまるでもたない。しかしそれかといって、論理學は內容に充ちた眞理を缺くところの形式的な學問ではない。普通に、論理學には素材が缺けており、その缺除に論理學の不十分があると云われるのであるが、それにしても眞理の領域は素材の中に求めらるべきものではない。論理的形式の無内容ということはむしろただこの形式を考察し、取扱うところの方法の中にある。これらの形式が固定的な規定として互に分離したものであって、有機的統一をもたないとすれば、それは死んだ形式であって、その生きた具體的統一である精神をその中に宿していない。そのために論理的形式は實質的な内容をもたないことになり、質料をもたないことになり、質料が内容でないことになる。すると、この論理的形式のない内容は、こういう抽象的諸規定の單なる基礎、單に具體的《コンクレチォーン》なものにほかならない。従って、こういう實體的本質は普通には形式の外部に求められることになる。しかし、すべての抽象的規定をその中に包容し、それらの實質的な、絶對的具體的な統一であるところの實體的なもの、或いは實在的なものこそ、まさに論理的理性（die logische Vernunft）そのものなのである。それ故に、われわれは普通に質料と呼ばれているものにこだわり、それを餘り追求する必要はない。論理學が無内容と云われる場合、それは論理學の對象の罪ではなく、むしろ對象を把握する方法の罪なのである。

〔Ⅲ、**論理學の新しい立場**〕　以上の反省は更にまた、論理學考察の新しい立場を明らかにすることになる。即ちそこから、この立場がこれまでの論理學の取扱い方とどんな風に異なるかという點、それが如何なる意味で將來永久に論理學の立つべき唯一眞實の立場であり得るかということが解明されるのである。

私は精神現象論の中で意識がその對象との最初の直接的對立から出發して絶對知に到るまでの進展運動を敍述した。この道程は意識のその客體に對する關係のあらゆる形式を通過して、その最後に至って學の概念を獲得する。それ故に、この概念は（それが論理學そのものの内部で現われて來るということを問題外とすれば）、すでにそこで〔精神現象論の中で〕その權利付けを獲得しているものであるから、いまここで更めてその權利付けをやる必要はない。また、そこでは意識自身の各形態はすべて、その眞理としてのこの概念の中に解消してしまうのであるが、この概念はこのように意識を通じて産み出されるというより以外の仕方でその權利付けを與えられることは不可能である。――學の概念の屁理屈による《レゾニーレント》〔推論的〕基礎付け、(三)または說明は精々のところこの概念を表象の形で述べ、またこの概念に關する事實《ヒストーリッシュ》的知識を與え得るにとどまる。これに反して學の定義、一層正確に云えば論理學の定義は、いまいうこの學の成立の必然性〔精神現象論の過程〕の中にのみその證明をもつのである。各〻の學問の絕對的始元をなすところの定義は、それがその學問の對象または目的として人々に一般に承認されており、周知のものとなっている事柄の明確な、正規の表現であるという以外の何ものをも意味することはできない。しかし、この學の對象または目的と考えられている事柄は實は事實的な見解にすぎず、從ってこの點では或いはこれ、或いはあれと、ただ既知のものを引き合いに出すことができるのであり、或いはまた人々が既知のものと認めてもらいたいと思うものを、あれ、これと任意に持ち出すことができるのである。それ故に、或る者は此所から、他の者は彼所からと個々の事實や例證を持ち出し、しかもこれについてまたいろいろの解釋が加えられ、そのために定義においても或いはより詳しい、或いはより一般的な規定が取り入れられ、それに應じてその學問もまた立てられるというわけで、切りがないことになる。――その場合にはまた、如何なる規定を、如何なる限界と範圍にまで導入すべきか、或いは排除すべきかという論議《レゾンヌマン》が中心の問題となる。しかし、この論議に對してはまた實にいろいろ樣々の意見が提出されるから、結局は恣意だけがそれに關して確定的な決定を與えることができるということになってしまう。それで、このような定義を基にして學問を始めるというやり方では、學問の對象の必然性、從ってまた學問そのものの必然性を明らかにしようという欲求は容れられないことになる。

この本においては、精神現象論がまさにこの學の概念の演繹にほかならなかったかぎりにおいて、純粹學の概念とその演繹は前提されている。絶對知は意識のあらゆる形態の眞理である。というのは、あの意識の道程が絶對知に達するとき、その絶對知の中では實際、對象と對象そのものの確實性との分離は完全に解消され、眞理はこの確實性と同じになり、またこの確實性は眞理と同じになったからである。

それ故に、この純粹學は意識の對立からの解放を前提する。純粹學は思想が事柄そのものであるかぎりにおいてこの思想を含むのであり、或いは事柄そのものが純粹思想であるかぎりにおいてこの事柄を含むものである。眞理は學としては純粹な自己展開的な自意識であって、自己という形態をもつ。即ち卽且向自的に存在するものは意識された概念であるが、しかしまた概念そのものは卽且向自的に存在するものであるという自己の形態をもつのである。そこで、このような客觀的思惟が純粹學の內容である。だから、この論理學は決して形式的なものではなく、現實的な、眞の認識に必要な質料を缺くものではない。むしろ絶對的眞理のみがこの學の內容であって、もしも質料という言葉を用いたいというなら、絶對的眞理のみが眞の質料である。——しかし、この質料はむしろ純粹思想であり、從って絶對的形式そのものであるから、形式は質料に對して外面的なものではない。それ故に論理學は純粹理性の體系として、純粹思想の國として把握されねばならない。この國は何らの覆いもなく、卽且向自的にあるような眞理である。この意味で、われわれは論理學の內容を、自然と有限精神との創造以前の永遠な本質の中にあるところの神の敍述(die Darstellung Gottes, wie der Inhalt in seinem ewigen Wesen vor der Erschafung der Natur und eines endlichen Geistes ist)だということができる。

アナクサゴラス(Anaxagoras)は、ヌース(nous)即ち思想が世界の原理であり、世界の本質は思想として規定さるべきだという考えを最初に云った人として讃えられる。彼はこれによって宇宙の知的解釋の基礎をおいたのであるが、この知的解釋の純粋な形態が論理學でなければならない。論理學においては思惟の外部にそれだけで存在するような何ものかに關する思惟が問題でなく、眞理の單なる徴表《メルクマール》を與えるにすぎないような形式が問題なのではない。むしろ思惟の必然的な諸形式と思惟自身の規定とがその內容であり、最高の眞理そのものなのである。

以上のことを少くも理解するためには、眞理が手につかみ得るものであるかのように考える考え方を斥ける必要がある。この手につかみ得るものだという考え方は、例えば神の思惟の中にあるものといってよい、あのプラトンのイデアにまでも持ち込まれ、イデアが恰も現實に存在する事物であるかのように考えられたのである。もっとも、イデアは現實界とは異なる他の世界、または他の領域にあるものとは見られたのであって、現實界はそのイデア界の外にあるものであり、イデアとは異なる世界をもち、この相違面のためにはじめて實在的實體性をもつものと見られる。しかしプラトンのイデアは普遍、もっとはっきり云えば對象の概念にほかならない。も《エトヴァス》のはその概念の中において、はじめてその現實性をもつ。ものがその概念と異なるものであるかぎり、ものは現實的に存在しないものとなり、空なものとなる。ところで、手につかみ得るという性質とか、感性的な外自在《アウサー・ジッヒ・ザイン》とかいう面は、この空なる側面に屬するものである。——しかし他面では、われわれは通常の論理學通有の觀念に訴えてものを見る。例えば、定義は單に認識主觀に屬する規定を意味するものではなくて、むしろ對象の最も本質的な本性を構成するところの對象の規定を意味するものと見られる。或いは或る所與の規定から他の規定へ推論する場合に、その推論は對象に外的なもの、無關係なものではなくて、むしろ對象そのものに屬するものと見られ、從ってここでは存在はこの思惟に對立するものと考えられる。——要するに概念、判斷、推論、定義、分類、等の形式を使用する場合、これらのものが單に自意識的な思惟の形式であるのみならず、また對象的悟性の形式でもあるということが大切である。思惟とは思惟が自分の中にもっている規定を特に意識に上せるということを意味する言葉である。しかし悟性とか、理性とかが對象的世界の中にあるということ、精神と自然とが普遍法則をもち、その法則に基いてその生命、そのいろいろの変化が生ずるものだということが云われ得るかぎり、思惟規定が客觀的價値と存在をもつということもまた許されるのである。

批判哲學はなるほど形而上學を論理學に變じたが、しかし前に述べたように、後の觀念論〔フィヒテの觀念論〕などは客觀を怖れるのあまり、論理的規定に對して全く主觀的な意味を附與した。そのために却って、これらの規定はその恐れる客體につきまとわれることになり、物自體、或いは無限の衝撃《アンシュトッス》(三三)がその彼岸として殘ることになったのである。けれども、論理學が前提しなければならないところのこの意識の對立からの解放は、思惟規定をこの不安で、不完全な立場以上に高めるものであり、制限や顧慮をもたずに、即且向自的に〔眞實に〕論理的なものであり、純粋の理性的なものであるような思惟規定を考察することを要求する。

カントは前に論理學が、即ち普通に論理學と云われるものである規定や命題の集積としての論理學が他の學問に先んじて早くから完成に達した幸運をたたえ、論理學はアリストテレス以來一歩も後退しなかったが、またそれが如何なる點から見ても完全無缺と見られたというまさにそのために一歩の前進もしなかったことを云っている。(三四)——しかし、もしも論理學がアリストテレス以來何らの變更をも受けなかったとすれば、——實際、近頃の論理學綱要を見れば、むしろ省略の點だけが變更である——却ってそれだけ全般的な改訂が必要だということが云い得るはずである。なぜといって、二千年に亙る精神の營みと進展の結果は、當然にその思惟に關して、またその眞に内的な本質に關して高次の意識を生み出したはずだからである。實踐的世界、並びに宗教的世界の精神と學問の精神とが實在的、並びに觀念的意識の各分野において獲得した諸〻の形態と、論理學、即ち精神の純粋本質に關する精神の意識がとる形態とを比較してみると、そこには極く皮相な考察にも氣付かれざるを得ないほどの非常に大きな差異があり、後者の意識が前者の躍進に比べて甚だしい遜色があり、お話にならないほどのものであることが直ちにわかる。

事實また論理學の改造の必要は以前から痛感されていた。教科書の中にあるような形式や内容では論理學が輕蔑を買ったことも不思議ではない。にもかかわらず論理學は、それがただ一般に缺くことのできないものだという感情から相變らずつづけられて來たのであり、その月並な内容と空な形式の學習とが價値と效用とをもつという確信からというよりは、いまに一般にいだかれているところのそれが重要だという傳統的な習慣から、いままで守りつづけられて來たのであった。

心理學的、教育學的材料、或いは生理學的材料に基いて一時試みられた論理學の擴張の試みも、間もなくそれが論理學を歪めるものだということがほとんど一般の意見となってしまった。實際、このような心理學的、教育學的、生理學的な觀察や法則や規則の多くが、論理學の中であれ、その他の領域においてであれ、それ自身全く淺薄で、下らないものに見えるのは致し方がない。このような規則、例えばわれわれが書物で讀んだり、人から聞いたりすることをよく熟考し、吟味しなければならないとか、或いは字が讀みにくい時には眼鏡の助けを借りるようにしなければならないとかというような規則が、――こういった規則が教科書にせられ、いわゆる應用論理學として、それも大眞面目に、眞理に導く手段だというわけで、各項目に分けて說かれる――誰れにでも全く無用の長物と思われることに不思議はない。それは精々のところ、これまで餘りにも簡單で、無味乾燥であった論理學の内容を何とかして敷衍しようと腐心している著者や教師にとってそう思われないだけのことである。(三五)

このような内容が如何なる意味で沒精神的なものであるかについては、すでに述べておいた。こういう内容の諸規定はその確實さにおいては不動のものと見られ、ただ外面的關係の面で互に結び合わされるにすぎない。判斷や推論においてはその諸〻の操作は全く規定の量的な面に還元され、その面からのみ見られるから、外面的區別、單なる比較が中心の問題となり、すべては全く分析的の處理と沒概念的な計算に化してしまう。いわゆる規則とか、法則とかの演繹、特に推論の演繹は、長さのちがう棒をそれぞれの長さに從って擇り分けたり、結びつけたりする細工とちっともちがわない。——またいろいろに切った繪の部分を合うようにつなぎ合わせる子供の遊びと同じである。——だから、こういう思考を計算と、また計算をこういう思考と一つに見るとしても決して不當ではない。算術において數は沒概念的なものとして取扱われる。それはその同等とか、不等の點を離れては、云いかえると全く外面的な關係の點を離れては何の意味もないものであり、從ってそれ自身においても、その關係においても思想はないものである。四分の三に三分の二を掛けると二分の一になるということを機械的に計算する場合に、この計算には思想は全く含まれていないが、そのことは或る格の中ではどれとどれとの推論式が可能であるかを檢出する場合とちっともちがわない。

〔Ⅳ、**論理學の方法**〕 この論理學の死んだ骨に精神を吹き込み、これに實質と内容を與えるためには、その方法が論理學を純粹學となし得るような唯一の方法でなければならない。しかし、論理學の現狀では學的方法が見つけ出されそうな見込みはほとんどない。いまでは論理學は經驗科學とほとんど同じ形態を具えている。經驗諸科學はそれぞれの目的に應じて、その定義や材料の分類などについて間に合うそれ固有の方法をもっている。純粹數學もその抽象的な諸對象や、そのための唯一の手段である量的規定に對してそれ相應の方法をもっている。私は精神現象論の序文において、この數學の方法について、また一般に數學がもち得る學問性が從屬的なものである點について根本的な點を指摘しておいたが、數學については論理學そのものの中で一層詳細に考察されるはずである。[二六] スピノザ、ヴォルフ、その他の人々は、この數學の方法に惑わされて、これをまた哲學に適用し、沒概念的な量の外面的な行程を概念の行程と同一視しようとしたが、それは根本的に誤っている。これまでのところでは、哲學はまだその方法を發見しなかった。哲學は數學の整然とした體系的建築を嫉視して、いま云うように數學からその方法を借用したり、或いはまた所與の素材と經驗的命題と思想との混合にすぎない個別的科學の方法に助けを求め、——そうでなければ一切の方法を無雜作に放棄するという行き方に逃避したのである。しかし、哲學的な學の唯一にして眞實の方法が何であるかということの說明は論理學そのものの論究に屬する事柄である。なぜなら、方法はその內容の內的な自己運動の形式についての意識だからである。私は精神現象論の中で、この方法の一例をより具體的な對象について、それも意識の上で示しておいた。(註) この場合、意識の各形態はいずれも自分を實現すると同時に自分を解消するものであり、即ちその結果は自分自身の否定であって、——こうしてより高い形態に推移するものである。そこで學的進展の方法を獲得するために必要な唯一の點は——この行程の最も單純な洞察を獲得することこそ何よりも大事な點であるが、——次のような論理的命題を認識することである。卽ち否定が同樣にまた肯定的なものであるということ、或いは自己矛盾的なものが零に、卽ち抽象的無に解消するのではなくて、本當はただその特殊的な內容の否定に解消するにすぎないものだということ、云いかえると、このような否定が全稱的な否定ではなくて、元々解消するものであるような特定の事柄の否定であり、從って特定の否定だということである。それ故にまた、結果の中にはその結果を生んだ原因が本質的に含まれているということになる。——これは本來、一個の同語反復である。なぜなら、そうでなければそれは直接的なものであって、結果ではないだろうからである。それで、結果を生ずるもの、卽ち否定は規定的な否定であるから、否定は內容をもっている。この否定〔否定の否定〕は一つの新しい概念であるが、先行の概念よりは一段と高い、一段と豊富な概念である。というのは、この否定はその先行概念の否定のために、或いはその對立者のために、それだけ豊富になったからである。それ故に、この新しい否定は先行概念を包含しているが、しかしまた更に先行概念よりも多くのものを包含しているのであって、その點でそれは先行概念とその對立者との統一である。――概念の體系は一般に、このような道程の中で形成されねばならないものであり、――不斷の、純粋な、外部から何ものをも取り入れない行程の中で自分を完成しなければならないものである。

（註） 後には、他の具體的な諸對象の上で、従って哲學の個々の部門の中で。

私がこの論理學の體系の中で採ったところの方法が、――というよりもむしろ、そこでこの體系そのものが採った方法が、――その個々の點においてなお多くの完備と多くの徹底とを必要とするものであることは、私としても知らないわけではない。しかし、同時に私はこの方法が唯一の眞實な方法（die einzige wahrhafte Methcde）であることを自認している。このことは、この方法がその對象や内容と何ら異なるものでないということだけを見ても自《おの》ら分ることである。――というのは、この内容を動かすところのものは内容それ自身であり、即ち内容がそれ自身においてもつところの辯證法〔つまり内容そのものの形式〕だからである。それで、この方法の行程に従って歩まず、この方法の單純な律動《リトムス》に従わない如何なる敍述も學的なものとは見られ得ないことは明瞭である。――なぜといって、それのみが事柄そのものの行程だからである。

この方法の問題に關連してここに述べておきたいことは、この本の中で付ける巻、篇、章の區分と表題、並びにその説明が、ただ豫備的な概觀のためになされたもので、本來は事實的、概觀的な價値をもつにすぎないものだということである。それらは學の内容や本體に屬するものではなく、それらが事柄そのものの歩みによってまだ證明されない以前に、學の構造の全體をあらかじめ見渡し、従ってその契機の順序を前以って熟知し、それを擧示することのできるところの外的反省が行う總括である。

他の學問においてもまた、こういうような先行的規定や區分は掲げられるが、それらもまた外面的な列擧を出でない。しかし、哲學の内部においてさえも、それらはこういう性格を脱しない。例えば論理學においてさえも、「論理學には二つの主要部門、原理論と方法論とがある」ということが述べられ、次に原理論の題下に何の斷りもなしに「思惟の諸法則」という表題が掲げられる。——それから續いて「第一章、概念論」、「第一節、概念の明瞭性について」等々と來る。——こういうような何らの演繹も證明もなしに立てられた規定や區分が、この學問の體系的骨組みと全構造を構成する。こういうたぐいの論理學も、概念や眞理は原理に基いて演繹さるべきものだということを主張することをその職分と心得てはいる。しかしそれにもかかわらず、それが方法と呼ぶものの中には演繹のことは一向に考えられていない。その順序は、ただ同種類のものを併列すること、簡單なものを複雑なものの前におくことであり、またその他の外面的な顧慮に基いて作られる。のみならず、内面的な、必然的な連關についてもただ區分の項目を擧げるにとどまり、従ってその推移はただぽっと「第二章」ということになり、——或いは「次にわれわれの問題は判斷である」という形で述べられる。

またこの體系の中に出て來る表題と區分も、それ自身は内容の目次以外の意味をもたない。けれども、實は連關の必然性と區分の内在的成立とが事柄そのものの展開の中から出て來なければならない。なぜなら、それらは概念自身の展開に屬するものだからである。

概念そのものが進展するための契機となるものは、概念が自分自身の中にもつところの、先に擧げた否定的なもの

（das Negative）であって、これこそ眞に辯證法的なもの（das wahrhaft Dialektische）にほかならない。これまで論理學の特別な一部門と見なされ、その目的や立場の點でも全然誤解されていたと云ってよい辯證法は、こう見ることによって全くちがった位置を占めることになる。――プラトンの辯證法もまた、その「パルメニデス」においてさえも、他の對話篇においてはなおさら一層あっさりと、一方では有限的な主張が自分で崩れるものであり、自ら反駁されるものだという見解を、他方では一般にそれが無に歸するものだという見解を示そうとするものにすぎなかった。普通に辯證法は外面的で、否定的なやり方と見られる。即ちそれは事柄そのものには屬しないで、單なる主觀的な幻想に基いて、確實なもの、眞なるものとされているものを動搖させ、解體しようとするものであり、或いは少くも對象を辯證法的に取扱うことによってそれが假象としての無であることを暴露するところの、外面的で、否定的なやり方と見られている。

カントは通常の觀念が辯證法に對していだいている恣意の假象という見方を辯證法から取り除き、辯證法を理性の必然的な働きと見ることによって、これに一段と高い地位を與えたが、これは彼の偉大な功績と云ってよい。これまで辯證法は人の目をくらませ、幻覺を作り出す術と考えられたから、そこでは當然に辯證法がインチキな勝負の手段であり、欺瞞をかくしおおす點にその全面目があるとせられ、辯證法の結果はまやかしのために出て來るものであり、主觀的な假象にすぎないということが考えられている。純粹理性の二律背反の中にあるカントの辯證法的敍述は、これをよく見れば、後に本書の敍述が進むにつれてだんだん明らかになるように、無論そんなにほめるわけにはいかない。しかし、彼が根底におき、主張しようとしたところの一般的觀念は假象の客觀性と矛盾の必然性ということであって、しかもこの矛盾が思惟規定の本性に屬するものだということであった。なるほど、その矛盾はまず差し當ってはこの思惟規定が理性によって物自體に適用されるかぎり生ずる性質《たち》のものではあるが、しかしこの思惟規定が理性の中にあるものであり、しかも卽自的に存在するものに關係してある〔元來そういう矛盾をもたざるを得ない〕ものだということこそ、思惟規定の本性なのである。この結果をその積極的な面から一言で云えば、それは〔その原理が〕卽ち思惟規定のもつ内的な否定性、思惟規定の自動的な魂だということ、あらゆる自然的並びに精神的生命一般の原理としての内的な否定性だということにほかならない。しかし、もしも辯證法的なもののこの抽象的＝否定的側面にのみとどまるとすれば、その歸結は、理性が無限者を認識し得ないというお定りの文句となる。——それは卽ち無限者は理性的なものであるのに、理性は理性的なものを認識し得ないという奇怪な歸結なのである。

いま云うような辯證法的なものの中に、從って反對を統一の中に把握すること、或いは肯定的なものを否定的なものの中に把握することの中に、思辨的なもの（das Spekulative）がつかまれる。これは辯證法の最も重要な面であるが、まだ未熟な、自由になっていない思考力にとっては最も困難な側面である。この種の思考力がまだ感性的、具體的な觀念や屁理屈をこねる域からの脱却の途中にあるときには、それはまず抽象的思惟を練習し、概念をその規定性の中でつかみ、それらの概念に基いて認識することを學ばねばならない。この點から見れば、論理學の敍述はその方法の面では上述の區分法を守り、その細かな内容の面では個々の概念の説明をやることで十分であって、辯證法を問題にする必要はないであろう。こういう論理學の敍述は、外見上は論理學の普通の敍述に似て來ることになるが、それでも内容上はこれとは異なるものであって、心理學的、並びに人間學的粉飾によって通俗化された論理學の斷じて充たし得ないものである思辨的思惟の練磨という面はこれも必ずしも果し得ないにしても、少くも抽象的思考の練磨には役立つであろう。從ってそれは、全構造の魂、卽ち辯證法という形をとって躍動する方法をはっきり表わすことはできないにしても、ともかくも方法的に秩序づけられた全體の像を精神に知らせることにはなるであろう。

〔V　論理學と教育學との關係など〕　最後に、教育の面から、また個人の論理學に對する關係の面から見るとき、この學問が文法と同樣に二つの異なる觀點または價値をもつことを指摘しておきたい。論理學と他の諸學一般を〔一緒に〕やりはじめる人と、他の學問をやって後に論理學に戻って來る人とでは、論理學がかなりちがった樣相を呈する。はじめて文法を學ぶ者はその形式や法則の中に無味乾燥な抽象、偶然な規則、一般にばらばらの規定しか見出し得ず、それらの規定の直接的な字義のもっている價値と意味しかわからない。つまり認識は、はじめはこの形式や法則の中にそういう形式や法則以外の何ものをも認識しない。これに反して、或る言語に通じていて、その言語と比較しながら他の言語を學ぶ者にとっては、その言語の文法の中でその國民の精神や文化を感得することができる。この場合には、この同じ規則や形式が充實した、生々とした價値をもつことになる。その人は文法を通じて精神一般の表現、即ち論理學を知ることができるのである。同樣に、論理學をはじめて學ぶ者は、はじめは論理學の中にただそれぞれ孤立していて、他の知識や學問につながりをもたない多くの抽象的な形式のばらばらな體系を見出すのみである。否むしろ、この論理學は世界觀念の豐饒に比べても、他の諸〻の學問のもつ實在的な現象的內容に比べても、またこの豐饒の本質、精神と世界との內的本性、眞理を明らかにするという絕對的な學の約束に比べても、その抽象的な形態の點で、その純粹な諸規定の色のない、冷たい單純性の點で、この約束を何ら果し得ず、その點で却って無內容なものとしてその豐饒と全く對立するものをもつのである。また論理學をはじめて學ぶ者は、この學の意味をこの學そのものに限ってしまう。その內容はただそれぞれの思惟規定の個々別々の取扱いにあると見られる。そしてこれと並んで別に獨自の素材と實質をもつ他の學問があるとせられる。そこで、論理學はこの他の學問の研究に對しては或る形式的な影響は與えるが、しかしこの影響はどちらかというと自《お》ら生ずるものであるから、それらにとっては論理學の内容やその學習は場合によってはやらなくてもよいものと見られることになる。實際、他の學問は定義、公理、定理及びその證明などの一貫した組織を立てるという正規の方法を一般にすてている。というのは、いわゆる自然的論理學がその中に自《お》ら働いているから、思惟そのものに向けられた特別な認識がなくてもやって行けるからである。のみならず、これらの學問の素材や内容は論理とは全く無關係であり、獨立であって、むしろ感覺、感情、表象及び各種の實際的關心に訴えるものである。

それで、われわれが論理學を最初に學びはじめるときには、まずただその個々の概念等を理解し、知るという程度にし、その範圍とか深みとか、またはその立ち入った意味とかは必ずしも望まないという程度にせざるを得ない。そうして他の學問に對する知識が深まるに及んではじめて論理は主觀的精神に對して、單なる抽象的普遍ではなくて、いろいろの特殊的なものの豊饒を中に含む普遍となって來る。――それは丁度、同じ格言もこれを正しく理解してはいるが、その意味や廣さを知らない青年が語る場合には、この格言の内容を何から何まで知っている世故に長けた大人の精神が解するほどの味をもたないのと同じである。この意味で、論理も個々の學問をやった結果において獲得されたものとなるときはじめて、その價値が賞味されることになる。その場合には、論理は普遍的眞理として精神の前に立ち現われることになり、他の素材や實在と同列の特殊的知識ではなくて、これらすべての特殊な内容の本質として精神の前にその姿を現わすのである。

そこで、論理はその學習のはじめに當っては、こういうような意識された力として精神の前に現われるものではないとしても、精神はその學習を通して自分をあらゆる眞理の中に導く力を感得しないわけではない。論理學の體系は影の國（das Reich der Schatten）であり、あらゆる感性的な具體的形態から離された、單純な本質性の世界である。この學の學習、この影の國での滯在と研究は、意識の絕對的な敎養であり、純眞な訓練である。ここでは意識はいろいろの感性的直觀や目的から、感情から、或いは單なる日常の觀念の世界から遠離した仕事にたずさわる。消極的な面から見れば、この仕事は互に對立する理由を勝手に並べ立て、主張するところの屁理屈をこねる思惟や恣意の偶然性を斥けることである。

しかし、ここで特に大事なことは、思想がこの仕事を通じて自立性と獨立性を獲得するということである。思想は抽象的なものに親しむことになり、感性的基體を交えない概念による進展を我がものとすることになり、他のいろいろな知識や學問を理性的な形式の中に取り入れ、これらのものをその本質からつかみ、その本質の面から確立し、卽ちその外面的なものを除去して、以てそれらの中から論理的なものを引き出すところの無意識的な力〔影の國の力〕となる。——云いかえると、前に學習によって獲得した論理的なものの抽象的な基礎をあらゆる眞理の內容で以て充たし、この內容に普遍的なものという價値を與えるところの無意識的な力となるのである。從ってこの普遍的なものは、もはや他の特殊と同列の特殊としてあるのではなく、これらの特殊を包容するものであり、その本質、卽ち絕對的眞理なのである。

論理學の一般的區分

〔I、**論理學の區分と概念**〕　前に論理學の概念とこの概念の權利づけの點に關して述べたことはこうであった。即ち論理學の一般的區分はここではただ先驅的、暫定的なものにすぎず、云わば著者がすでにこの學のことを知っており、從って概念がその展開の行程の中で自分をどういう主要な區別に規定するかということを、ここで前以って事實的《ヒストーリッシュ》、目錄的に述べることのできる〔立場にある〕かぎりでのみ云われ得るのだということであった。

だが、方法の手續きはそこで論證されねばならず、それの完全な理解と權利付けは、論理學の中ではじめて與えられるものではあるにしても、しかし區分に必要なことを前以って一般的に解明しておくことはやってもよかろう。――それ故に、まず第一に知っておかねばならないことは、區分が概念と一致しなければならないということ、というよりも區分が概念そのものの中にあるものだということが、ここで前提になっているということである。概念は無規定のものではなくて、それ自身において規定をもつものである。そして區分はこの概念の規定性の展開の表現にほかならない。從って區分は概念の判斷〔原始分割〕（三）であり、何處か外から取って來た對象に關する判斷ではなくて、概念そのものの判斷、即ち概念そのものの規定作用である。三角形を區分する規定である直角、鋭角など、及び等邊などは三角形そのものの規定性、即ち普通に三角形の概念と呼ばれるものの中にあるのではない。同樣に動物一般、或いは哺乳動物、鳥類などの概念の中に、動物を哺乳類や鳥類などに分類し、また更に哺乳類や魚類などをそれ以下の類に區分する規定があるのでもない。これらの規定は他の所から、即ち經驗的直觀から持って來たものである。それらは動物のいわゆる概念に外から附加されるのである。けれども、區分を哲學的に處理するに當っては、概念そのものがその處理の根源をもつものであることが明らかにされねばならない。

〔Ⅱ、**精神現象論の結果としての論理學**〕　しかし、前の序論の中で云ったように、この論理學の概念は論理學の彼方にある學〔精神現象論〕の結果として出て來たものであり、從ってここでもまた、この概念は前提として掲げられている。論理學は〔現象論の過程を通して〕純粹知識を原理とするところの純粹思惟の學と規定された。この純粹思惟の學は抽象的な統一ではなくて、具體的な生きた統一である。即ちそこでは主觀的な向自的〔自立的〕存在と第二の向自的存在、即ち客觀的な存在との意識上の對立は克服されたものと見られ、存在は純粹概念そのものと、また純粹概念は眞の存在と見られることになる。それ故に、この存在と概念とは論理〔ロゴス〕の中に含まれる二つの契機（Moment）となる。しかし、この二契機はここでは〔現象論の中の〕意識の中におけるように、各々が共に自立的な存在としてあるのではなく、むしろ不可分の存在と見られる。けれども、この兩者が同時に區別されたものと（といっても、自立的に存在するものではない）見られる點で、その統一は抽象的でなく、死んだものでなく、動かないものでなくて、具體的なものなのである。

〔Ⅲ、**概念そのものの區分**〕　この統一は論理の要素（Element）〔基盤〕をなすものであって、即ち論理的原理である。從って論理學の區分は即ち論理的原理の中にあるのであり、區分の展開もただこの要素の內部においてのみ行われる。というのは、上述のように、區分は概念の判斷であり、概念にすでに內在するところの規定の措定であり、つまり概念の區別の措定であるから、この措定はいまいう具體的な統一が單に自立的にあるような規定の中へ再分解することと見られてはならないからである。もしそうだとすれば、それは以前の立場への、即ち意識の對立への無意味な復歸であろう。しかし、こういう對立は實はすでに消滅しているのである。いまや統一があくまでも要素としてあるから、この區分と一般に展開として現われる區別も、もはやこの要素の外に出ることはない。それ故に、前に（眞理への途上において）自立的に存在した規定、例えば主觀的なものと客觀的なもの、或いは思惟と存在、概念と實在というようなものは、それらがどういう觀點から見られたにせよ、いまではその眞理、即ちその統一の中で〔概念の〕形式に引き下げられる。だから、これらの規定は區別の形をとりながら、あくまでもそれ自身〔即自的に〕概念全體であり、從ってこの概念が區分の中で概念自身の規定として立てられるにすぎない。

この意味で、全概念が一方では存在的概念（seiender Begriff）として見られるのであり、また一方では概念そのものとして見られるのである。前の場合には概念は即自的概念（Begriff an sich）であり、實在性または有の概念であり、後の場合には概念は概念そのものであり、向自的に存在する概念（für sich seiender Begriff）である。（具體的な形で云えば、概念は思惟する人間の中にあるそれである。しかし、また感覺的な動物の中や一般に有機的個體の中にあるそれも、勿論、意識された概念としてではなく、況んや認識された概念としてではないが、すでにそこにもこの概念が含まれている。これに反して無機的自然の中では概念はただ即自的な概念であるにすぎない。）――以上の點からして、論理學はまず有としての概念の論理學（Logik des Begriffs als Seins）と、概念としての概念の論理學（Logik des Begriffs als Begriffs）とに分けられるし、――或いはまた極めて漠然としたもので、從って多義的な表現ではあるが、普通一般の言葉を使うと、論理學は客觀的論理學（objektive Logik）と主觀的論理學（subjektive Logik）とに分けられてよかろう。

けれども、概念がそれ自身において統一であるということと概念の諸規定の不可分性ということとが、根底にある要素であるという點からいえば、諸規定が區別され、概念が諸規定の區別という形で措定されるかぎり、それらの規定は少くも互に何らかの關係をもたなければならない。この點からして、媒介の領域、即ち反省規定の體系としての概念が生ずる。云いかえると概念の自己内存在（Insichsein）への推移の途上にある有の體系としての概念が出て來る。それ故に、この概念はまだそのものとして向自的に〔自覺的、自立的に〕措定されているのではなく、それには概念に外的なものとしての直接的な有がつきまとっている。これが有論（Lehre vom Sein）と概念論（Lehre vom Begriff）との中間に位するところの本質論（Lehre von dem Wesem）にほかならない。――本質論は、この論理學の一般的區分においては客觀的論理學の中に入れられる。というのは、本質はすでに内的なものではあるが、しかし主觀という性格はどうしても概念そのもののために保留しておかなければならないからである。

〔IV、カントの先驗的論理學の批評〕 近世に到ってカント(註一)は普通に論理學と稱せられているものに對して別個の論理學、即ち先驗的論理學を立てた。いまここで客觀的論理學と呼んだものの或る部分は、このカントの先驗的論理學に當る。カントはこの先驗的論理學を彼が一般論理學と呼ぶものと次の點で區別する。(α)先驗的論理學は對象にア・プリオリに關係するところの概念を考察するものであり、從って客觀的認識のあらゆる内容を抽象するものではないという點。云いかえると、先驗的論理學は對象に關する純粹思惟の規則を問題にするものだという點。(β)先驗的論理學においては、われわれの認識が對象に基くことのできないものである以上、先驗的論理學はわれわれの認識の根源を問題にするものだという點。――そしてこの第二の面こそ、カントの哲學的關心が專ら向けられた面である。彼の一番の狙いは、カテゴリーを主觀的自我としての自意識へ取り戻すにあった。しかしこの規定〔目的〕のために、彼の觀點は意識と意識の對象との内部にとどまることになり、その結果、感覺と直觀とによる經驗の彼方に、なお思惟的自意識によって措定されず、規定されない或るもの、即ち思惟に無關係な、外的な存在である物自體を殘すことになった。この物自體というような抽象物が單に抽象的思惟の所産にすぎないことは容易にわかるはずであるにかかわらず。――カント學派の他の人々は自我による對象の規定について、自我の客觀化の働きが意識の根源的な、必然的な作用と見るべきだと主張する。從って自我の觀念こそ、はじめてその〔根源的〕意識の意識であり、或いはその意識の客觀化の働きでさえもあるはずであるのに、この根源的な作用の中にはまだ自我そのものの觀念は存在しないことになる。それ故に、この意識の對立から自由な客觀化の作用は、嚴密には一般に思惟そのものと考えられるものと同一である。(註二) だから、この作用はもはや意識と呼ばるべきものではないであろう。意識は自我と自我の對象との對立をその中に有するが、こういう對立はその根源的な作用の中には存在しないからである。また意識という言葉は思惟という言葉よりもはるかに主觀性の調子を帶びる。これに反して思惟は、ここでは意識のもつような有限性の色合をもたない無限的な思惟、つまり思惟そのものとして絶對的な意味にとらなければならない。

（註一） 私はこの本の中ではしばしば（中にはそれを餘計なことと思う人があるかも知れないが）カント哲學に對して言及するが、そのことについて一言しておく。それは、――カント哲學の立ち入った規定と個々の部分の敍述が他の本や本書の中でどう見られるにせよ、――それが近世ドイツ哲學の基礎と出發點をなすものであって、この功績はこの哲學に加えられる如何なる非難によっても傷つけられるものではないという點にある。その上にまた、私が客觀的論理學の中でしばしばカント哲學に考慮を拂ったもう一つの理由は、この哲學が論理〔ロゴス〕の重要な個々の面を突っ込んで問題にしているにかかわらず、後の哲學の敍述はこの點をほとんど無視し、中にはこれに對して往々粗雜な、――罰當りな――輕蔑を加えているにすぎないからである。しかし、わが國において最も廣く行われている哲學的思考は、カント哲學の成果、即ち理性は眞の内容を認識し得ないもので、絶對的眞理に關しては專ら信仰に賴らなければならないという考えを一歩も拔け出ていない。しかし、カントにおいて結果であるものが、この哲學的認識においてはそのまま出發點とせられることになり、そのために、この結果の生ずる元となったそれに先行する思索、即ち哲學的認識そのものの面はすてられてしまった。こうしてカント哲學は、一切はすでに證明され、なし遂げられたということを以って安んずるところの思惟の怠惰に暖かい褥《しとね》を供したのである。だから、眞の認識を求め、このような實のりのない、空な安心に甘んずることのできない思惟の規定的内容を求める者は、その眼をその先行の思索そのものに向けるようにしなければならない。

（註一）　自我の客觀化の作用という言葉が、もし精神の他の所産、例えば想像の所産を考えさせるというなら、ここでいっている對象の規定の作用というのは、その對象の内容の契機が感覺や直觀に屬さないそれだといった方がよい。このような對象は思想であって、從って思想を規定するというのは、一方から云えば、これをはじめて産出するということであるが、また一方から云えば、思想が前提されたものであるかぎり、それについて更に立ち入った思想を加え、その思想を思惟して、それを更に展開するということを意味する。

ところで、カント哲學の關心は思惟規定のいわゆる先驗的な面に向けられたから、思惟規定そのものの究明はおろそかにせられた。即ち自我との抽象的な、すべての思惟規定に同等な關係を離れて、思惟規定がそれ自身において如何なるものであるかということ、それぞれの思惟規定が他に對してもつ規定性〔獨自性〕や、それらの相互の關係の問題は考察の對象とはせられなかった。從って思惟規定の本性に關する認識の點は、この哲學によっては少しも促進されなかったのである。これに關する極めて興味ある、重要な點は理念《イデー》の批判の中に見られる。しかし、哲學の實際の進歩にとって大事であった點は、思惟の關心が形式的な面の考察、即ち自我、意識そのものの考察、云いかえると主觀的知識の客體に對する抽象的な關係の考察に向けられたということ、そしてその點で無限な形式の認識、即ち概念の認識が導入されたということである。だが、この認識に達するためには、自我、或いは意識という形式がとる有限的な規定性が脱ぎすてられる必要があった。そしてこういうようにして、形式がその純粹性にまで純化されるときその形式ははじめて自己規定の能力、云いかえると自分に内容を與える能力、しかも内容をその必然性の形で——即ち思惟規定の體系として――與える能力をそれ自身の中にもつことになる。

〔V、本論理學の區分〕 それ故に論理學はむしろ、ただ思想の上でのみ築き上げられるような、世界の學的構成としての曾ての形而上學に代るものである。――そこで、この學〔形而上學〕の發達のこの最後の形態について云えば、第一に、いまや客觀的論理學がそのまま存在論〔實體論〕――即ち一般に存在（Ens）の本性を考究するものであるところの形而上學の一部門――に取って代ったのである。しかも、この存在《エンス》は有と本質との二義をもつが、ドイツ語は幸にもこの區別に相應するそれぞれの言葉をもっている。[二八] ――第二に、客觀的論理學は形而上學の他の部門をも含む。この部門は純粹な思惟形式によって、常識的に表象に基いて取られている特殊な基體、即ち靈魂、世界、神を把握しようとするものであって、従ってそこでは思惟の規定がその考察の眼目となるからである。けれども、論理學はこれらの形式をそれらの基體、即ち表象の主體から切り離して純化して、その本性と價値をそのものとして考察する。古い形而上學はこの點を怱せにした。そのために、それは思惟形式を批判なしに使用したとか、或いはこの形式がカントの言葉によれば物自體の規定――または理性的なものの規定――であり得るかどうかについて、あらかじめ檢討することなしにそれを使用したという尤もな非難を蒙ったのである。――だから、客觀的論理學は古い形而上學の眞の批判である。――即ちこの批判は後天的なものに對する先天性というような抽象的な形式の面から思惟規定を考察するのではなくて、思惟規定そのものをその特殊な内容の面から考察するものである。

主觀的論理學は概念の論理學である。――それは本質の論理學と云ってもよいが、但しその本質は〔本質論であるよりは〕有と假象に對する關係をすでに止揚したものであり、その規定の中にはもはや外面的なものはなく、自由な自立的主體、自分の中で自分を規定する主觀的なもの、或いは主觀そのものであるにすぎないような本質である。しかし、主観的という言葉は偶然的なもの、恣意的なものという誤解をうけ、一般に意識の形式の中にある規定という誤解をうけるから、ここでは主観的なものと客観的なものとの區別は餘り重視しないことにする。この區別は後に論理學そのものの展開から、はっきりして來るであろう。

それで論理學は一般的には一應、客観的論理學と主観的論理學とに區分される。しかし嚴密に云うと、論理學は次の三つの部分をもつ。

1 有の論理學（die Logik des Seins）

2 本質の論理學（die Logik des Wesens）

3 概念の論理學（die Logik des Begriffs）

第一巻　有　論

何を學の始元とすべきか[(二九)]

〔I、**始元の問題點**〕　哲學において始元を見出すことが困難だという意識が生じたのは、やっと近頃になってのことであって、この困難の理由とその解決の可能性はいろいろと述べ立てられたものである。哲學の始元は媒介されたもの（ein Vermitteltes）か、または直接的なもの（ein Unmittelbares）かのいずれかでなければならないが、そのいずれに對してもそれが始元であり得ないことを示すことはできる。卽ち、一方の始め方にも、また他方の初め方にも、それぞれその反駁が出される。

いずれの哲學の原理（**Princip**）もやはり始元を表わすものであるが、しかしそれは主觀的な始元を表わすものではなくて、客觀的な始元、卽ちあらゆる事物の始元を表わすものである。原理は――例えば水、一者、ヌース、イデア、或いは實體、單子というような――何らかの意味で規定的な〔客觀的な〕內容である。しかし、原理が認識の本性に關係することになり、從って客觀的規定であるよりはむしろ規準《クリテリウム》とせられる場合には、例えば思惟、直觀、感覺、自我、主觀性そのものがとられることになるが、この場合でもその關心の中心はやはり內容規定にある。これに反して、端緒などというものは敍述をやり始めるための偶然的な仕方という意味での主觀的なものとして顧みられず、どうでもよいこととせられ、從って何から始むべきかという問題の必要は原理の必要に比べると無意義なものと見られ、ただ原理の中にのみ問題の關心、卽ち眞なるものが何であるか、すべてのものの絕對的根據が何であるかということの關心があるものと見られる。

しかし、始元についての近來の困難はもっと別の必要から生ずる。もっともこの必要は、獨斷的に原理の證明をやろうとする人々、或いは獨斷的な哲學的思考に對して懷疑的な態度をとり、主觀的規準の發見をこととする人々の全く知らないところであり、また恰もピストルから彈丸が飛び出すように、その內的な啓示から、信仰や知的直觀などから出發して、方法とか論理學とかを無視しようとする人々の否認するところである。一體に、初期の抽象的な思惟はまずただ內容としての原理にのみ關心をいだくが、敎養または文化の進步とともに他の面、即ち認識の態度に注意を拂うようになる。すると、主觀的行爲もまた客觀的眞理の本質的契機と考えられるようになり、方法は內容と、形式は原理と一致することの必要が感ぜられて來る。この意味で、原理がまた始元であり、思惟にとって先であるものがまた思惟の行程における最初のものでもなければならないということになる。

〔Ⅱ、**始元は媒介性か直接性か**〕　しかしここではただ、論理學の始元が如何なる形をとるかという點を考察するにとどめる。上述のように、始元としてとられることのできる二面は、媒介されたものとして結果であるか、直接的なものとして本來の始元であるかのいずれかである。現代の敎養の上から云って殊に重要と思われる問題、即ち眞理に關する知識が直接的な、全く原初的な知識、信仰であるか、それとも媒介された知識であるかという問題については、ここには論じない。この問題の豫備的に云われ得るかぎりのことは、別の所（エンチクロペディー、第三版、豫備概念、六一節以下）で述べておいた。ここではただ、その中から次のことを擧げておけばよかろう。即ち天上であれ、自然の中であれ、精神の中であれ、或いは他の如何なる所であれ、この直接性とともに媒介を含まないようなものは何一つとして存在しないということ、従ってこの二つの規定は不可分のもので、兩者の對立は下らないものだということである。

しかし學問としてはこの點を說明しなければならないのであって、論理學の各命題の中にはこの直接性と媒介との二規定、從って兩者の對立と兩者の眞理とについての說明が含まれている。またこの對立が思惟、知識、認識の關係からして直接的知識または媒介的知識のより具體的な形態をもつものであるかぎり、認識一般の本性が論理學の中で考察されるとともに、また一層具體的な形式の中にある認識が精神哲學や精神現象論の中で論ぜられる。けれども、學そのもの〔論理學〕に這入る以前に認識の純粹な解明を求めるということは、學の外で認識を證明しようとすることにほかならない。しかし學の外では、それは少くも學的な仕方で果されることはできない。ところが、ここに問題となっているのは、實にそれを學的なやり方でやるということなのである。

〔1、**始元の精神現象論による媒介性**〕 始元が自由に自立的〔向自的〕にある思惟の要素の中で、即ち純粹知識の中で立てられるとせられるとき、その始元は論理的である。この點から見るとき、純粹知識が意識の最後の、絕對的な眞理であるということによって、始元は媒介されている。すでに序論の中で、精神現象論が意識の學であるということ、しかも現象論はその意識が學の概念、即ち純粹知識を結果としてもつものだということとの敍述であることを述べておいた。論理學はそのかぎり現象する精神の學を前提する。つまり現象する精神の學は純粹知識の立場の眞理の必然性とその眞理の證明、並びに一般に純粹知識の媒介性を含むとともに、これを表わしている。現象する精神の學においては、經驗的な、感性的意識から出發するが、この意識こそ本來の直接的知識である。そして現象論では、この直接的知識がありのままに說明される。他の種類の意識、例えば神的眞理の信仰、內的經驗とか、內的啓示に基く知識とかが直接的知識とせられることの極めて不都合であることは、一寸考えてもわかる。精神現象論においては直接的知識はまた學における最初のものでもあり、直接的なものでもあって、從ってその前提である。これに反して論理學に

おいては、この現象論の考察からその結果として出て來たもの、――卽ち純粋知識としての理念《イデー》が前提となる。論理學は純粋學である。云いかえると、論理學は純粋知識の展開の全範圍に亙るものである。ところが、この理念は現象論の結果において、眞理《ワールハイト》になったところの確實性《ゲヴィッスハイト》であることが明らかにせられた。卽ちこの確實性は一方から云えば、もはや對象に對立するものではなくて、對象を内面的なものとし、對象を自分自身として知ったものであるが、――他面から云えば、それは對象的存在に對立するものにすぎず、單にその否定であるにすぎないようなものとしての自己の知識を止揚し、こういう主觀性を疎外〔棄却〕するとともに、この疎外と一つになったものなのである。

そこで以上のような純粋知識の規定〔本性〕から見ると、この純粋知識の學の始元はあくまでも内在的なものであるが、この點ではわれわれはただそこに出て來るものを考察しさえすればよく、云いかえるとむしろ普通にわれわれがいだくあらゆる反省やあらゆる臆見〔私念〕をすてて、そこに出て來るものをそのまま受け取りさえすればよい。

〔2、始元の絶對直接性――純粋有としての始元〕 純粋知識はこういう統一に歸入したものとして、他のものと媒介に對する一切の關係を止揚している。それは區別を沒したものである。從って、こういう區別を沒したものは知識であることでさえもなくなる。そこには、ただ單純な直接性があるのみである。

しかし、この單純な直接性ということもすでに反省の表現であって、それは媒介されたものとの區別ということに關係をもっている。この單純な直接性の眞の表現は純粋有（das reine Sein）である。純粋知識が全く抽象的に知識そのものを意味するとせられたと同樣に、この純粋有も有一般を表わすものと見られる。それは單に有であって、それ以外の何ものでもなく、それ以上の如何なる規定をも、充實をももたない。

ここ〔論理學〕では有が出發點である。有は媒介を通じて、それも同時に媒介そのものの止揚であるような媒介を通じて生じたものとして敍述される。云いかえると、有は有限的な知識、即ち意識の結果としての純粋知識を前提するものである。けれども、もしも如何なる前提も許さるべきでなく、始元そのものが直接的にとられねばならないと云うのであれば、論理學の始元、即ち思惟そのものの始元がある〔有〕とせられること〔有が論理學、即ち思惟そのものの始元だとせられること〕だけが始元の規定である。そこでは普通に恣意と見られるような決意が、即ち思惟をそのものとして考察しようとする決意があるのみである。(三〇) この意味で、始元は絶對的始元、或いは——この場合、同義であるが——抽象的始元でなければならない。即ち始元は何ものをも前提してはならないし、決して何ものにも媒介されず、また根據などというものをもたないものでなければならない。むしろ始元自身が論理學全體の根據であるべきである。だから始元は、そのままのどれかの直接的存在（*ein* Unmittelbares）でなければならないが、むしろ直接的なものそのもの（*das* Unmittelbare selbst）でなければならない。それは他のものに對して何かの規定をもつことができないとともに、また自分の中でも如何なる規定も、如何なる内容も含むことができない。というのは、こういう規定とか、内容とかというものは差別的な存在間の區別であり、それら相互の關係であり、従ってそれは一種の媒介であるだろうからである。この意味で、始元は純粋有である。

〔3、始元の媒介性—始元の結果（終局）による媒介性〕 以上のように、まず差し當ってこの何にもまして單純なもの、即ち論理的始元であるものについて簡單な敍述をしたが、それにつづいてもう一歩立ち入ったいくつかの反省を加えておきたい。もっとも、これらの反省はそれはそれとして完了したものである前の敍述の説明や證明となるものではない。それはむしろ、學そのものの行程に先んじてやるいろいろの觀念と反省とに基いて行われるものにすぎない。だから、これらの觀念や反省は他のすべての先行的な臆斷と同様に、學そのものの中で解決を與えられねばならない

ものであり、従って本當はそれまで待ってもらわねばならないはずのものである。

〔a、前進卽後退――圓環〕 絶對に眞なるもの（das Absolut-Wahre）は結果でなければならないが、また逆に結果は最初の眞なるものを前提するということ、しかしこの最初の眞なるものは最初のものであるというその點で、客觀的に見れば必然的のものではなく、また主觀的な面から見れば認識されていないものであるという見解は――近頃になって次のような思想となって現われた。卽ち哲學はただ假說的で、蓋然的な眞理から出發するしかないもので、從って哲學ははじめはただ探求《ズッヘン》でしかあり得ないものだという考えである。この考えはラインホルト（Reinhold）がその哲學的生涯の晩年において繰り返して力說したところであるが、その根底には哲學の始元の思辨的本性に關する眞實の關心が含まれている點で、われわれはその正當さを認めざるを得ない。[三] のみならず、この考えを檢討してみることは、同時に論理の進展一般の意味に關して豫備的理解を得るきっかけともなるであろう。というのは、この見解はまた論理の行程についての考慮をも藏しているからである。卽ちそれによれば、哲學においては前進（Vorwärtsschreiten）はむしろ後退（Rückwärtsgehen）であり、また基礎付け（Begründen）なのであって、この基礎付けによってはじめて、前に出發點とせられたものが單に勝手に假定されたものではなくて、實際は一面から云えば眞理そのものであり、また一面から云えば最初の眞理であることが明らかになると云うのである。

〔イ、媒介性が始元――最後のものが根據――の面〕 前進〔progressus〕とは根據への、根源的なものと眞なるものへの復歸〔regressus〕であって、始元となるものはこの根據に依存するのであり、また事實、始元はこの根據によって産み出されるものだということが肝心の點であることは、われわれの認めざるを得ないところである。――なお、この點は論理學そのものの中で詳細に考察されるはずである。――この意味で、意識はその端初である直接性から始めてその途を進みながら、その最も内的な眞理としての絶對知に連れ戻されるのである。だからまた、この最後のもの、即ち根據こそ、最初は直接的なものという形で現われるところのその最初のものの生れる胎盤である。——同樣の意味で、あらゆる存在の具體的な、しかも最後の最高眞理として出て來た絶對精神が今度は更に、その發展の終局において自由に自分を外化して（sich entäussernd）、自分を直接的有の形態に解放し（sich entlassend）、——世界の創造を決意するものとなるのである。從ってこの世界は前の過程〔精神現象論〕の結果に先行する發展に屬するあらゆるものを含んでいるとともに、〔また新しい段階〔論理學〕に屬するあらゆるものをも含んでいる。〕——既ち、この先行のものは、この立場の轉倒によって、いまやまたその始元とともに、その原理としての結果〔論理學そのものの結果〕に依存するものに變化したのである。——それ故に、學〔論理學のみならず一般に哲學〕にとって根本的なことは、單に直接的なものが始元であるということではなくて、むしろ學の全體がそれ自身の中で圓環運動（ein Kreislauf）をなしており、そこでは最初のものが最後のものであるとともに、最後のものがまた最初のものでもあることになっているということである。

〔**ロ、直接性が始元——最初のものが根據——の面**〕だから他面ではまた、運動の根據として運動の復歸點であるものが結果〔導出されたもの〕と見られざるを得ないものであることがわかる。この點から見ると、最初のものがまた根據であって、最後のものは却って導き出されたものである。即ち最初のものから出發して、正しい推論によって根據としての最後のものに到るのであるから、この根據こそ結果である。更にまた、始元をなすものからの進展はただこの始元の規定の進行と見られるから、從って始元をなすものは後續の全過程の根底に存し、それから消え去ることはない。進展は單に他のものが導き出されるということにあるのではなく、また全くの他者に推移するということでもない。――そんな推移が起る場合には、その推移はまた再び止揚されてしまうのである。それ故に哲學の始元は、あらゆる後續の展開の中に現在し、自分を維持しているところの基礎であり、後のそれぞれの規定の中に何時も必ず內在しているものである。

〔六、圓環――直接性卽媒介性の面〕それで始元はまたこの進展を經ることによって、それが始元としてもっていた一面性、卽ち一般に直接的なものであり、抽象的なものであるという規定を失う。始元は媒介されたものとなり、從って學の進展の線は圓（Kreis）となる。――同時にまた、始元をなすものはその出發點においてはまだ未發展のものであり、無內容のものであるから、それはまだ始元の中では本當に認識されないものであり、學がはじめて、しかもその學の全展開によってはじめて、始元の完全な、內容に充ちた、またはじめて本當に基礎付けられた認識となるということが云えるのである。

しかし、結果がはじめて絕對的根據として出て來るからと云って、この認識の進展は暫定的なものというようなものでもなければ、また蓋然的なもの、假說的なものでもない。その進展は事柄と內容そのものとの本性によって規定されるのでなければならない。その始元は單に任意のものや一時的に假定されたものというようなものでもなければ、また任意の現象であるものをもって來て勝手に前提として立てておいて、後に過程を吟味してみて、これを始元としたことの正しさが證明されるといったようなものでもない。それは幾何學の定理の證明のために書く作圖の場合のようなものではない。作圖については、後に證明において「證明してみて」はじめて、まさにこの直線を引いたということが、それからまた證明そのものの中でこの線とか角とかの比較から出發したことが、正しかったかどうかということが明らかになる。だから、この線を引くこととか、比較とかがそれ自身自明なわけではない。

〔**b、純粋有が始元であること**〕それで、何故に純粋學が純粋有から出發するかという理由については、いま上に直接、純粋學そのものの本性から明らかにされた。※この純粋有は純粋知識の歸着點としての統一である。或いは、もしも純粋知識そのものがまだ形式としてその統一と區別さるべきものだとすれば、純粋有は純粋知識の内容でもある。この點で、この絶對直接的なものである純粋有はまた絶對に媒介されたものでもある。けれども、ここ〔論理學〕では純粋有が始元としてあるというまさにその故に、それはまた本質的にただ純粋に直接的なものであるという一面性を帶びざるを得ない。もしも純粋有がこういう純粋な無規定性でなく、規定されたものであるというなら、それは媒介されたものとなっているのであって、そこではすでに一歩進んだものがとられていることになる。規定されたものとは最初のものに何か他のものの加わったものを意味するからである。それ故に始元が有であって、有以外の何ものでもないということは、始元そのものの本性の中に含まれていることである。だから、哲學に這入るためには、何も特別の準備はいらず、また別にいろいろの反省をやったり、手懸りを求めたりすることは要らない。

※ラッソン版に従って、また内容の上から見て、行を變える。（譯者）

始元が哲學の始元であるというところから、この始元に對して立ち入った規定とか、積極的な内容を入れることも本來許されない。というのは、まだ事柄そのものが存在しないこの始元においては、哲學は空な言葉であり、假定的に立てられた證明未了の觀念といったものにすぎないからである。純粋知識は、ただ始元が抽象的な始元であるべきだという、このような消極的規定を與えるにとどまる。だから、純粋有が純粋知識の内容と考えられるかぎり、純粋知識はその内容から手を引き、内容をそのままに放置しておいて、それに何らそれ以上進んだ規定を與えないようにしなければならない。――云いかえると、純粋有は知識がその對象との一致の最頂點において合一したその統一と見られる以上、知識はこの統一の中に消え去ったのであって、そこには知識と統一との間に何の區別もなくなっており、從って知識は統一に對して何の規定をも殘存していない。——その上にまた、そこにはより規定的な始元を作るために使用され得るような或るものとか、または内容とかといったものも存在しないのである。

〔Ⅲ、始元の分析〕 しかし、このいままで始元とされて來た有の規定も斥けられて、全く純粋な始元《アイン・ライン・アンファング》を立てることを要求することもできるかもしれない。すると、始元そのもの《ダス・アンファング・ゼルプスト》ということ以外には何ものもないことになる。だが、こういう意味の始元とは一體如何なるものであるかを見ておかねばなるまい。——こういう態度はまた次のような人達、卽ち一方から云えば、どういう反省に基くにせよ、有から始めることに滿足せず、まして〔有から〕無への推移という有のもつ歸結に滿足しない人達、——他方から云えば、學問は或る種の觀念を前提するところから始まるものと考えるが、——この觀念は更に分析されねばならず、その分析の結果がはじめて學の最初のはっきりした概念を與えるものだということしか知らないような人達のお氣に召すことになるでもあろう。しかし、こういうやり方を吟味してみても、何も別にちがった對象が出て來るわけではない。なぜといって、始元が思惟の始元だという意味では、始元は全く抽象的であり、全く一般的なものであり、内容を全くもたない全くの形式であるはずだからである。從って、われわれは單なる始元そのものという觀念以外の何ものをももたないであろう。では、この觀念の中にどういうものがあるかを吟味してみよう。

〔1〕まだ何もない〔無がある〕が、何かが生ずべきである。始元は純粋な無ではなくて、何かがそこから發生するはずの無である。それ故に有もすでに始元の中に含まれている。それ故に始元は有と無との兩者を含んでおり、有と無との統一である。——云いかえると、始元は同時に有であるところの非有であり、また同時に非有であるところ

の有である。
〔2〕 次にまた、有と無とは始元においては區別されたもの〔ちがったもの〕として存在する。というのは、始元は〔それ自身すでに〕何か他のものを暗示しているものだからである。——始元は或る他のものである有に關係しているところの非有である。始まりつつあるものは、まだない。それは、まず有を目がけて進む。それ故に始元は非有に別れを告げ、非有を止揚するものであるような有を、非有に對立するものとしての有を含んでいる。
〔3〕 しかし更にまた、始まるところのものはすでに存在するとともに、それはまたまだ存在しない。それ故に有と非有という對立するものは、この始まりの中でそのまま合一している。云いかえると、始元は兩者の區別のない統一である。

こういうわけで、始元の分析（**Analyse des Anfangs**）から得られるものは、有と非有との統一の概念〔即ちやはり一種の有〕、——もっと反省的な形式で云えば、區別のあるものと區別のないものとの統一（**Einheit des Unterschieden-und des Nichtunterschiedenseins**）、或いは同一性と非同一性との同一性（**Identität der Identität und Nichtidentität**）の概念だ[三]と云ってよい。この概念は絶對者に關する最初の最も純粋な、即ち最も抽象的な定義と見てよいもので、——一般に絶對者の定義の形式とか、名稱とかが問題になるとすれば、實際この概念こそそれだといってよかろう。この意味で、この抽象的な概念が絶對者の最初の定義であるように、すべての更に進んだ規定や展開は、ただこの絶對者の一層規定的な、また一層內實的な定義にすぎないものと見られよう。だが、有が無に推移し、そこから有と無との統一が生ずるという理由で、有を始元とすることに滿足できない人々は、——始元の觀念から始めるが、その觀念に恐らく正しいであろう分析を加えるとき、それもまた有と無との統一に達するというような

——彼ら自身の始元が、果して有を始元とするよりも滿足なものであるかどうかを考えてもらいたいものである。

〔Ⅳ、種々の始元の検討〕〔1、關係ということについて〕 しかし、このやり方については更に立ち入った考察をしておかなければならない。上述の分析は始元の觀念を既知のものとして前提している。即ちそれは他の個々の學問の例にならっているのである。これらの學問はその對象を前提し、また各人がこの對象について同一の觀念をもつものだということを勝手に假定してかかり、その觀念の中にはそれらの學問がその對象に關する分析や比較やその他の理屈のこね廻しによって方々から取り出して來てかかげるのとほとんど同じ規定があるはずだ、ということを勝手に假定しているのである。もっとも絶對的始元をなすものもまた、普通一般に知られたもの、一種の既知のものでなければならない。もしもそれが具體的なものであって、從ってその中に多様な規定を藏するものであれば、少くもその具體的なものがその中にもつところの關係が既知のものとして前提されている。從って、この關係は或る直接的なものと見られている。しかし關係は直接的なものではないのである。というのは、關係は區別されたものの間の關係にほかならず、從ってその中に媒介を含んでいるからである。その上にまた、具體的なものにあっては、分析やいろいろの規定を行う場合につきものの偶然性と恣意が這入って來る。どういう規定を採用するかは、各人が自分の直接的な偶然的觀念の中で偶々見つけ出すものに依存する。だから、或る具體的なもの、即ち綜合的統一の中に含まれている關係が必然的な關係であるのは、單にそれが見つけ出されたのでなくて、この統一の中へ當然落ちつくものという性質をもつ契機自身の運動によって生み出されたものであるかぎりにおいてである。——ところで、この運動は分析的なやり方、即ち事柄そのものに外的な、主觀に屬するにすぎないような行爲とは正反對のものである。

いま云ったことの中には、始元となるものは具體的なものではあり得ず、それ自身の中に何らかの關係を含んでいるようなものであることはできないという、もう一歩進んだ意味が含まれている。なぜなら、こういう具体的なものは自分の内部での最初の形態から他の形態への推移、即ちそういう一種の媒介を前提しているものであって、〔始元として〕単純なものとなったこの具體的なものは實は、この推移の結果として出て來たといってよいものだからである。しかし始元であるからには、それは最初のものであるとともにまた他のものであるというようなものであってはならない。最初のものであるとともにまた他のものであるような存在は、すでに一種の前進を經た存在である。だから、始元をなすもの、始元そのものは單純な内容のない直接性の形の中にあるところの、分析することのできないものと見るべきであり、それ故に全く空虚なものとしての有と見るべきである。

〔2、**事柄から始めることの空虚について**〕 また人によると、この抽象的な始元の考察にやりきれなくなって、始元などというものから始めるべきではなく、早速、事柄そのものから始めるべきだと云おうとするが、しかしその場合でも、この事柄もやはりいま云う空虚な有とちがったものではない。というのは、事柄が如何なるものであるかということは學の展開によってはじめて分るはずのものであって、學の以前に既知のものとして前提されることはできないものだからである。

また空虚な有とちがう始元を立てるために他の如何なる形式が採用されるにしても、いままで擧げたと同じ缺點をもたざるを得ない。しかしそれにもかかわらず、この始元に滿足できない人達は、この缺陥を避けるために、他の方法で始める企てを何かとやりたがる。

〔3、**自我から始めることについて**〕 そこで、近世になって有名になった自我を始元にするという哲學の獨創的な始元に全然ふれずにおくわけにはいかない。(三) この始元は一方では最初の眞なるものから後續のすべてが演繹されねば

ならないという反省に基いて生じたものであり、また他方では、この最初の眞なるものは既知のものであり、否むしろ直接に確實なものでなければならないという要求から出ている。この始元は、一般に或る主觀においてはこうで、他の主觀では別の様子を呈し得るというような偶然的な觀念ではない。なぜなら、自我、即ちこの直接的自意識は一面では、まずそれ自身直接的なものとして現われるものであるとともに、また他面では、他のどの觀念よりも遙かに高い意味で既知のものだからである。他の既知のものといったものも勿論、自我に屬するものではあるが、それはまだ自我と區別されたもので、從って一體に偶然的な內容である。これに反して自我は單純な自分自身の確實性である。しかし、また自我は同時に一般に具體的なものである。云いかえると、自我はむしろ最も具體的なものであり、——無限に多樣な世界としての自分の意識である。すると、自我が哲學の始元であり、根據であるためには、このような具體的な面が切りすてられて、——絕對的な作用と見られることが必要となり、これによって自我は自分自身から純化されて、抽象的自我として意識の中に這入って來ることになる。けれども、このような純粹自我は、もはや直接的な自我ではなく、また既知の自我でも、われわれの意識に現われる通常の自我でもない。それは、學がこれと直接に、いいかえるとその各〻の意識に結びつくなどといったものではないのである。絕對的な作用とは本來、主觀と客觀との區別の消え去ってしまった純粹知識の立場への高揚を意味するものと見てよかろう。ところが、この高揚がただ直接的に要求されるにすぎないときには、それは主觀的要請を出でない。そこで、この要求が眞の要求であることが證明されるためには、具體的な自我がその自我自身の必然性に基いて直接的な意識から純粹知識そのものに到るまでの進展運動が展開され、敍述される必要があろう。この客觀的な運動がない場合には、純粹知識は——それが知的直觀と規定されるにしても同じであるが、(註)——恣意的な立場のものとなり、或いは意識の經驗的狀態の一つの立場にすぎないものとさえもなり、するとこの意識に關しては或る者はこの立場を自分の中に偶々見つけ出すこと、または作り出すことができても、他の者はできないのではないかということが問題になる。しかし、この純粹自我が本質的な純粹知識でなければならず、しかも純粹知識がただ自己高揚という絶對的な作用によって個人的意識の中に措定されるもので、個人的意識の中に直接的に存在するものでないかぎり、純粹自我を哲學の始元とすることから生ずるはずの利益、即ち始元は各人が直接に自分の中に見出す全く熟知のものであって、それに他の進んだ反省が結合されるものだとせられるその利益は全く失われてしまう。この純粹自我はむしろ自我の抽象的本質性の中にあるものであり、通常の意識にとっては未知のものであり、通常の意識の中には見出されないようなものである。この意味で、ここではむしろ、實際は經驗的意識とは懸絶したものを取扱っておりながら、熟知のものを、即ち經驗的自意識の自我を問題にすべきだと主張するという錯誤を犯すことになる。のみならず、純粹知識を自我と規定することは、主觀的自我の制限は忘れられねばならないと云いながら、〔その主觀的自我を絶えず念頭におくことになり、また〕自我のそれ以下の展開の中に出て來る諸々の命題や關係も通常の意識によって主張されるものだとせられるところから、それらの命題や關係が通常の意識の中に現われ得るものであり、見つけ出され得るかのような觀念を生ずることになる。こうしてこの混同は直接的な明晰どころか、却って人の目を眩ましてしまい、全くの戸惑いをさせることになる。外に向っては、この混同は實に粗雜極まる誤解を誘致した。〔フィヒテの場合〕

更に、一般に自我のもつ主觀的な規定性に關して云えば、たしかに純粹知識は自我が客體の中に克服し難い對立をもつという制限的な意味を自我から取り除くものである。だから、この點から見ると、なおもこういう主觀的な態度と、純粹知識の規定とを自我と見るというのは、少くとも余計なことであろう。しかし、この規定はそういう不都合な二義性をひき起すのみではない。よく見れば、それも實はやはり主觀的自我である。それで、自我から出發するところの學問の實際の展開から明らかにせられることは、客體がそこでは何時までも自我に對立する他者という規定をもちつづけるものだということ、それ故に出發點となる自我は意識の對立を眞に超克したところの純粹知識ではなくて、まだ現象の中に囚われているものだということである。

序にもう一つ大事な注意をつけ加えておかねばならない。自我はたしかに即自的には〔そのままで、可能的には〕純粹知識または知的直觀と規定されることができ、始元として立てられることはできようが、しかし哲學において問題なのは即自的に、または內面的に存在するところのものではなくて、この內面的なものが思惟の中で定有をもつという面であり、またこの內面的なものがこの定有の中でもつ規定性にある。しかも、學の始元の中に存在するものが、知的直觀であれ、——或いは知的直觀の對象を永遠なもの、神的なもの、または絕對者と呼ぶとすれば、——永遠なものであれ、絕對的なものであれ、それは最初の、直接的な、單純な規定以外の何ものでもあり得ない。單なる有が表現するよりも遙かに豐富な內容をもつ名稱が始元に與えられるにしても、この場合に考慮すべき問題は、こういう絕對者がどういう形で思惟的知識の中へ、またこの知識の表現の中へ這入って來るかということである。知的直觀は無論、媒介を徹頭徹尾斥けるものであり、證明にこだわる外的な反省を强引に斥けようとするものである。けれども、それが單純な直接性以上のものとして云い表わすところのものは具體的なものであり、種々の規定を中に含む存在である。だが、すでに述べたように、こういう具體的なものの言表や敍述は媒介の運動である。それは規定の一つから出發して、他の規定に推移するものであり、たとえこの他の規定が最初の規定へ復歸するものであるにしても、ともかくもそれは媒介の運動である。即ちその運動は恣意的なもの、または斷言的《アッセルトーリッシュ》なものであってはならないものである。だから、こういう敍述の始元となるものは具體的なものそのものではなく、單に單純な直接的なものにすぎず、それが運動の出發點となるのである。のみならず、具體的なものが始元とせられる場合には、この具體的なものの中に含まれている諸規定の結合は證明を必要とするが、その證明がそこには缺けている。

〔V、**始元の本性**〕それ故に、もしも絕對者または永遠なもの、或いは神という表現の中に（神が始元とせられることについては何人も爭い得ないところであろう）、またそれらについての直觀や思想の中に純粹有の中に含まれるよりも遙かに多くのものが含まれているとしても、そこにあるものは表象的知識の中にではなくて、思惟的知識の中にはじめて現われて來るはずである。この點から見ると、この內容が如何に豐富なものであるにしても、知識の中に最初に現われて來る規定としては單純なものである。なぜといって、單純なものの中には純粹な始元以上のものはないからである。つまり直接的なものだけが單純である。というのは、直接的なものの中には、まだ一つのものから他のものへと前進を經た形態はないからである。從って絕對者とか神とかというような豐富な觀念形式の中に有以上のものが云い表わされており、或いは含まれていると云われるにしても、それは始元においてはただ空な言葉であり、單に有にすぎない。それ故に、この何らそれ以上の意味をもたない單純なもの、この空虛なものこそ哲學の始元でなければならない。

以上の見解はそのものとしては、この始元そのものが何らの準備も、立ち入った序論をも必要としないものだという、極く簡單なことを云っているにすぎない。だから、このように前以って始元について理屈をこねたが、この先走った理屈は始元を論證しようというつもりからであるというよりは、むしろすべての先走った理屈を斥けるつもりからであったと云うことができよう。

有の一般的區分

有はまず第一には、一般に他者に對立するものという規定をもつ。

第二に、有は有自身の內部で自分を規定するものである。

第三に、この區分の先行の面を除いて見れば、有は抽象的な無規定性と直接性であって、その點で有は始元でなければならない。
〔I〕第一の規定から見れば、有は本質と區別される。というのは、後に有が展開するとき、有の全體がただ概念の一領域にすぎないことが明らかになり、この一契機としての概念の一領域〔有の立場〕に對しては、もう一つ別の領域〔本質の立場〕が對立して來るからである。
〔II〕第二の規定から見れば、有は內部に有の反省の諸規定と全運動とを含むところの領域である。有はここでは次の三つの規定に分けられる。

1、規定性（Bestimmtheit）そのものとしての、即ち質（Qualität）としてのそれ。
2、止揚された規定性、即ち大きさ、量（die Grösse, Quantität）としてのそれ。
3、質的に規定された量、即ち度量〔尺度〕（Maass）としてのそれ。

この區分は、前に序論の中で一般的に區分について述べたと同様に、一つの先驅的、豫備的な論述にすぎない。區分の諸規定はむしろ有そのものの運動からはじめて生じ、それによって定義され、權利づけられるべきものである。この區分が通常のカテゴリーの順序、即ち量、質、關係、樣相と異なる點については、ここでは論じない。(一體に量、質、關係、樣相はカントでは單に彼のカテゴリーを表わす表題とせられているにすぎないが、しかし實際はそれら自身は〔客觀的なカテゴリーであり、〕もっと一般的なカテゴリーにほかならない。)というのは、それがカテゴリーの普通の順序や意味と異なるものであることは、有論の全敍述から明らかになるはずだからである。

〔1. 質と量について〕 ただ、普通に量の規定が質のカテゴリーの前におかれること、――しかもこのことは、他の多くの場合と同樣に、何ら特別の理由もなしにそうせられているのであるが、――この點について一言述べておく。始元が有そのもの、即ち質的な有とせられることについては、すでに述べた。ところで、質と量とを比較してみれば、質が本性上最初のものであることは容易にわかる。というのは、量はすでに否定的になった質だからである。大きさは、もはや有と一つのものではなく、すでに有と區別された規定性であり、止揚された、無關心なものとなったところの質としての規定性である。大きさは有の變化性(Ver-änder-ung)を含んでいるものであるが、事物そのもの、その規定が大きさである。有は大きさによって變化をうけることはない。即ち有の規定〔規定されたもの、規定性〕が大きさなのである。(三五) これに反して質的規定性はその有と一つのものであって、有を越えること〔有でなくなって他のものになること〕も、また〔單に有の一般的性質として〕有の內部にあるにすぎないものでもなく、むしろ有の直接的な制限性《ベシュレンクトハイト》なのである。だから、質は直接的な規定性として最初のものであり、從って質こそ始元となすべきものである。

〔2. 度量について〕 度量は一種の關係であるが、しかし關係一般ではなくて、規定的な、質と量との相也の關

係なのである。カントが關係のカテゴリーと見たものは、〔本書では〕これとは全く別の場所に入れられるはずである。（三六）
度量はまた一種の様相とも見られることができる。しかしカントでは様相は一向に内容の規定ではなく、ただ内容の思惟に、即ち主觀に對する關係と見るべきものとせられるから、それはこれとは全く性質を異にするもので、この度量には屬さない關係である。（三七）

〔Ⅲ〕有の第三の規定は質篇の内部にあるもの〔第一章、有のそれ〕である。それは、有が抽象的な直接性として、この有の領域の内部で他の諸規定性に對立する個々の規定性に引き下げられるからである。

第一篇　規定性（質）

有は無規定的な直接的のものである。有は本質に對立するというその規定性から自由であるとともに、また有が有自身の内部でもち得るすべての規定性からも自由である。こういう沒反省的な有は直接にただ、それ自身においてあるところの有である。

それで〔第一に〕有は無規定的である故に、質をもたない有である。しかし、こういう無規定性という性格も規定的なもの、または質的なものとの對立から見られるかぎりでのみ、有が卽自的にもつもの〔有の規定性〕であり得る。卽ち有一般に對して規定的な有そのものが對立して來るが、それによって有の無規定性そのものが有の質を構成することになる。だから最初の有も卽自的には規定されたものであることが明らかになり、こうして

第二に有は定有（Dasein）に推移することになり、有が定有であることになる。けれども、有限的な有である定有はまた自分を止揚して、有の自分自身との無限な關係へ、卽ち

第三に向自有（Fürsichsein）へ推移することになる。（三八）

第一章　有

A　〔有〕(三九)

有（Sein）、純粋有、（reines Sein）、——それ以上の一切の規定をもたないもの。有はその無規定的な直接性の中にあるものとしてただ自分自身と同等であるにすぎず、他のものに對する不等ということでさえもなくて、自分の內でも、また外に對しても差異というものをもたない。もしも、そこに何らかの規定があるとすれば、或いはその有を區別するような內容、云いかえると有が他のものと區別されたものとして立てられるような內容があるとすれば、有の純粋性は失われるであろう。むしろ有は純粋の無規定性であり、空虚《ダス・レエーレ》である。——ここに直觀ということが云われ得るとすれば、有の中には直觀さるべき何ものもない。むしろ有はこの純粋な、空虚な直觀そのものである。同様にまた有の中には思惟さるべき何かがあるのでもなく、むしろ有はこの空虚な思惟にすぎない。だからこの有、無規定的な直接的のものは實は無（Nichts）であって、無以上のものでも無以下のものでもない。

B　無

無（Nichts）、純粋無（reines Nichts）。無は自分自身との單純な同等性であり、完全な空虛性であり、全くの沒規定性と沒內容性である。卽ち自分自身の中における無區別性である。——ここで直觀または思惟が云われ得るとすれば、何かが直觀または思惟されるか、それとも何ものも直觀または思惟されないかということは區別と見られる。それ故に何ものをも直觀または思惟しないということは一つの意味をもっている。二つのこと〔何かを直觀または思惟することと何ものをも直觀または思惟しないこと〕が區別される以上、無もまたわれわれの直觀または思惟の中に有る（現實《エクシスティーレン》的に存在する）のである。云いかえると、無はむしろ空虛な直觀または思惟そのものである。また無は純粋有と同じ空虛な直觀または思惟である。――この意味で、無は純粋有と同一の規定であり、というよりも純粋有と同一の沒規定性であって、従って一般に純粋有と同一のものである。[30]

C　成

1　有と無との統一

それ故に純粋有と純粋無とは同じものである。眞理であるところのものは有でもなければ、また無でもなくて、有が無に、また無が有に――推移することではなくて、――推移してしまっていること（dass übergegangen ist）である。けれども同様にまた、眞理は兩者の區別のないことではなくて、むしろ兩者が同一のものでないということ、兩者は絕對に區別されるが、しかしまた分離しないものであり、不可分のものであって、各〻はそのままその反對の中に消滅するものだということである。それ故に、兩者の眞理はこういう一方が他方の中でそのまま消滅するという運動、即ち成（Werden）である。云いかえるとこの運動は、そこでは兩者が區別されているが、しかしまたそのまま解消してしまっているというような區別を通して行われるところの運動である。

註釋1 〔觀念（表象）の中での有と無との對立(三)〕

〔I、無と非有〕 無は普通には或る物（Etwas）と對立させられる。しかし、或る物はすでに他の或る物と區別されるところの規定された存在者《ザイエンデス》である。それだから、この或る物に對立させられた無も或る物の無であり、規定された無である。ところが、ここでは無は無規定な單純性において見られねばならない。——もしも有に對立するものとしては無よりも非有（Nichtsein）を立てるのが正當だという人があれば、結果から見て何ら反對するところはあるまい。というのは、非有の中には有に對する關係が含まれているからである。卽ち非有は有と有の否定との兩者を一言で云い表わすものであり、成の中にあるところの無である。けれども、われわれが差し當って問題としているものは對立の形式、卽ち關係の形式ではなくて、抽象的な、直接的な否定であり、純然たる無そのものであり、關係をもたない否定である。卽ちそれはまた單なる「否」（Nicht）によっても表わすことのできるようなものなのである。

〔II、パルメニデス、ヘラクレイトスや東洋哲學の無〕 純粹有という單純な思想をはじめて絕對者として、唯一の眞理として述べたのはエレア學派の人々、特にパルメニデス（Parmenides）であった。彼はその殘っている斷片の中で、はじめて絕對的な抽象性の形で思惟自身をつかんだときの思惟の純粹な感激をもって語っている。卽ち「ただ有のみが存在するのであって、無は決して存在しない」と。——東洋の哲學、特に佛敎では周知のように無、卽ち空が絕對的原理とせられる。——烱眼《けいがん》なヘラクレイトス（Herakleitos）はこの單純で、一面的な抽象に對して成というもう一段高い全體的な概念を持ち出して、云った。「無が存在しないと同樣に有というものも存在しない」、或いは「萬有は流轉する」、卽ち「萬有は成である」と。——「あらゆるものはその誕生そのものの中にその滅亡の萌芽を宿す」

とか、「死はむしろ新しい生への門出である」とかという俚諺、特に東洋のそれも、結局は有と無との一つであることを表わすものである。けれども、これらの格言の中には推移の行われるための基體〔卽ち時間〕がある。卽ち有と無とは時間の中で離してとられ、時間の中で變轉するものと見られているのであって、時間を捨象して考えられているのではなく、從って兩者が絶對に同一だとせられているのではない。

〔Ⅲ、無からは何ものも生じないという命題とクリスト教〕 Ex nihilo nihil fit〔無からは何ものも生じない〕というのは形而上學において非常に重要視せられた命題の一つである。しかし一方から云えば、この命題の中には無は無であるという無内容な同義反復が見られるにすぎないし、また他方から云えば、その中では成の眞の意味が見られているとも云えなくはないが、無からはただ無が生ずる〔成る〕にすぎないから、卽ちそこでは無はあくまでも無にとどまるものだから、そこには實際はむしろ成はない。成は無が無にとどまらずに、その他者に、卽ち有に推移するという意味を含んでいるのである。――後の形而上學、特にクリスト教形而上學はこの無からは何ものも生じないという命題を非難して、無から有への一種の推移を主張したのであった。その場合、この命題が極く大雜把に、或いは單に漠然とした想像の形でとられた點は別として、この極めて不完全な統一の中にも、有と無とが一致し、兩者の區別が消失する或る急所はつかまれている。――「無からは何ものも生ぜず、無はあくまでも無である」という命題は一般に成に反對し、從ってまた世界の無からの創造に反對するものであるところに、その本來の意味がある。しかし、無はあくまでも無であるという命題を主張し、それをやっきになって云っている連中は、その點で自分がエレア學派の抽象的汎神論に組しているのであること、本當はむしろスピノザの汎神論に組していることを知らないのである。「有はあくまでも有であり、無はあくまでも無である」ということを原理と見る哲學上の見解は同一哲學という名前を頂戴する。つまり、この抽象的同一性が汎神論の本質なのである。

〔Ⅳ、**有と無との同一について**〕　もしも有と無とが同一であるという結果が人々に異様の感をいだかせ、逆說的に思われるとすれば、それについてはこれ以上ふれないでおこう。だが、あの自分は哲學の中で何かと新しいポーズをとりながら、哲學の中では日常の意識の中に、いわゆる健全な常識の中に見られるとは全くちがったいろいろの規定が出て來るものだということを忘れている不思議な現象こそむしろ不思議にたえない。もっとも、この健全な常識という奴も、實はちっとも健全なものではなくて、却っていろいろの抽象と抽象に對する信仰とに、というよりもむしろ抽象に對する迷信とに凝りかたまった悟性にすぎないのであるが。また、この有と無との統一を個々の實例によって、各〻の現實的なもの、または各思想の中で示すことは別にむつかしいことではなかろう。前に直接性と媒介について（媒介は相互の關係、從って否定を意味する）述べたと同じことは、有と無についても云われなければならないのであって、天上と天下とのいずれを問わず、有と無との兩者をその中に含まないようなものは存在しないと云わねばならない。勿論、この場合にはどれかの或る物、または現實的なものについて云われるのであるから、そこでは二つの規定ももはや有と無というような全くの非現實的な形であるのではなくて、もっと進んだ規定をとり、例えば積極的なものと消極的なものという形でつかまれる。卽ち前者は措定され、反省された有であり、後者は措定され、反省された無であるが、しかしこの積極的なものと消極的なものも、前者は有を、後者は無をその抽象的な基礎として含んでいるのである。――この意味で、神そのものの中でもその質、卽ち活動性、創造、力等は本質的に否定的なものの規定を含んでいるのであり、――これらの質こそ他者を產み出すものにほかならない。もっとも、こういう主張を實例によって經驗的に說明することは、この場合全く無用のことであろう。けれども、いまやこの有と無との統一が最初の眞理として終始一貫して基礎となり、後續のすべてのものの要素《エレメント》〔地盤〕をなすものである以上、成そのものは勿論のこと、それ以下のすべての論理的規定、即ち定有や質や、一般に哲學の全概念はこの統一の例證である。――にもかかわらず常識、或いは健全な人間悟性と自稱する連中は有と無とを分けないことを建前とするから、一つのものと他のものとがはっきり分けられるような例（限界や制限によって分たれた或る物、或いはいま云うような活動性と分たれた無限者とか神）を探し出すことばかりやりたがる。だが、こういうように分たれたものは單に有と無というそれぞれ空虚な思想物にすぎず、そのいわゆる常識がわれわれの面前に到る處にある眞理、即ち兩者の非分離性を無視して勝手にでっちあげたものにほかならない。

けれども、このような日常の意識がこの種の論理的命題に對するときに陷る混亂をあらゆる面に亙って當ってみるということは、われわれの本旨ではない。なぜといって、こういうような混亂は無盡藏だからである。しかし、ただその若干について述べておくことはできなくはない。わけても、こういう混亂を生ずる根據は、意識がこういう抽象的な論理的命題に具體的な或る物の觀念を持ち込み、そんな具體的な或る物が問題ではなくて、ただ有と無という純粹の抽象が問題であるということ、この抽象的なものをはっきりつかんでおくことがこの場合肝心の問題であるということを忘れている點にある。

〔V、**カントの百ターレルの問題**〕それで、――有と非有とは同一である、それ故に私の存在することと存在しないこと、この家が有ることと無いこと、この百ターレルが私の財產の中に有ることと無いこととは全く同じことだ、――というような推論、或いはこの命題のこういうような適用は、この命題の意味を全然變じてしまうものである。命題は有と無という純粹な抽象を意味している。ところが、この適用はそれを規定的な有と規定的な無にしてしまう。けれども前にも云ったように、ここでは規定的な有を問題にしているのではない。規定的な有、有限的な有は他の有に關係する有である。それは他の内容との、従って全世界との必然的な關係の中にある内容である。そこで、こういう全體の相互規定的な關係から見て形而上學は、「一塵の滅するとき、全宇宙も崩壞する」という——結局、同義反復的な——立言をすることもできた。だからまた、いま問題になっている命題に反對して擧げられる例においても、何かが存在することと存在しないこととは、どうでもよいこととはならないが、しかしそれはその有と非有とのためではなくて、その命題の内容のためであり、その内容が他の内容と關係をもつためである。もしも規定的な内容が、即ち何か特定の定有が前提されるとすれば、その場合にはこの定有は規定的なものであるから、他の内容といろいろな關係を結んでいる。すると、こういうような定有にとっては、それが關係する特定の他の内容の有ることと無いこととは、どうでもよいことではない。なぜといって、その特定の定有はこういう關係によってのみ眞にそういう特定の定有であり得るものだからである。同じことは觀念〔表象〕の場合についても云える。(この場合には、われわれは現實的なものの場合よりも、もっとはっきりと觀念の上で非有を見得るから。) 即ちそういう觀念の關連の上でも他の内容とはっきりと關係するものと觀念されるような内容の存在することと存しないこととは、どうでもよいことではないのである。

〔VI カントの神の存在論的證明の批判の批判〕 以上の考察は、神の存在の存在論的證明についてのカントの批判の中心問題になっているものと同じものを含んでいる。もっとも、ここではただその批判の中に出ている一般的な有または無と、規定的な有または非有との區別の概念の面からのみ考察するにとどめる。——周知のように、このいわゆる證明においては、あらゆる實在性がそれに歸屬し、従ってまたこれらの實在性の一つと見られる實存《エクシステンツ》も歸屬するものとしての、一存在《ヴェーゼン》の概念が前提されている。カントの批判は特に次の點からなされる。即ち實存または有は（兩者はここでは同義と見られている）何らの特性または實在的述語ではなく、云いかえると物の概念に附け加わり得るような何ものかの概念ではないというのである。(註)——即ちカントは、これによって有が如何なる内容の規定でもないということを云おうとするのである。——彼はつづけて云う。それ故に可能的なものは現實的なものより以上のものを含まない。現實の百ターレルは可能的な百ターレルよりも少しも多くを含まない。——即ち前者は後者と何ら異なる内容規定をもたない。だが、このような別々に分離して〔抽象的に〕見られた内容〔百ターレル〕にとっては、實際あることと無いこととはどちらでも同じことになる。その内容の中には有と非有との區別はなく、一般にこのような區別は内容に關係しない。百ターレルは、それが無いときに百ターレル以下になるということもなければ、またそれがあるときに百ターレル以上になるというようなこともない。區別はどうしても他の何處かから來なければならない。——そこでカントは云う。「ところが、私の財産狀態から云えば、現實的な百ターレルの方が百ターレルの單なる概念、或いはその可能性の場合よりも多くを含んでいる。なぜなら、對象は現實にある場合には私の概念の中に分析的に含まれているのではなくて、むしろ（私の狀態の一つの規定であるところの）私の概念に綜合的に附加して來るものだからである。といっても、この私の概念の外の存在〔有〕によって上述の思惟上の百ターレルそのものは少しも增されることはないであろう」と。

（註）カント、純粹理性批判、第二版、六二八頁以下〔岩波文庫本、二七五頁以下〕

このカントの混亂した鈍重とも云えなくはない表現に從って見れば、ここには二種の狀態が前提されている。一つは彼が概念と呼ぶもので、觀念〔表象〕を意味するものであり、他は財産狀態である。この財産と觀念との兩者に對して百ターレルは内容規定であり、或いはカントの云うところによれば、「綜合的にその狀態に附け加わって來るもの」である。だから、百ターレルの所有者としての私と非所有者としての私、或いは百ターレルを觀念する私と觀念しない私とは勿論ちがった内容である。一般的に云えば、有と無という抽象態が特定の内容をもつことになれば、抽象態ではなくなる。その場合には有は實在性（Realität）であり、百ターレルの規定的な有であり、これに對して無は否定（Negation）であり、百ターレルの規定的な非有である。(四二) またこの内容規定そのもの、即ち百ターレルも全く抽象的に見られるときは、有るときと無いときのいずれにしても同じであつて、變りはない。ところが、進んで有が「財產—狀態」と見られることになれば、百ターレルはこの「狀態」に關係することになるから、この「狀態」にとっては百ターレルがあるという規定性はどうでもよいものではない。百ターレルの有か無かということは變化〔Veränderung 他のものになること〕にほかならない。百ターレルはすでに定有の領域の中におかれている。だから、有と無との統一に反對して、これやあれ（百ターレル）が有るか無いかはどうでもよいことではないと主張するにしても、それは私が百ターレルを所有するか所有しないかという區別をそのまま有と非有との區別にすり代えるという錯誤を犯しているのである。——それはすでに示したように、こういう例〔百ターレル〕の中に出ている規定的な定有を無視して、そこにただ有と非有とだけを見るという一面的抽象に基く錯誤なのである。またそれは逆に、抽象的な有と無とを規定的な有と無、即ち定有にすり變えるものである。定有になってはじめて有と無との實在的な區別もあるのであり、即ち或る物（Etwas）と他の物（ein Anderes）との實在的な區別もあるのである。(四三) ——この實在的な區別こそ、抽象的な有と純粹な無とに代って、また兩者の單に考えられたにすぎない區別に代って、われわれの觀念〔表象〕の前にはっきり立ち現われるものである。

カントが云うように、「もの〔對象〕は實存《エクシステンツ》〔となること〕によって全經驗の脈絡の中に這入って來る」が、「われわれはそれによって知覺の對象は增しても、對象の概念はそれによって少しも增加されることはない」。——即ちこれは、上の說明から明らかなように、或る物は本來、規定的な實存であるから、それは實存となることによって他の物と關連をもつことになり、殊に知覺する者との關係をもつことになるということを意味する。——また「百ターレルの概念は知覺されることによって增されることはない」(四四)とカントは云う。概念とはこの場合、前に擧げた別々に分離して見られた百ターレルを意味する。百ターレルがこのように別々に分離して見られると、それは經驗的な內容ではあっても、他のものと切り離されていて、他の物に對する關連と規定性をもたない。即ちこういう自己同一性の形式が百ターレルからその他の物との關係を奪い取ることになり、そのために知覺されることと知覺されないこととが、どちらでもよいことになる。けれども、このいわゆる百ターレルの概念は間違った概念である。〔眞の概念のもつ〕單純な自己關係という形式は、このような制限された、有限的な內容には屬さない。それは主觀的な悟性によって、この有限的な內容に附與せられた形式にすぎない。百ターレルは自己關係的な存在ではなくて、生滅變化に屬する存在である。

　規定的な有、即ち定有のことだけしか知らないような思惟または觀念は、パルメニデスの述べた前述の學の始元のことをもう一度思い返す必要がある。パルメニデスは自分の觀念を純化して、純粹思想に、即ち有そのものに高めたのであったが、その點でまた後代に對しても範を垂れたのであり、從って哲學の地盤《エレメント》を作ったのであった。——哲學上最初であるものは、また歷史的にも最初のものとして提出されねばならなかったわけである。つまり、われわれはエレア學派の一者または有を思想に關する知識の最初のものと見なければならない。なるほど水とか、その種の物質的原理も普遍的のものとせられるが、しかしそれらが物質である以上まだ純粹な思想ではない。數も最初の單純な思想ではなく、また自分自身の許《バイ・ジッヒ・ブライベンデ》にある思想でもなくて、自分自身に全く外的な思想である。

この特殊的な有限的の有から全く抽象的普遍性の有そのものに復帰するということは何よりの理論的要求であるとともに、實踐的要求だとも見られる。即ち百ターレルに關して、これを所有すると否とは私の財産狀態にひびくとか何とかと云って大騒ぎをやり、また私が存在するか存在しないか、或いはまた他人が存在するか否かは大變な相違だなどと騒ぎ立てるのであるが、――こういう百ターレルの所有がどうでもよいような財産狀態があるかも知れないとしても、それは問題外として、――この場合にわれわれは人間が心情の上で、いま云う抽象的普遍性の境地に高まるようにすべきだということ、即ち百ターレルがその財産狀態に對して如何なる量的關係をもとうが、その有る無しがどうでもよいと見られるような境地、或いはまたその人の存在と非存在とが、即ち彼がその有限的生命の中に有ることと無いこととが（有限的生命とは一つの狀態、規定的な有を意味するから）(四五)、どうでもよいような境地に自分を高めることを心掛けるべきだということを忘るべきではない。――或るローマ人〔Horatius〕は si fractus illabatur orbis, impavidum ferient ruinae〔よし天が崩れ落ちて來ても、彼は平然とその破片に打たれる〕とさえ云ったが、クリスト教徒たる者はなおさら、この超然たる態度を心掛けるべきである。

最後に、この百ターレルや一般に有限的な物を超越する立場が存在論的證明や、それに關する上述のカントの批判に對して直接にどういう關係をもつかという點について述べておかねばならない。カントの批判は、その通俗的な例によって一般に受け入れられた。實際、實在的な百ターレルが單に可能的な百ターレルと異なることを知らないものがあろうか。また、それが私の財産狀態に區別を生ずることを知らぬ者があろうか。つまり、百ターレルによってこういう相違が生ずるものであるからこそ、概念、即ち空虛な可能性としての内容規定と、その有とが互に異なるのである。それ故に神の概念もまた有〔實存〕と異なるものであり、私が百ターレルの可能性から百ターレルの現實性を取り出し得ないと同様に、また神の概念からその實存を「取り出す」こともできない。ところが、存在論的證明は神の概念から神の存在〔實存〕を取り出すところにあるとせられる。だが、概念が有と異なるものだということが結局正しいとすれば、なおさら神は百ターレルやその他の有限的な物とは異なるはずである。有限的な物においては概念と有〔存在〕とが異なるものであり、概念と實在性、靈魂と肉體とが別のものであって、従って有限的な物は生滅變化を免れないものであるという點にこそ、有限的な物の定義がある。これに反して神の抽象的な定義は、その概念と有とが非分離的なものであり、不可分のものである點にある。カテゴリーと理性との眞の批判は、まさにこの區別についての認識を十分にもって、有限的なもののいろいろな規定や關係を神に適用するなどというような考えを斥けるものでなければならない。

註釋2〔有と無との統一、卽ち同一性という表現の缺點〕

〔1、**有と無とが同一だという命題の吟味**〕 次に、有と無の命題に對する人々の反感の一因となっている他の根據を擧げておかなければならない。その根據とは、有と無とについての考察から生ずる結果の表現が「有と無とは同一である」という命題では不完全だということである。一般に判斷においては主語が如何なるものであるかを云い表わすものは述語であるが、この場合にもアクセントは特に「同一である」という句におかれている。だから、一寸見ると區別は無視されるかに見えるが、しかし區別はやはり命題の中にそのまま出ている。というのは、命題は有と無の二つの規定を云い表わしており、區別されたものとしての二つの規定を含んでいるからである。——またこの場合、有と

無との兩者が捨象されて、ただ統一だけが取らるべきだという風に考えられてはならない。このように解することは、その捨象さるべきだとせられる當のものがやはり命題の中に出ており、その中でその名前が擧げられている以上、自分自身の一面的な見方を告白することになろう。——けれども「有と無とは同一である」という命題が兩規定の同一性を云い表わしているにしても、また事實は兩者を區別されたものとしてもっているものであるかぎり、この命題はそれ自身の中で自己矛盾をもつものであり、自分を解體するものである。だが、これを更によく検討してみると、ここに却って一個の命題が、卽ちよく見れば自ら消滅するものであるような運動を云い表わす命題が立てられているのである。卽ちこの點で、その命題そのものの中に、その命題の眞の内容をなすはずのもの、卽ち成が出ているのである。

〔Ⅲ、**判斷と思辨的眞理**〕 このように、この命題は結果を含んでいる。云いかえると、この命題がそれ自身結果なのである。しかしここに注意すべきは、命題の中に結果そのものが云い表わされていないという缺點である。卽ちこの命題の中で結果を認識するものは外的反省なのである。——この點でわれわれは、判斷の形式をとる命題が思辨的眞理を表現するに適さないものだという一般的注意を、この劈頭に當ってまず擧げておかざるを得ない。この間の事情をよく知っておくことは、思辨的眞理に關する多くの誤解を除くに役立つであろう。元來、判斷は主語と述語との同一的な關係であって、そこでは主語が述語の規定よりも多くの規定性をもつことも、また述語が主語よりも外延が廣いということも度外視されている。ところが、内容が思辨的である場合には、主語と述語との非同一ということもまた本質的な契機となるが、しかしこのことは判斷においては云い表わされない。近世哲學の多くの中に見られる、思辨的思惟に通じない人々につきまとうあのわけの分らない、奇怪な光景は、多くは簡單な判斷の形式を思辨的結果の表現に使用するところから來る。

〔Ⅲ　統一という表現の吟味〕　思辨的眞理を表現するという點から見ての缺陷は、まず差し當って反對命題をこれに附加することによって、卽ちいまも云った「有と無とは同一ではない」という命題の附加によって補われる。けれども、そうすると今度はまた別の缺陷が現われて來る。卽ち二つの命題の內容は同一のものに關係するものであり、從って二つの命題の中に云い表わされている二規定は當然に結合されておるべきものであるにかかわらず、二つの命題は結合されてはおらず、そのために內容を二律背反の形で表わすにすぎないことになるということである。――そこで、その結合もただ兩立し得ない兩項の間の動搖として、一個の運動として云い表わされ得るにとどまるということである。思辨的內容に對して犯される一番普通の誤りは、この內容を一面的に見るということ、云いかえると、その內容が含む二つの命題の中の一つだけを取り出すところにある。その場合、この命題を採ることそのことは誤りではない。しかしこの命題の採用は正しいとともにまた誤りである。なぜなら、思辨的內容の中の一方の命題が採られる場合には、同樣にまた他方の命題にも顧慮が拂われ、これも採り上げられる必要があるはずだからである。――なお、ここで不幸な言葉とも云うべき「統一」について述べておかねばならない。統一という言葉には同一という言葉以上に主觀的反省の匂いがある。それは殊に比較、卽ち外的反省から生じた關係ととられ易い。外的反省が二つの異なる對象の中に同一のものを見出すものである點で、そこに統一が現われるが、そのためにそこでは比較される對象そのものがこの統一に對して全然無關心であることが前提されることになり、從ってこの比較と統一は對象そのものには無關係で、對象に對して外的な作用であり、規定であることになる。だから、統一は全く抽象的な同一性を表わすものとなり、從って統一が云われるその當の對象が區別をはっきりもっているものであればあるだけ、その統一は益々無味乾燥にひびき、異様にきこえることになる。その點から見ると、統一の代りにただ非分離性（Ungetrenntheit）または不可分性（Untrennbarkeit）と云う方が、ずっとましだとも云えそうである。しかしこの場合にはまた、全體の關係の肯定的な契機（das Affirmative）は表わされないことになる。

〔Ⅳ、**有と無との眞の統一としての成**〕 こうして、ここに見出された全體的な、眞なる結果は成であるが、成は單に有と無との一面的な、或いは抽象的な統一ではない。むしろ成は次のような運動である。即ち純粋有が直接的で、單純なものであり、そのために純粋有がまた純粋無であるということ、従って純粋無と純粋有との區別はあるが、しかしその區別はそのまま自分を止揚するものであって、存在しないものだということ、——成は卽ちこういう運動としてある。それ故に結果は有と無との區別を云い表わしているとともに、また〔もはや實在的な區別ではなくて〕想念上《ゲマインテ》の區別にすぎないような區別を云い表わしている。

われわれは有は無とはむしろ全く異なるものであると思っている。そして兩者の絕對的な區別ほどに明瞭なものはなく、またその區別を指摘するほど容易なことはないように見える。けれどもまた同様に、そうすることが不可能であること、區別が云い得ないものであることを證明することも容易である。有と無との區別をあくまでも主張しようとする人達は、如何なる點でその區別が成り立つものであるかを説明する義務があると思う。もしも有と無とが互に區別されるような規定性をもつとすれば、前に云ったように、その有と無は規定的な有と規定的な無であって、いまここに問題としているような純粋有と純粋無ではない。だから、兩者の區別は全く空なものであって、兩者の各ゝは同じように無規定的なものである。従ってその區別は有と無そのものの中にあるのではなくて、ただ第三者の中に、**卽ち**想念〔私念〕（das Meinen）の中にあるにすぎない。しかし想念は主観的存在の一形式であって、論理學の敍述の列に屬するものではない。けれども、有と無との存立の根據としての第三者は論理學の中でも出て來なければならない。否、それは現にここに現われているのであって、成が即ちそれである。成の中では有と無は區別されたものとしてある。というよりも、兩者が區別されているかぎりにおいて、成が存在するのである。だから、この第三者は兩者とは別のものである。――即ち有と無とは、ただ一つの他のものの中にのみその存立をもつのであり、云いかえると兩者はそれ自身で存立するものではない。從って成は有の存立であるとともに、また非有の存立でもある。即ち兩者の存立は、ただ兩者が一つのものの中にある〔一つにある〕ところにある。つまり、この兩者の存立こそ、まさに兩者の區別がそのまま止揚されていることにほかならない。

〔V、推移の眞の意味〕 有と無の區別を明らかにしようとすることは、また有が如何なるものであり、無が如何なるものであるかを明らかにしようという要求をも含んでいる。それで、この兩者を互の推移と見ることに反對して、有と無のそれぞれについて別々の立言をしようとする人達は、その云おうとするところを明らかにしてもらいたいものである。即ち有と無についての定義を與え、その定義の正しい所以を示してもらいたい。彼らは普通には古來の學問の論理的規則を正當と認めて、これを適用しているのであるが、この古來の學問の最初の要求〔定義を與えること〕を滿足させないでは、その有と無に關する如何なる主張も單に主觀的な獨斷にすぎず、學問的な妥當性をもたない。或いは、實存《エクシステンツ》を大雑把に有と同義に解して、實存は可能性を補うものであると云うとすれば、その場合には可能性〔實存に對する純粹の有〕という〔實存とは〕別の規定が前提されていることになり、また〔有が實存ととられるかぎりでは〕有はその直接性の形で云われているのではなくて、むしろ非自立的のもの〔他との關係〕として、被制約的のものとして云い表わされているのである。しかし、實存という言葉は媒介されたものである有のために保留しておこう。(四六)

また有を純粋な光の比喩から考えて、曇りのない視覺の白明《クラールハイト》と見、無を純粋の夜と見て、兩者の區別を誰れでも知っている感性的な差異に結びつけたりなどする者もある。けれども實は、この視覺をよく見てみれば、この絶對の白明の下では絶對の闇の中におけると同様に全く何も見えず、一方の視覺も他の視覺も共に純粋な視覺、即ち無の視覺であることが容易にわかるはずである。純粋の光と純粋の闇とは二つの空虚であって、兩者は同じものである。われわれは規定された光の中ではじめて――しかも光は闇によって規定されるものであるから――即ち曇らされた光の中で（in getrübten Lichte）、從ってまた規定された闇の中ではじめて、――しかも闇は光によって規定されるものだから――即ち照らされた闇の中で（in der erhellten Finsterniss）、物を區別することができるのである。というのは、曇らされた光と照らされた闇になってはじめて、それ自身の中に區別をもつことになるのであり、從って二つは共に規定的有、即ち定有だからである。

註釋3 〔この二つの抽象態の分離〕

〔**I、第三者と有無の抽象性に對する種々の駁論**〕 有と無の二契機を互に不可分の契機とする統一は、同時にこの二契機とは異なるもので、二契機に對して第三者であるが、その最も特色のあり、眞の形式をとる第三者が成である。推移は成と同じものである。ただ異なる點は、前者においては兩契機の一方から他方への推移が起る場合にその兩者はむしろ互に別々に動かないものとしてあり、推移はその間に起るものと考えられるところにある。それで、一體に有と無とが問題とせられる所には、またそれが如何なる形で論ぜられるにせよ、そこには必ずこの第三者がなければならない。というのは、この兩者はそれ自身で存在し得ないもので、ただ成の中に、即ちこの第三者の中にあるにすぎないものだからである。ところが、こういう抽象の所産である有と無にそれぞれ獨立の形態を與え、それによって有と無とが推移しないものであることを示そうとして、この第三者が抽象を斥け、抽象を容れる餘地のないようないろいろな經驗的形態をもつものとする企てがなされる。だが、このような單純な抽象の態度を反駁するためには、同様にまた單純に、ただ經驗的な存在を擧げ、この經驗的な存在の中で有と無という抽象そのものが或る物となり、定有をもつものであることを指摘すれば足りるだろう。〔具體的な定有そのものがやはり推移するものだからである。〕或いはまた、その外にいろいろの反省の形式がとられ、それによって不可分のものの分離を主張しようという企てがなされる。けれども、こういう規定においては早速その反對が現われるのであって、事柄の本性にまで立ち返って、これに訴えるまでもなく、反省規定をそのままに取り上げると、それ自身の中にその反對のものが現われるのであるから、それによって反省規定が自ら混亂に陷るようにすればよい。反省がその自己矛盾を蔽いかくすために用いる遁辭や脫線の面の皮をひんむき、それを不可能にしようとするところから、反省や反省の屁理屈の文句や思いつきを一切いわば封じ込めようとしても、それは無益な努力というものであろう。こういう理由で、私はまた、有も無も眞なるものではなくて、成だけがその眞理であるという說に對して持ち出されたいろいろの非難や反駁を取り上げるということは控えようと思う。こういう反駁の下らなさを見拔くために、或いはむしろこういう思いつきを自分自身の中から放逐するために必要な思想の陶冶は、ただ悟性形式の批判的認識によってのみ得られるものである。ところが、この種の駁論を事の外好む連中は、その思い思いの反省をたずさえて早急にこの論理學最初の命題の攻擊に立ち向い、論理學を更に深く學ぶことによってこの淺薄な反省の本性に關する意識に到達しようともしないし、或いは到達することもできなかったのである。

〔Ⅱ、有と無を分離する例〕 次にまず、有と無とが別々に切り離され、一方が他方の領域の外におかれ、従ってその推移が否認される場合に生ずる若干の現象について考察しなければならない。

〔1、パルメニデス、スピノザとフィヒテ〕 パルメニデスは有だけを固持し、無は決して存在しないと云うと同時に、ただ有だけがあることを云った點では最も徹底していた。このように有が全くそれだけとしてとられると、有は無規定的なものであって、従って他のものに對する如何なる關係をももたない。だから、このような始元からは、即ち有それ自身からは一歩も前進することができず、前進はただ外部から何か別のものがその有に結合されることによってのみ起り得るにすぎないように見える。そこで、一歩前進したもの、即ち有と無とが同一のものであるということが第二の、絶對的な始元であることになる。しかし、この推移はそれ自身獨立のものであって、外面的に有に附け加わるものである。それで、もしも有が何らかの規定性をもつなら、有は一般に絶對的始元ではないであろう。その場合には、有は他のものに依存するものであり、従って直接的ではなく、始元ではないであろう。ところがまた、有が無規定で、従って眞の始元であるときには、有は他のものに移って行くための如何なる手段をももたず、有は同時に終末である。その有の中からは如何なるものも出現し得ないとともに、また何かがその中に這入り込むこともできない。それ故にパルメニデスにおいても、スピノザにおけると同様に、有または絶對的實體から否定的なもの、即ち有限的なものに進展することは許されない。ところが、それにもかかわらず進展が起るとすれば、その進展はいま云うように、關係をもたず、従って進展をもたない有からただ外面的な仕方で行われるしかないのであって、この進展したものが第二の、新しい始元である。同様にフィヒテの絶對的な、無制約的な根本命題〔原理〕、**A＝A**は措定（**Setzen**）であり、第二の根本命題は反措定（**Entgegensetzen**）である。この第二の根本命題は一部分は制約的なもので、

一部分は無制約的なもの（即ち自己矛盾）とせられている。それ故に、この進展は外的反省に基く進展であって、即ちそれは絶對者としてその進展の始元とせられたものを再び否定するとともに、――反措定は第一の同一性の否定である――また同時に第二の無制約者〔反措定そのもの〕を早速、制約的なものにしてしまうのは必定である。しかし、一般に前進をすることに對する權利づけ《ベレヒティグンク》、即ち第一の始元を止揚することの權利づけがあるとすれば、それは他のものが第一の始元に關係し得るものだということが第一の始元そのものの中に含まれていることでなければなるまい。しかしそうすると、第一のものは規定されたものでなければならないことになる。けれども有は、また絶對的實體も、そういう規定されたものだとは決して云われていない。むしろその反對である。それは直接的なものであり、まだ全く無規定的のものである。[四七]

〔2、ヤコビの批評〕　ヤコビ（Jacobi）は「理性を悟性に引き下げようとする批判主義の企てについて」（**Über das Unternehmen des Kriticismus, die Vernunft zu Verstande zu bringen**）〔1801〕（ヤコビ全集、第三卷）という彼の論文の中で、カントの自意識の先天的綜合に對する駁論を試みるために、抽象的なものからはじめて別のものに進み、次に兩者の綜合に到るという行き方の不可能なことについて極めて雄辯な、だが恐らくすでに忘れられてしまっているような敍述をなしている。彼はまず、意識の純粹性の中においてであれ、空間または時間の純粹性の中においてであれ、ともかくも何か純粹なものの中に綜合の起原または根據が求められるとしよう、という具合に問題を出す。（一一三頁）それから、「空間（der Raum）は一つのものであり、時間（die Zeit）も一つのものであり、意識（das Bewusstsein）も一つのものであるとしよう。……すると、これらの三つの一つのもののどれでもが、如何にしてそれ自身の中で純粹なままで自分を多樣化し得るかを云え。……各〻のものは單に一つのものであって、他

のものではない。各々はそれぞれの一様性（Einerleiheit）であり、それぞれの格の自同性（eine Der-Die-Das-Selbigkeit）であって、空間性、時間性、意識性（Derheit, Dieheit, Dasheit）としての規定性をもたない。というのは、これらの規定性はまだ Der, Die, Das という格をもったままで無規定的なものとしての無限なもの＝Oの中に眠っており、後になってはじめて、この無規定的なものの中からすべての、また各々の規定的なものも生じて來るはずだからである。そうすると、この三つの無規定性の中に有限性を持ち込むものは何であるか。何が先天的な空間や時間に數や度量の中味を入れ、空間や時間を純粹な多様に變ずるのであるか。何が純粹自發性（自我）を振動させるのか。如何にして自我の純粹母音が子音になるのか。云いかえると、むしろ如何にして自我の聲なき不斷の音符《ブラーゼ》が自分自身を中斷して、少くとも或る種の獨立音やアクセントの形を取るようになるのか。」――ここにヤコビが、いわゆる絶對空間、卽ち單に抽象的な空間であれ、或いは抽象的な時間であれ、或いは純粹意識、卽ち自我であれ、そういった抽象體の非存在性（Unwesen der Abstraktion）をはっきり見ていることがわかる。ただ彼は綜合の條件である他のものへの進展と綜合そのものへの進展との不可能性を主張するために、あくまでもこの立場を主張したのであった。それで、いま問題の綜合ということは外的にすでに存在している諸規定の結合と解してはならない。ここで問題なのは、一方から云えば、第一のものに對して第二のものを産み出すこと、無規定的な始元に對して規定的なものを産み出すことでなければならない。また他方から云えば、內在的綜合、先天的綜合、卽ち區別されたものの絶對的統一ということが問題である。〔この點では〕成は有と無とのこういう內在的綜合である。けれども、普通に綜合と云うときには、外的に別々に存在しているものの外面的な寄せ集めという意味にとられるから、われわれは綜合とか、綜合的統一という名稱はむしろ避けたのであった。――ヤコビは如何にして自我の純粹母音が子音となるか、何が無規定性の中に規定性をもたらすかと問う。けれども、この何がという問いには容易に答えられるであろうし、また事實この問いはカントによって彼れ流の仕方で答えられている。しかし、如何にしてということに對する問いは如何なる仕方で、或いは如何なる關係によって等々ということを意味するものであって、從って特殊なカテゴリーの提出を求めているものである。けれども、ここではこういう仕方というような悟性のカテゴリーが問題であることはできない。この如何にしてという問いは元々反省の惡癖であって、反省は問題の理解を問いながら、そこに自分のちゃんとしたカテゴリーを前提しているのであり、從って問題の答えに對して豫め自分の武裝ができているのである。ヤコビにあっても、この如何にしてという問いは綜合の必然性に關する問いというような高次の意味はもたない。というのは、彼はいま云うように、綜合の不可能性を主張するがために抽象をあくまでも主張したのであったからである。彼は空間の抽象に到達する方法を分りやすい形で敍べている。(一四七頁)「私は以前に私が見、聞き、感じ、また觸ったことを――勿論、私自身をも除外せずに――しばらくすっかり〔純粋に〕忘却するようにつとめなければならない。私はすべての運動を純粋に、純粋に、純粋に、忘れなければならないが、この忘却ということは實際は極めてむつかしいことであるから、私の殊更に努力を拂うようにしなければならないものである。何であれ、私がそれについて考え終るやいなや、すべて一切、すぐに完全に捨て去るようにし、そこに强引に殘すことのできた唯一の無限な不變の空間の直觀以外のものを殘してはならない。だから、私はまた私自身を何か空間とは異なるが、でもやはり空間と結合しているものというように見て、再び空間の中に入れて考えるようなことがあってはならない。また私は自分が空間にただ單に圍まれており、滲透されているものだというように見ることも許されない。むしろ私は全く空間の中に推移し、空間と一つになり、自分を空間に轉化しなければならない。そうして私は私自身の中で、この私の直觀そのものの外に何ものをも殘さないようにし、それによってこの私の直觀を眞に獨立な、他に依存しない、唯一無二の表象として考察するようにならなければならない。」

このような全く抽象的な純粹の連續性、即ち表象の無規定性と空虛さにあっては、こういう抽象を空間と名付けようが、或いは純粹直觀または純粹思惟と云おうが、それはどうでもよいことである。——それは丁度、インド人が少しも身體を動かさず、また感覺や表象や空想や欲望などの活動を一切閉ざして、長い年月の間ただ自分の鼻先だけを見つめ、口の中でオム〔唵〕、オム、オムと呟く場合に、つまり何にも語らない場合に、それを梵と名付けるそれと全く同じである。ところで、この無感覺で、空な意識が意識としてつかまれると、——それは即ち有（Sein）なのである。

ヤコビは更に續けて云う。自分はこの空虛なものの中では、カントの說からすれば當然に自分が經驗しなければならないはずのものと正反對の現象を經驗する。自分には自分が多であり、多樣な存在であるとは見られず、むしろ多と多樣性を一切もたない一者であることが見出される。否、「私自身は不可能性そのものであり、あらゆる多樣と多の否定である。……私は私の純粹な、全く單純な、不變の本質から少しでも甦る〔現實の中に生きる〕ことも、即ち〔現實の〕自分の中にその亡靈を憑《の》り移らせることもできない。……この意味で、この純粹性の中では、あらゆる差別と共存、またそれに基く多樣性と多は純粹の不可能性であることが明らかになる。」（一四九頁）

だがこの不可能性は、「私があくまでも抽象的統一性を採って、すべての多と多樣性を排除するものであり、あくまでも無區別なものと無規定的なものの中にとどまって、あらゆる區別あるものと規定的なものを無視する」という同語反復以外の何ものでもない。カントの自意識の先天的綜合、即ち自分を分割するが、この分割の中に自分自身を維持するものであるような統一の活動は、ヤコビによってこのような抽象に薄められている。ヤコビは、カントの「綜合そのもの」、「根源的判斷」を一面化して、「繫辭そのもの」に變える。——卽ちそれは「ある、ある、あるであって、始めも終りもなければ、何が、誰が、どちらがということもないものである。こういう繰り返しの無際限につづく繰り返しの働きが純粹極まる綜合の唯一の仕事であり、その機能であり、その所產である。つまり綜合そのものは、この單なる、純粹な、絕對的な繰り返しそのものである。」云いかえると、實際その中には如何なる中絕、卽ち否定も區別もないのだから、綜合は繰り返しであるよりは、むしろ單に區別のない單純な有にすぎない。——だが、それにしても、このように統一が綜合的統一である所以のものをヤコビが全然捨て去るとき、その場合でも果してそれが綜合であると云えるかどうか。

まず第一に、ヤコビはこのように絕對的な、卽ち抽象的な空間、時間、及び意識をあくまでも主張するが、このとき彼のこの行き方の中には經驗上誤ったものがあり、それが强調されていると云わなければならない。限界のない空間とか時間とかといったもの、云いかえると空間や時間の連續性がいろいろに限定された定有と變化によって充滿していないような空間とか時間といったものはない——卽ち經驗的には存在しない——のである。從ってこの限界とか、變化とかというものは空間性と時間性とに離れがたく、不可分に屬しているものなのである。同樣に意識は一定の感覺、表象、欲望等に充ちている。意識はその特殊の內容と離れては存在しない。云うまでもなく經驗的推移は一目瞭然である。實際、意識は空虛な空間、空虛な時間、空虛な意識そのものを、或いは空虛な有をその對象や內容とすることができる。しかし意識はこれにとどまるものではない。意識はそこから出るものであるのみでなく、こういう空虛から拔け出して、もっとよい內容、卽ち何らかの點で更に具體的な內容を目がけて進む。だから、この內容がどんなに下らないものであっても、それがより具體的なものであるかぎりでは、より善いものであり、より眞なるものである。そしてこういう内容こそ、まさに一般に綜合的な内容である。即ちそれは一層廣い意味で綜合的なのである。この意味で、パルメニデスは有と眞理との反對のものである假象と臆見とに打っ突からざるを得なかったし、スピノザも屬性、樣態、延長、運動、悟性、意志等を問題にすることにならざるを得なかったのである。綜合は、いま云うような抽象〔空間、時間、意識〕が非眞理のものであることを意味し、このことを明らかにするものである。だから綜合の中では、それらの抽象的なものは他のものと統一されたものとしてある。それ故に綜合の中では、それらの抽象的なものは自立的なものとして、絶對的なものとしてあるのではなくて、全く相對的な抽象としてある。

しかし、この空虛な空間等々が經驗上、空しいものであることを指摘することは當面の問題ではない。無論、意識は抽象によって、いま云うような無規定的なものを到る所に見出すことはできる。そこで、そういう抽象の面だけがとられたものが純粹空間と時間、純粹意識、純粹有の思想にほかならない。しかしいま問題は、この純粹空間等の思想、即ち純粹空間等がそれ自身としては下らないものであることを示すにある。云いかえると、これらのものの思想がそれ自身すでにその反對のものであるということ、それ自身においてすでにその反對がその思想の中にしのび込んでいるものであり、その思想がすでに自ら自分自身から外に出ているものであり、即ち規定性であるということを明らかにすることこそ、われわれの問題でなければならない。

〔3、有または無の一方を始元とする考えについて――神の宇宙論的證明〕 けれども、このことはそれらの中で自ら明らかになって來ることである。それらはヤコビが十分に示したように抽象の結果であって、それがはっきり無規定的なものとして規定されたのである。そしてこれをその最も單純な形式に還元すれば、それは即ち有である。しかし、この無規定性ということこそ、まさに有の規定性を構成するものにほかならない。というのは、無規定性こそ規定性

に對立するもの〔規定性〕だからである。從って無規定性も對立するものとしてはそれ自身規定されたものであり、或いは否定的なものであるが、しかもそれ自身は純粋な、全く抽象的に否定的なものである。そこで、有がそれ自身においてもつところのこのような無規定性または抽象的な否定こそ、外的、並びに内的反省が有を無と同一視し、有を空虚な思想物と見、無と見ることになる所以のものなのである。――或いはまた、これは次のようにも云うことができる。卽ち有は沒規定的なものである故に、有がもつところのものは（肯定的な）規定性ではなく、つまり有ではなくて、無である、と。

この論理學では始元は有そのものとせられたが、こういう始元の純粋反省〔純粋な思想、または純粋な自己反省そのもの〕の中では推移はまだかくされている。卽ち有は單に直接的に立てられるにすぎないから、無も有からただ直接に〔そのままに〕出て來るにすぎない。けれども、これに續く規定はいずれもすでに具體的であり、例えばすぐ次の定有などは一歩、具體的なものである。定有においては、あの〔有と無という〕二つの抽象體の矛盾を含み、從って兩者の推移をひき起した所以のもの〔卽ち二契機があるということそのこと〕がすでに措定されている。ところが、上述の單純なもの、直接的なものとしての有にあっては、有が全くの抽象の結果であり、それ故にすでにその點で抽象的否定性、卽ち無であるということの想起は論理學の背後に押しやられる。そこで論理學は自分自身の内部で、はっきり云えば本質の所へ行ってはじめて、この一面的な直接性を媒介されたものとして敍述することになり、そこではじめて實存としての有と、この有の媒介者、卽ち根據とが措定されることになる。

このような〔論理學の背後に押しやられるような〕想起〔考え〕からすれば、有から無への推移はまるで容易なものであり、大したことではないものと思われるし、或いはまたひとびとの云うように、容易に說明されるものであり、理解の容易なものでもある。即ちそれによれば、われわれは一切を抽象することができるが、一切が抽象されるときには無しか殘らない故に、學の始元とせられた有は當然に無であるからだというのである。しかし、そうするとそこから更に一歩進んで、それ故に始元は肯定的なものではなく、有ではなくて、まさに無であり、だからまた無は終末でもあり、その點では無は少くとも直接的な有と同等であるのみでなく、それ以上のものでさえもあるとも云えそうである。けれども、それが正しいかどうかを見る一番の近道は、こういう屁理屈を勝手にやらしておいて、その廣言する結果がどんなものであるかを拜見することである。つまり、その屁理屈の結果は無でしかなく、從って始元は無と（シナの哲學におけるように）すべきだということになるからといって、何もわれわれの說を飜がえす必要はあるまい。なぜといって、われわれが說を飜がえす前に、もうこの無が有にひっくり返っているはずだ（上記のB、無を參照）からである。けれどもまたその場合、その云う抽象がこの世に存在しているもののすべてのものの抽象〔捨象〕だということが前提されているというのであれば、この抽象についてはもう少し詳しく檢討しておく必要がある。この存在しているすべてのものの抽象の結果は、まず最初は抽象的有であり、有一般である。それは丁度、神の存在の宇宙論的證明において、世界の偶然的存在から出發して、その偶然的な存在の中でそれを超越するが、それでもなおやはり有が顏を出して來るのであって、その有が無限の有と規定されるのと同じである。しかし、勿論この純粹有をも抽象することができるのであって、この有もまたすでに抽象されているすべてのものの仲間に入れることができる。すると、殘るものは無である。ところが、われわれが無について思惟するということは卽ち無を有に轉化することであるから、この無の思惟をも忘れようとする場合には、云いかえると、それについて知らないでおろうという場合には、いま云うような「できる」という樣式《シュティール》で步みを進めて行くことができるのである。すると（有難いことに！）無もまた捨象されることができる。（そのことは世界の創造が無の捨象であることから明らかである。）こうしてこの無が捨象されるのであるから、そこにはもはや無はなく、われわれは再び有に到達することになる。――この「できる」というのは抽象の外的な働《シュピール》きを表わすものにすぎず、そこでは抽象そのものが否定的なものの一面的な働きにすぎない。しかし、この「できる」ということそのことの中ではまず、有であっても無であってもおかまいなしに「できる」が云い得ることになり、従って兩者の各〻が消滅する〔どうでもよいことになる〕とともに、また各〻が生起する〔存在する〕ということにもなる。しかしまた、無の働き〔作用〕から出發すべきか、それとも無そのものから出發すべきかということも、どうでもよい。なぜなら、無の働き、即ち單なる抽象作用が何ら眞なる存在でない點では、單なる無と一向にちがわないからである。

〔4、プラトンのパルメニデス篇における辯證法〕　プラトンがその「パルメニデス」篇の中で一者を論ずる場合の辯證法もまた、どちらかと云えば外的反省による辯證法と見らるべきものである。[四八] 有と一者はエレア學派の根本概念であるが、二つは同一のものである。しかしまた二つは區別されねばならないものでもあって、プラトンがこの對話篇で取り上げるのもまたこの問題である。彼は一者から種々の規定を、即ち全體と部分、自立的な存在、他者に依存する存在など、或いはまた形狀とか、時間などといった規定を取り除くが、その結果として有は一者には屬さないということになる。というのは、以上のような仕方のどれかによらなければ、有は一者には屬さないものだからである。（ステファノス版、第三卷、一四一頁e）次にプラトンは「一者は有る」という命題を問題にする。そこで、この命題からして一者の非有への推移が如何にして行われるものであるかについて、プラトンにきいてみなければならない。プラトンによると、それは「一者は有る」という前提になっている命題のもつ二つの規定の比較から云える。この命題

は一者と有との二つを含んでおり、従って「一者が有る」ということは、ただ「一者」という場合よりも以上のものを含んでいる。しかも、一者と有との二つが異なるものだという點で、この命題の含む否定の契機が指摘されるという。この點から見ると、この方法が一つの前提をもつものであり、その點で外的反省であることが明らかになる。

このように、ここでは一者は有と結合されているが、同様に抽象的にそれ自身として存在するものと見らるべきものである有も、思惟との關係なしに、その主張さるべきものの反對を含むような結合から極めて單純な形で描き出される。直接的なままの有も、これを取り上げるときには或る主觀によってせられるものであり、従ってそれは云い表わされた有であって、一般に經驗的定有の面をもち、従って制限と否定的なものの地盤の上にある。だから、悟性がどんな表現を用い、どんな言廻しをするにせよ、有と無との統一に反對して、直接的に存在するもののみを眼中におくとすれば、悟性がこの經驗そのものの中に見出すものは規定的な有、即ち制限または否定を伴う有以外のものではなく、——即ち自分が排斥する當の統一以外のものではない。こうして直接的有の主張は經驗的な存在に還元されることになり、他人が經驗的な存在を擧げることを非難し得ないことになる。それというのも、この主張が元々ただ思惟の外にある直接性にのみ定位しようとするものだからである。

無の場合もこれと同じであるが、ただ反對の仕方で行われるだけである。この見方はよく知られているもので、無についてはよくこの見方が用いられる。無を直接的な形でとると、無も存在するものという形で云われる。というのは、無も本性上は有と同じものだからである。無も思惟され、表象されるのであり、言葉で云い表わされる。それ故に無は有るのである。即ち無は思惟、表象、言語等の中にその有〔存在〕をもつ。けれどもまた次に、この有は無とは區別される。だから、無が思惟や表象の中にあるということは云い得るが、しかしまたその故に無は有るのではなく、無そのものには有は屬さないということ、ただ無を思惟し、表象する思惟の働きや表象の働きだけが有であるにすぎないということが云い得る。しかし、こういう有と無の區別にもかかわらず、無が有に關係をもつものであることはまた否定できない。しかも、この關係が區別を含むものであるとしても、この關係の中には無の有との統一がある。無がどんな仕方で云われたり、指摘されたりしようとも、無は有と結合して——いわば有と抱き合って——現われるものであり、有と離れずに、卽ちまさに定有の形で現われるものである。

〔5、**缺除としての無—光と闇などの例**〕ところで、このように無が定有の中で見られる場合にもまた、この有と無との區別は次のように考えられるのが普通である。卽ち決して無そのものに無の定有があるのでなく、無がそれ自身として自分の中に有をもつものでなく、無が無として有なのではない。無は單に有の缺除にすぎず、例えば闇は單に光の缺除であり、寒は暖の缺除である等。闇は眼と關係することによって、卽ち積極的なものである光と外的に比較されることによってはじめて意味をもつものであり、同樣に寒もわれわれの感覺の中にある何かにすぎない。これに反して有としての光や暖はそれ自身客觀的なものであり、實在的なもの、能動的なものであって、無としての消極的なものとは全く質と品位を異にするものである。〔卽ちひとびとはこのように考える。〕そうしてこの闇が光の缺除にすぎず、寒が暖の缺除にすぎないということをしばしば大切な考えであり、重要な認識だとして得意になって擧げているのが見受けられる。だが、このような經驗的對象の領野では、この鋭い御說を檢討するにも、やはり經驗的に述べてよかろう。卽ち上述のように、純粹の光の中では純粹の闇の中におけると同樣に何も見えないのに、闇が出て來るとその闇は光を色とし、それによってはじめて光そのものに可視性を與えるものである以上、闇はたしかに光の中で能動的な働きをなすということである。しかも、可視性は眼のもつ働きであるが、その眼の働きに對してはその消極的

〔否定的〕なものも實在的なもの、積極的なものと見られる光と同じ役割を受け持つのである。また寒も水やわれわれの感覺等の中で十分にその存在が認められるのであって、それのいわゆる客觀的實在性をただ拒もうとしても、そんなに簡單にそれを否定することができるものではない。ところが、今度はまた、ここでは上の場合と同様に、一定の內容をもつ否定的なものについて云っているのであるから、空な抽象である點では有とちっともちがわないような無そのものを持ち出してみてもはじまらないと云って反對するかも知れない。——たしかに、われわれとしては寒とか、闇とか、その他のこういう特定の否定的なものをそのままにとって、それらが現にもっているその普通のままの規定の中に何があるかを見ることこそ必要である。それらは勿論、無一般だということはできず、光とか暖などの、即ち何か規定的な存在の無であり、或る內容の無である。つまり、それらは云わば規定的な、內容をもつ無である。しかし後になって明らかになるように、（四九）規定性とはそれ自身一個の否定である。それで、それらは否定的な無である。けれども、否定的な無は或る肯定的なものである。このように無がその規定性（上ではこの規定性は主觀の中の定有、或いはその他の何かの中の定有と見られたが）の上で肯定的なものに轉化するということは、悟性の抽象に固執する意識にとっては甚だしいパラドックス〔背理〕と思われる。否定の否定が積極的なものであるという見解は極めて單純なものであるが、その單純さの故に却って下らないもののように思われて、高慢な悟性は事柄そのものが正當であるかどうであるかにおかまいなしに、一體にこれを認めようとしない。——だが、この見解は單にこういう正當さをもつというにとどまらず、むしろこういう規定は到る處に見出されるものであるから、無限の領域と普遍的な適用を有するものであって、たしかに注目に値するものと云うべきであろう。

〔6、推移はまだ反省規定ではないこと〕 次にまた、有と無との相互の推移の規定に關しては、この推移がまたそ

れ以上の進んだ反省規定を用いることなしに、つかまれねばならないものだということを注意しておきたい。この推移は、その推移の契機の抽象性のために直接的なものであり、全く抽象的である。云いかえると、この契機の中にはまだその推移を媒介するところの他の契機の規定性は這入って來ないから、推移は直接的で全く抽象的である。有は本質的に無ではあるが、しかし無はまだ有の中で措定されてはいないし、[五〇]また反對に有も無の中で措定されてはいない。だから、進んだ規定的な媒介をここに適用して、有と無とを或る種の關係から把握することは許されない。この推移はまだ何らの關係でもないのである。それ故に、無が有の根據であるとか、或いは有が無の根據であるとかと云ったり、また無が有の原因であるなどと云ったりすることは許されない。或いはまた、無への推移は何かがあるという制約の下でのみ起るとか、有への推移も非有の制約の下でのみ起り得るなどと云うことも許されない。こういった關係は、同時に關係の兩面が進んで規定されるのでなければ、一向に規定され得ないものである。根據と歸結等の關連は、もはや單なる有と無をその結合の兩面としてもつものではなく、根據としての有と、――單に措定されたもので獨立的なものではないが、しかし抽象的な無とは異なる――或るものとを、はっきりとその兩面としてもつものである。

註釋4　〔始元の不可解――常識的辯證法の例〕

〔**I、世界の始まりと終りについての辯證法**〕　これまで述べたところから、世界の始元、從ってまた世界の沒落に反對する辯證法（卽ちこれによって物質の永久性が證明されるものとせられる）、云いかえると成、卽ち一般に生起と消滅とに反對する辯證法が如何なるものであるかということが明らかになる。――空間と時間との中における世界の有限性と無限性とに關するカントの二律背反は、後に量的無限性の概念を論ずる際に詳しく考察することにする。[五一]――

この單純な常識的辯證法は有と無との對立を固定するところから生ずる。即ちそこでは次のような仕方で、世界または「もの」の始まりの可能でないことが證明されるのである。

何かが有る場合にも、また何かが無い場合にも、始まりはあり得ない。なぜなら、何かが有る場合には更めて始まる必要はなく、また何も無ければ、始まることさえもできないからである。(三三)――もしも世界または「もの」が始まったものであるとすれば、それは無から始まったと云わねばなるまいが、しかし無の中には始まりはなく、また無そのものは始まりではない。なぜなら、始まりは有を含むものであるのに、無は如何なる有をも含むものではないからである。無は單に無にすぎない。ところが、そこでは無を根據とか、原因等と規定するとき、その根據とか原因等の中に肯定、即ち有が含まれていることになる。〔これは不合理である。〕――同樣の理由から、「もの」はまた終りに達することもできない。なぜなら、もしも「もの」が終りに達するとすれば、有は無を含んでいなければならないはずであるが、しかし有はあくまでも有にすぎず、有自身の反對のものではないからである。

しかし、ここでは明らかに成または始まりと終りに反對して、即ち有と無との統一に反對して、その統一を斷定的に否定し、互に分離された有と無との各〻に眞理を認めるということ以外のことは一向に問題とはせられない。――だがそれでも、この辯證法は反省的な觀念〔外的反省による悟性の觀念〕よりはまだしも徹底している。反省的な觀念にとっては、有と無とがただ分離してあるということが完全な眞理と見られているが、しかしまた他面では、反省的な觀念は始まりと終りとが共に眞なる規定であることを想定している。けれども實は、この規定の中で有と無との非分離性が事實上、認められているのである。

有と無との絶對的な分離を前提すれば、――このことはよく耳にすることであるが、――始元とか成とかは確かに不可解なものである。なぜといって、始元または成を否定するところの前提を立てながら、それをまた再び許すのであり、また自分で矛盾を立てておきながら、その解決を不可能とするような矛盾こそ不可解と呼ばれるほかないからである。

〔Ⅱ、**無限小についての辯證法**〕　上述の辯證法は無限小の大きさについて高等解析學の用いる概念に反對して悟性が使用する辯證法と同じものである。この概念については後に立ち入って論ずるはずである。(三三)——この無限小の大きさとは、大きさが消滅しつつあるときの大きさと云ってよいものであって、消滅の以前にあるそれではない。なぜなら、消滅の以前にあるときには、それは有限量だからである。——またそれは消滅の以後にあるものでもない。なぜなら、そのときには大きさは無いからである。しかし、この純粋概念に反對して、この大きさは何かであるか、そうでなければ無であるということ、有と非有との間には如何なる中間状態（状態とはこの場合、不適當な、粗雑な表現である）も無いということが何時までも繰り返して云われたものである。——即ちここでもまた有と無との絶對的分離が假定されているのである。しかし、これに對してはすでに有と無とが實際は同一のものであることを示しておいたし、反對者の言葉を逆用すれば、有と無との中間状態でないようなものは何ものも存在しないということを述べておいた。數學の光輝ある成功は實にこの悟性が反對するところのその〔無限小の〕規定の採用から生れたと云わなければなるまい。

このように有と非有との絶對的分離という誤った前提を立てて、それに立て籠っているような、いま擧げた屁理屈は、辯證法というよりはむしろ詭辯と呼ぶべきものである。というのは、詭辯とは批判もなしに勝手に立てた、根據のない前提からする屁理屈を意味するものだからである。これに對して高次の理性運動を、われわれは辯證法と名づける。ここにおいては、あの一見全く分離されたものと見えるものも自分自身から、即ちその本性に基いて互に推移しあうことになり、その前提が止揚されるのである。こうして有と無との統一、即ち成が兩者の眞理であることが有と無自身によって明らかにせられるということこそ、有と無そのものの辯證法的な内在的本性にほかならない。

2　成の二契機〔生起と消滅〕

成、即ち生起と消滅とは有と無との非分離性である。それは有と無とを捨象する統一ではない。むしろ、それは有と無との統一として、こういう規定的な統一であり、云いかえると、その中には有も無も共にあるような統一である。しかし、有と無との各々がその他者と非分離のものである以上、そこには有も無もない。つまり、兩者がこの統一の中に有るにしても、消失するもの（das Verschwindende）としてあるのであり、止揚されたもの（das Aufgehobene）としてあるにすぎない。兩者は、はじめに兩者がもつと考えられた獨立性から契機（Moment）に、即ちいまもまだ互に區別されてはいるが、しかし同時に止揚〔否定〕されているような二契機に落される。

この兩契機の區別という點から見ると、各々の契機はこの區別の中にありながら他方のものとの統一という形である。それ故に成は、有と無との各々がそれぞれ有と無との統一であるような二つの統一として、有と無とをその中に含んでいる。一方の統一は直接的なものとしての有であるとともに、また無に對する關係としての有であり、他方の統一も直接的なものとしての無であるとともに、また有に對する關係としての無である。（語）その意味で、二つの規定は共にこういう統一でありながら、不等な價値をもっている。

成はこうして二重の規定をもつ。一方の規定においては無が直接的なものとしてあり、即ちこの規定は無から始まり、この無が有に關係する。即ち無が有へ推移する。これに反して他方の規定においては有が直接的なものとしてあり、即ち規定は有から始まり、その有が無に推移する。——即ちそれは生起（Entstehen）と消滅（Vergehen）である。

この兩者は同じもの、即ち成であるが、またこのような互にちがった方向を取るものとして互に滲透しあい、相殺しあう。一方の方向は消滅であって、有が無に推移するが、しかしまた無は自分自身の反對であり、有への推移であって、即ち生起である。それで、この生起は反對の方向を取るものであって、ここでは無が有に推移するが、しかし有はまた自分自身を止揚するのであって、むしろ無への推移、即ち消滅である。——兩者は單に相互的に相手側を、即ち一方が外面的に他方を止揚するのではない。むしろ各〻はそれ自身の中で〔即自的に〕自分を止揚するのであり、しかもそれ自身において〔対他的には〕自分の反對となるのである。

3　成の止揚

この生起と消滅との均衡をなすものは始めは成そのものである。ところが、成もまた崩れて靜止的統一に歸する。（zusammengehen）〔癒着する〕有と無とは成の中では單に消失するものとしてあるにすぎないが、しかし成そのものも有と無との區別があることによってのみある。だから、有と無との消失は成の消失であり、或いは消失そのものの消失（Verschwinden des Verschwindens）である。つまり、成は支柱のない動揺（eine haltungslose Unruhe）であるが、この動揺は崩解して一個の靜止的な結果（ein ruhiges Resultat）を生ずる。

以上のことは、また次のようにも云うことができる。即ち成は有から無への、また無から有への消失であり、一般に有と無との消失である。けれども、成は同時に兩者の區別に基いてある。それ故に、成は互に反對するようなものを自分の中に統一しているものであるから、自分自身の中に自己矛盾をもっている。しかし、このような統一は自分を破壊してしまう。

それで、この結果はすでに消失してしまったもの（das Verschwundensein）であるが、しかしそれは無ではない。もしも無であるとすれば、結果がすでに止揚された規定の一方への退歩にすぎないことになり、無と有との結果ではないことになる。むしろ結果は靜止的單純性となった、有と無との統一である。ところで、この靜止的な單純性は有であるが、それは有といってももはや獨立にあるような有ではなくて、むしろ全體の規定としての有〔有全體の規定されたものとしての有〕である。

そこで、成がこのように有と無との統一への推移となるとき、しかもこの統一が存在するもの（seiend）という形をとった統一であり、云いかえると統一が二契機の一面的な直接的統一という形態をもつようになるとき、その成は卽ち定有（Dasein）なのである。

註釋〔止揚という言葉〕

止揚〔止揚する〕（aufheben）と止揚されたもの（觀念的なものdas Ideelle）(五五) というのは、極めて重要な哲學の概念の一つであり、われわれが到る處で必ず出くわす根本規定であるから、その意義を明確に理解するようにし、特にこれを無と區別しておくことが必要である。――止揚されるものは、そのことによって無になるのではない。無は直接的なものである。これに反して止揚されたものは媒介されたものである。それは非存在ではあるが、しかし有から出發して到達した結果としての非存在である。だから、その出發の前にもっていたところの規定性をまだ卽自的に〔自分の中に〕保有している。

止揚（aufheben）という言葉の中には二重の意味があり、「保存する」（aufbewahren）、「維持する」（erhalten）という意味が含まれているとともに、同時にまた「止めさせる」（aufhören lassen）、「終らせる」（ein Ende machen）という意味がある。「保存」（das Aufbewahren）という言葉そのものがすでに「もの」を維持するために、この「もの」からその直接性と、従ってまた外部からの作用や影響に委ねられている定有の面を取り除くという否定的な意味を含んでいる。――この意味で、止揚されたものとは同時に保存されたものを意味するが、この保存されたものはその直接性だけは失っているが、それかといって全然、否定されたのではないような存在である。――止揚のもつこのいまいう二つの規定〔意味〕は辭書の上でも、この言葉の二義として出ている。しかし、このように或る言語が同一の言葉を二つの反對の意味に用いるようになっているということは奇異に感ぜられるにちがいない。けれども或る言語の中で、それ自身の中に思辨的意味をもつような言葉を見出すということは思辨的思惟にとってはうれしいことであるが、ドイツ語はこの種の言葉を大分もっている。ラテン語の tollere という言葉（この言葉は tollendum esse Octavium というキケロの洒落《しやれ》で有名になったが（五六））のもつ二義も、そんなに大したものではない。その肯定的な意味は、「高める」〔持ち上げる〕（das Emporheben）というほどの意味しかもたない。ところで、「もの」がその反對のものと統一するようになったかぎりでは止揚されている。そこで、この嚴密な意味から見た場合には、「もの」が一個の反省したもの〔統一の中にある自分に復歸したもの〕（ein Reflektirtes）だということを表わすものとして、契機（Moment）という名前で呼ぶ方が適切であろう。槓杆《こうかん》の場合には重量と槓杆上の一點からの距離とはその力學的契機《モメント》〔力率〕と名づけられるが、それは重量という實在的なもの（ein Reelles）と、線という空間的規定をもつ觀念的なもの（ein Ideelles）とが全く別種のものであるにかかわらず、その兩者の作用という點では同一であるということを表わすところから來ている。（エンチクロペディー、第三版、二六一節の補遺、參照）――哲學の術語がその反省的な意味を表わすためにラテン語の表現を借りるということに關しては、繰り返しにはなるが、やはり説明しておく必要があるように思われるから一言しておく。それは、母國語がこの種の意味に對する表現をもたないためか、或いはいまのようにそれをもつにしても、その表現がどちらかと云えば直接的なものの方の意味を思わせるきらいがあるのに反して、外國語は却って反省的なものを考えさせるというためかの、いずれかの理由によるのである。

こうして有と無とはいまや契機となったわけであるが、この場合に有と無とがもっているもう一歩立ち入った意味と表現とについては、次にその中に兩者を保存している統一であるところの定有を考察する際に明らかになるはずである。兩者の相互の區別という點から見れば、有は有であり、無は無である。しかしその眞理から、即ちその統一から見れば、そこではこのような規定をもつものとしての有と無とは消失し、兩者はもうちがったものになっている。即ちそこでは有と無とは同じものである。そこで、兩者が同一のものであるが故に、兩者はもはや有と無ではなくて、別の規定をもっている。成の中では兩者は生起と消滅であったが、別種の統一としての定有の中では再びまた別種の契機となる。そこで、この統一が今後は兩者の基礎となるのであって、兩者がこの基礎から逸脱して有と無という抽象的意味に舞い戻るということはないのである。

第二章　定　　有（五七）

定有は規定された有である。定有の規定性は存在する規定性（seiende Bestimmtheit）、卽ち質（Qualität）である。或る物（Etwas）はその質の點で他の物（ein Anderes）に對立するのであり、その點で變化するもの（veränderlich）であり、有限的（endlich）である。またその點で單に他の物に對立するものという規定をもつのみでなく、またそれ自身においてそのまま否定的なものとして規定されている。ところで、この有限的な或る物に對立するものとして最初に現われるこの或る物の否定は無限者〔無限なもの、無限という性質〕（das Unendliche）である。そこで次に、この有限者〔有限という性質〕と無限者という二つの規定が最初にとる抽象的な對立は、對立のない無限性に、即ち向自有（Fürsichsein）の中に解消する。

この意味で、定有の論は次の三部に分れる。

A、定有そのもの（das Dasein als solches）

B、或る物と他の物、即ち有限性（Etwas und Anderes, die Endlichkeit）

C、質的無限性（die qualitative Unendlichkeit）

A　定有そのもの

定有そのものにおいては

(a) 定有そのものの中で、まずその規定性が

(b) 質として區別されねばならない。しかし、この質は定有のもつ一方の規定と他方の規定という形で、即ち實在性（Realität）と否定（Negation）として分けて見られねばならない。けれども、定有はこの二つの規定性をもちながら、また自分の中に反省している。そして定有がこういう定有として措定されると、定有は

(c) 或る物、即ち定有するもの（Daseiendes）である。

(a) 定有一般

定有は成から生ずる。定有は有と無との單純な統一體《アインスザイン》である。定有は、この單純性のために直接的なものという形式をもつ。だが、定有を媒介したものである成は、いまでは定有の背後にある。即ちこの媒介は止揚されたのであり、從って定有が今後の展開の最初のものとなる。しかし、定有はまず差し當っては有という一面的な規定をとる。そこで次に、定有の含むもう一つの規定、即ち無がまたその有の面に對立するものとして定有の中に現われて來ることになる。

それは單なる有ではなくて、定有である。語源的に見れば、定有とは一定の場所にある有（Sein an einem gewissen Ort）ということであるが、しかしそれには空間觀念は含まれていない。定有をその生成の面から見れば、それは一般に非有を伴う有（Sein mit einem Nichtsein）であるから、從ってそこには非有が有との單純な統一の中に取り入れられている。それで、このように非有が有の中に取り入れられていて、具體的な全體は有、即ち直接性の形式をとるのであるから、非有は規定性〔質〕そのものを構成することになる。(五八)

有が成の中で單に一個の契機にすぎないことが明らかにせられた以上、――この有の形式、即ち有という規定性の中にあるものとしての全體も一個の止揚された全體であり、否定的に規定された全體である。けれども、この全體はわれわれの反省の中で、われわれにとって（für uns）そうなのであって、まだその全體そのものにおいてそのことが措定されて（gesetzt）いるのではない。しかし、定有の規定性そのものは〔定有の規定性だという意味では〕措定された規定性であって、定有という言葉の中にすでにそのことは含まれている。――この兩者〔反省的にとられた規定性と、それ自身において措定されている規定性〕は常に嚴密に區別されなければならない。ただ概念において措定されたもののみが概念の發展の考察に屬するものであり、概念の內容に屬する。これに反して、まだそれ自身の中において措定されていないような規定性は、われわれの反省に屬するにすぎない。われわれの反省が概念の本性に適っているか、それともただ外的な比較にすぎないかはこの場合問題外にするとして、それはともかくもわれわれの反省に屬することである。そして後者のような規定性を擧げることは、ただ〔概念の〕展開そのものの中で敍述されるはずの行程の說明または豫告の役を果し得るにすぎない。ところで、有と無との統一という全體が有という一面的な規定性の中にあるというのは一個の外的反省である。けれども、この統一は否定の中で、即ち或る物と他の物等々の中ではじめて措定された統一としてあることになる。――いま述べた區別だけは、ここで特に注意しておく必要があった。反省が述べ立てるすべてのことに注意を拂い、そのことについてここで辯明するということは、事柄そのものによって明らかにされねばならないものを先廻りして豫料するという冗漫に陷ることになるであろう。こういう反省がものの見透しを與え、從ってものの理解を容易ならしめるに役立つということはあるにしても、それはまたたしかに將來の展開に對する獨斷的な主張をなし、獨斷的な理由や基礎を擧げるものと見られるという不利を伴う。だから、われわれは反省を反省だけのものとして、これ以上のものと見ず、これを事柄そのものの進展の契機であるものとは區別するようにしなければならない。

定有は先の領域の有に對應する。もっとも、有は無規定的なものであり、それ故に何らの規定をも含まなかった。これに對して定有は規定された有であり、具體的な有である。だから、定有においては早速いくつかの規定、その契機間の種々の關係が定有自身の中に現われて來る。

(b) 質

定有の中では有と無とはそのまま一つになっているが、またそういう直接性のために兩者のいずれも他に對して優越の地位を占めるということはない。だが、定有は有的〔存在的〕であると同じ程度にまた非有でもあって、それ故に定有は規定されている。しかし、有は普遍ではなく、また規定性も特殊ではない。(五九) 規定性もまだ有から遊離してはいないし、また有から遊離することもないであろう。というのは、いまここに根據となっている眞なるものは非有と有との統一ということだからである。そうしてこのような統一が根據になって、その上に以下のすべての規定が生ずるのである。けれども、ここに見られる規定性と有との關係は兩者の直接的統一ということであるから、兩者の區別はまだ措定されてはいないのである。

ところが、規定性がそれだけ分離されて、存在的な〔有的な〕規定性ととられると、それは質である。——即ちそれは全く單純なものであり、直接的なものである。規定性というのは一般には量的なものも、また更に規定されたものをも意味するところの一層普遍的なものである。しかし、ここではこの單純性のために質そのものについて、これ以上何も云い得ない。

けれども有と無とを含んでいるこの定有は、それ自身單に直接的な、云いかえると存在的な規定性にすぎないような質という一面性を表わす標準《マースシュタープ》である。しかし、質はまた無という規定の面からも見られねばならないのであって、そうなるとこの直接的な、または存在的な規定性は區別され、反省された規定性と見られることになる。同時にこうなると、この無、即ち規定性の規定されたことを表わす面（das Nichts als das Bestimmte der Bestimmtheit）もまた反省されたものとなり、拒否（Verneinung）であることになる。こうして質が他と區別されて存在的なものと見られるときは、その質は實在性（Realität）である。これに對して拒否を伴うものという面から見られた質は否定（Negation）一般である。それもまた質ではあるが、しかしそれは缺除（Mangel）の面を表わすものであって、後に限界（Grenze）とか、制限（Schranke）として規定されるものである。

この兩者は共に定有である。しかし、存在的な質であるという點にアクセントがおかれた場合の質である實在性においては、この質が規定性を、従ってまた否定を含むものだという面はかくされている。だから、實在性とは拒否とか、制限とか、缺除の面を排除した、ただ積極的な面だけから見られたものと云ってよい。否定を單なる缺除と見るとすれば、それは無と同じものであろう。しかし、否定は一つの定有であって、單に非有を伴うものと見られた質である。

註　釋　〔實在性と否定〕

〔1、實在性〕　實在性という言葉はいろいろの規定、いや反對の規定についてさえも使用されるから、多義な言葉で

あるように思われる。哲學上の意味では例えば經驗的な實在性と云えば、價値をもたない定有を意味する。しかしまた思想、概念、學説について、それが實在性をもたないと云う場合には、それらが現實性をもたないということを意味する。例えばプラトンの共和國についての理念は卽自的には〔それ自身としては〕、云いかえると概念の上ではたしかに眞理であり得るなどと云われる。この場合には理念はその價値を否定されずに、實在性と並んで存在することが認められている。しかし、いわゆる單なる理念、單なる概念に對しては、實在的なものが唯一の眞なるものと考えられる。――けれども、內容の眞理の決定を一方的に外的存在にのみ歸するような考えは、理念、本質、或いは內的な感情を外的な定有に無關係なものと考えて、それが實在性から遠ざかっておればおるだけ、すぐれたものと考える場合と同樣に一面的である。

「實在性」という言葉を問題にする段になると、曾ての神についての形而上學的概念、殊にいわゆる神の存在の存在論的證明の基礎とせられたところの概念について一言しておかざるを得ない。卽ちこの證明においては、神はあらゆる實在性の總括と見られ、またこの總括については、それがその中に何らの矛盾をも含まないものであるということ、そこでは如何なる實在性も他の實在性を止揚しないということが云われた。そのわけは、實在性というものが完全性と一つに見られ、如何なる否定をも含まない肯定的なものと見られたからである。從って、それぞれの實在性は互に反對し、矛盾することはないと考えられたのであった。

この實在性の概念においては、すべての否定が擧げ盡されても、まだ實在性は殘るという意味が含まれている。しかし、すべての否定が除かれると、實在性のもつすべての規定性は止揚されるのである。實在性は質であり、定有である。その點で、實在性は否定的なものの契機を含むのであり、またその契機の故にのみ實在性は規定されたものである。しかも、この規定されたものということこそ實在性を實在性たらしめているものである。從って、もしも實在性ということがいわゆるすぐれた意味《エミネンター・ジン》にとられ、云いかえると——普通の意味〔有限を絶したものという意味〕での無限な實在性という意味にとられると、實在性は沒規定的なものにまで押し擴げられることになって、實在性という意味を失ってしまう。神の至善《ギューテ》というのは普通の意味の善ではなくて、すぐれた意味での善であると云われる。それは神の義とは別のものではなくて、神の義によって調節（temperiren）されており（ライプニッツの用いた媒介を表わす語）、また逆に神の義は至善によって調節されているものと云われる。從って、ここでは善ももはや善ではなく、義ももはや義ではなくなる。また力は智惠によって調節されていると云われるが、しかしそうだとすると、力は智惠に服從することになるから、力は力そのものではなくなる。また智惠は力にまで擴大されると云われるが、その場合には目的と基準を定める智惠という意味の智惠は消滅する。無限については後に述べるが、この無限という眞の概念やその無限の絶對的な統一は調節、即ち相互的な制限、または相互の混合などと見るべきものではない。こういうようなものは皮相な、無規定的な漠とした關係であって、ただ概念をもたない連中を滿足させる程度のものにすぎない。——上述の神の定義においては實在性は規定的な質と見られているが、實はその實在性はその規定性を超え出るのであるから、實在性も實在性ではなくなる。即ちそれは抽象的有となる。あらゆる實在中での純粹な實在である神、云いかえるとあらゆる實在性の總括としての神は、その中ではすべてが一つであるところの空な絶對と同樣の沒規定的なものとなり、沒內容的なものとなる。

〔2、**否定性**〕これに反して、實在性がその規定性の面から見られると、實在性は本質上、否定的なものという契機を含んでいるから、あらゆる實在性の總括は同樣にまたあらゆる否定の總括、あらゆる矛盾の總括となり、まず差し

當っては云わばすべての規定的なものを包容するところの絶對的な力となる。しかし、この絶對的な力は、この力によって止揚されないものが自分に對立するかぎりで絶對的な力そのものであるから、絶對的な力が完全な、無限の力にまで擴大して考えられることになると、絶對的な力は抽象的無となる。それで、神の概念の表現するものとせられるあらゆる實在中の實在、あらゆる定有中の有は抽象的有にほかならず、無と同じものにほかならない。

規定性は肯定的なものとして措定された否定であるというのが、スピノザの Omnis determinatio est negatio〔すべての規定は否定である〕という命題(三〇)の意味であって、この命題は非常な重要さをもっている。ただ否定そのものは形式のない抽象にすぎない。それで、思辨哲學は否定または無をその究極のものとするという非難を浴せられるようなことがあってはならない。無を究極のものとすることが思辨哲學にとって眞理であり得ないことは、いまいう實在性が眞理であり得ないのと同じである。

スピノザの實體の統一、或いは一つの實體だけがあるということは、この「規定は否定である」という命題の必然的歸結である。そこで、スピノザは現に自分の立てた思惟と有または延長という二つの規定をこの統一の中で一つのものとせざるを得なかった。というのは、二つの規定は規定された實在性である點でむしろ否定であるから、兩者の無限性こそ兩者の統一でなければならないからである。スピノザの定義については後に述べるが(三一)、その定義によれば、或るものの無限性とはその或るものの肯定である。だから、スピノザはこの二規定を屬性としたのである。即ち二規定は獨立の存在、即且向自的な存在をもたず、ただ止揚されたもの、契機としてあるにすぎないものと見た。云いかえると、二規定はスピノザにとっては契機でさえもない。というのは、實體はそれ自身全く規定をもたないものであるが、屬性はもとより、樣態もまた外的悟性が與える區別だからである。——同樣にまた個體の實體性もこの命題に對して異例をなすことはできない。個體は他のすべてのものに對して限界をおくものだから、ただ自分自身にのみ關係するものである。けれどもまさにその點で、この限界はまた個體自身の限界でもあり、他のものに對する關係でもあるから、個體は自分の定有を自分自身の中にもたない。なるほど個體は、すべての面において制限されているようなものよりは以上のものではある。しかし、この「以上」ということは概念の他の領域に屬する事柄である。有の形而上學においては個體は全く規定された存在である。つまり、そこではこのような個體、卽ち有限的なものそのものが卽且向自的〔絕對的〕であるどころではなく、規定性は本質的に否定と見られることになるから、個體は打ち碎かれて、抽象的統一、卽ち實體の中ですべてのものを消滅させるような悟性の否定的運動の中に投げ入れられることになる。

それでここでは、否定は直接的に實在性と對立する。しかし、進んで反省された諸規定〔本質〕というその本來の領域になると、否定は肯定的なもの〔積極的なもの〕と對立するものとなる。だから、そこでは肯定的なものとは否定に反省〔反射〕する實在性であり、――この實在性そのものの中ではまだ、かくされている否定がその他面として姿を現わす《シャイネン》ような實在性である。

〔3、**特性**〕 質が或る外面的な關係の中で內在的な規定としてあるという點から見られるときにはじめて、質は特に特性（Eigenschaft）である。例えば野菜の特性とは、次のような規定を意味する。卽ちそれは、或るもの〔その野菜〕に一般に固有な規定を意味するというにとどまらず、むしろその或るものが他のものとの關係においてその規定のために獨自の在り方を保持し、その或るものの中に來る外からの影響を許さず、卻って他のものの中に自分自身の規定を――勿論このことは他のものを排斥するのではないにしても――認めさせるというような規定を意味する。これに反して、例えば姿とか、形とかいうような、どちらかと云えば靜止的な規定性は、それが可變的なものと考

えられ、有と同一でないものと考えられるものであるから、特性とも、質とも呼ばれ得ない。

ヤコブ・ベーメ（Jakob Böhme）の哲學、深いには深いが神祕的な深みをもつ哲學の言葉である「惱み」（Qualirung または Inqualirung）という表現は、質（例えば酸い、澁い、熱い等の質）のそれ自身における運動を意味している。というのは、質はその否定的本性の故に（その苦惱 Qual の故に）、他のものから自分を取り戻し、自分を確立するものであって、一般に自分自身における不安《ウンルーエ》であるが、この不安のために爭鬪を通じてはじめて自分を産み出すとともに、自分を維持するものだからである。（六三）

(c) 或る物

定有においてはその規定性は質として〔定有そのものから〕區別された。また定有する質としての質の中には――實在性と否定との區別がある。しかし、こういう區別が定有の中にどんなにあるにしても、その區別はむしろ空なものであり、止揚されたものでさえある。實在性はそれ自身否定を含むものであり、定有であって、無規定的な、抽象的有ではない。同様に否定もまた定有であって、抽象的にあると考えられる無ではなく、むしろここでは即自的に〔それ自身で〕あるものとして、即ち存在するものとして、定有に屬するものとして措定されている。この意味で、質は一般に定有と分離されてはおらず、定有は規定された、質的な有にほかならない。

この區別の止揚は區別の單なる撤回や區別の外的な廢止よりも以上のものであり、或いは單純な始元、即ち定有そのものへの單純な復歸よりも以上のものである。區別は廢棄され得ない。というのは、區別は存在するからである。それ故に、ここに現われて來る事實は、〔**a**〕定有一般であり、〔**b**〕その定有の中における區別であり、また〔**c**〕

この區別の止揚ということである。即ちいまや定有は始元のように沒區別的なものとしてあるのではなくて、區別の止揚によって再び自分自身と同等になったものとして、即ちこの止揚によって媒介された定有の單純性としてある。そしてこの區別が止揚されているということこそ定有自身の規定性なのである。この意味で定有は自己內有（Insich-sein）[三二]である。つまり定有は定有するもの（Daseiendes）、即ち或る物（Etwas）なのである。

或る物は自分への單純な存在的關係であるという意味で、最初の否定の否定である。定有、生命、思惟等は本質上自分を規定して定有するもの、生命あるもの、思惟するもの（自我）等となる。この規定は、われわれが定有とか、生命とか、思惟とかの普遍性に停滯せず、また（神ではなく）神性などの普遍性にさえも停滯しないようにするための極めて大切なものである。或る物は、われわれの觀念〔表象〕には實在的なもの（ein Reelles）と見られるが、それは正しい。しかし或る物というのは、まだ非常に表面的な規定である。實在性と否定というように、定有と定有の規定とはたしかにもはや有と無とのような空虛な規定ではないが、しかしまだ全く抽象的な規定である。そのために、これらの規定は極く日常的な言葉ともなり、哲學的に敎養をうけていない連中もそれを盛んに使うことになる。彼らは自分の區別をこれらの規定で表わし、それでうまく行き、はっきり規定できたと思い込んでいる。——だが、否定の否定が或る物という形で表わされるとき、それは單に主觀の始まりにすぎない。——自己內有はまだ全く無規定的なものである。そこで、この自己內有が進んで自分を規定してまず向自有となり、更に進んで概念の領域に到るときにはじめて主觀の具體的な生命《インテンジテート》を獲得することになる。だが、これらすべての規定の根底には自分との否定的統一が存在している。しかし、この場合に第一の否定としての否定、即ち否定一般としての否定と、否定の否定である第二の否定とは嚴密に區別しなければならない。第二の否定は第一の否定が單に抽象的な否定性であるのに對して、具體的な、絶對的な否定性である。

或る物は否定の否定として〔そのまま〕存在するものである。というのは、否定の否定は自分への單純な關係の回復だからである。——しかしまたそのために、或る物は自分の自分自身との媒介である。つまり或る物という單純なものの中にすでに、——また更に進んでは向自有、主觀、等の中に——自分の自分自身との媒介が存在するのであり、いや成の中にさえも全く抽象的な媒介が潜んでいるのである。それで、或る物が單純な同一者として規定されたものであるかぎり、或る物の中には自分との媒介が措定されている。——この媒介が一般に存在するということ〔一般に云って媒介されているということ〕は、しばしば主張されるところの、あの媒介を斥けようとする知識の單なる直接性の原理に對立するものとして注意される必要がある。けれどもこの場合、この媒介の契機の方に特に立ち入って注意を拂う必要はない。なぜなら、それは到る處にあるものであり、また如何なる概念の中にも見出されるものだからである。

けれども、この或る物が卽自的に〔それ自身として〕もっているところの自己媒介は、單に否定の否定という意味をもつにすぎず、何ら具體的な規定をその兩面としてもつものではない。この意味で、この自己媒介は有であるところの單純な統一に崩解する。或る物はある〔有である〕が、また定有するものでもある。のみならず、或る物は更にまたそれ自身〔卽自的に〕成でもあるが、しかしこの成はもはや單に有と無とをその契機としてもつようなものではない。その契機の一方である有はいまや定有であり、また更に定有するものである。他の契機も同じく定有するものであるが、しかしこれは或る物の否定者という規定、——卽ち一個の他の物（ein Anderes）という規定をもつ。成としての或る物は推移であるが、この推移の兩契機そのものがまた或る物であり、それ故にこの或る物は變化（Veränderung）である。――つまり、それはすでに具體的になったところの成である。――しかし或る物は、はじめは單にその或る物の概念の中で變化するにすぎない。或る物が媒介するものであるとともに、また媒介されたものであるということは、ここではまだ措定されてはいない。或る物は、はじめは單に自分の自分への關係の中で自分を單純に維持するものとしてあるにすぎず、それから次に〔或いはそれと同時にその他面として〕同樣に質的なものであるところのこの或る物の否定者として、卽ちただ他の物一般としてあるにすぎないのである。

B 有限性

a、或る物と他の物（**Etwas** *und* **Anderes**）。兩者は、はじめは互に無關係にある。他の物も直接に定有するものであり、一個の或る物である。それで、否定は兩者の外部にある。或る物は、その向他有（**Sein-für-Anderes**）(九四)に對立するものとして卽自的にある。しかし規定性は、むしろ或る物の元來もつ卽自性（**das Ansich**）〔本性〕であるから、規定性は

b、或る物の規定（**Bestimmung**）〔本分、使命〕(九五)である。しかし、この規定はまた性狀（**Beschaffenheit**）(九六)に推移する。性狀はその規定と同一のものであるが、內在的な、しかし同時に否定された向他有、卽ち或る物の限界（**Grenze**）を構成するものである。

c、ところが、この限界は或る物そのものの內在的規定であるから、その點から見ると或る物は有限者（**das Endliche**）である。

定有一般を考察の對象としたところの第一節〔A、定有そのもの〕においては、定有は最初に取り上げられたものと

して、存在するものという規定をもっていた。それ故に、その存在するものの展開の契機である質と或る物もまた肯定的な規定であった。これに反して、この節では定有の中に潜む否定的な規定が展開される。この否定的な規定は第一節では單に否定一般にすぎず、最初の否定にすぎなかったが、ここではそれが或る物の內自有〔自己內有〕という點にまで、卽ち否定の否定にまで展開している。

(a) 或る物と他の物

1、〔或る物と他の物との自立性〕〔α、或る物〕 第一に、或る物と他の物とは共に定有するもの（Daseiendes）または或る物（Etwas）である。

〔β、他の物〕 第二に、そのいずれも共に他の物（ein Anderes）である。この場合に兩者のいずれを先にとって、それだけの理由からそれを或る物と呼ぶかは任意である。（ラテン語においては或る物と他の物とが一つの文句の中に出て來る場合に、兩方が **aliud** と云われ、また一者と他者との關係〔**one another**〕は **alius alium** と云われる。双方の關係を示す場合も、これにならって **alter alterum** という表現が用いられる。(六七)）或る定有をAとし、他をBとすると、Bは差し當ってその他者ということになる。しかしAもまたBの他者である。卽ち兩者は共にその他者（das Andere）である。兩者を區別して、肯定的な或る物を定めておこうとする場合には「このもの」（das Dieses）という言葉が使用される。しかし「このもの」という表現は、この區別をつけ、特定の或る物を取り出すことが、この或る物そのものの外部にある主觀的な符號づけであることをそれ自身物語っている。このときには、すべての規定性はこの外的な指名に委ねられることとなる。けれども實は「このもの」という表現でさえも區別を含むものではない。

どの或る物も「このもの」であるとともに、また他の物でもある。われわれは「このもの」という表現によって完全に規定された何かを表わし得るものと考えているが、しかしその場合に言葉が悟性の作品として、個々の對象の名前の場合を除いては、單に普遍を云い表わすものにすぎないことが看過されている。もっとも、個別的な名前も〔眞に〕普遍的なものを表現しないものであって、その意味ではそれも本體を表わさないもの〔無意味なもの《ジンロース》〕であり、その點でそれはただ付けられたもの、任意のものと見てよい。そのことは個々のものの名前が任意につけられたり、また變更されたりし得ることからもわかる。

それで他在（das Anderssein）は一應、特定の定有の外的な規定であり、或る定有の外部にある他者であると云える。一方から云えば、定有は第三者の行う比較によって他のものとして規定されるのであり、また他方から云えば、單にその定有の外部にある他者であるためにのみ、他のものと規定されるのであって、それ自身で他のものと規定されるのではない。同時にまたすでに述べたように、各〻の定有は觀念〔表象〕の上でもそれぞれ別の定有として見られるのであって、從ってそれだけで定有と見られるような定有はなく、即ちどれかの定有の外部になく、それ故にそれ自身が他の物でないような定有というものはないのである。

この意味で兩者はいずれも或る物であるとともに、また他の物でもあることになるのであって、從って兩者は共に同一のものであり、兩者の間にはまだ如何なる區別もない。けれども、この兩規定の同一性ということも單に外的反省から、即ち兩者の比較から出て來るものである。しかし、他者がまず〔一方のものの他者として〕措定されるや否や、その他者はそれ自身或る物に對する關係をもつものであるが、しかしこの他者は〔他者として〕また或る物の外部に存在するものでもある。

〔γ、或る物と他の物との自立性〕 第三に、だから他者は孤立したもの、自分自身への關係の中にあるものと見られねばならない。即ち抽象的にただ他者として取られねばならない。これは即ちプラトンの *to heteron* であるが、プラトンはこれを全體性の一契機と見て、一者に對立するものとし、この意味で他者に固有の性質を與えたのであった。けれども、このようにこの他者をただ他者として取ることになると、それはもはや或る物の他者ではなくて、むしろそれ自身における他者、即ち自分自身の他者となる。あの物理的自然とは、こういうそれ自身の規定から見た他者である。しかし、それは精神の他者である。だが、このような自然の規定は差し當って單なる相對性であって、それによっては自然そのものの質は表現されず、ただ自然にとって外面的な關係が云い表わされるにすぎない。しかし精神が眞なる或るものであり、從って自然も精神に對立するものをそれ自身の中にもつものだとすれば、自然がそれ自身として採られるかぎり、自然の質はまさにそれ自身における他者、即ち自己外に存在するもの(六六) (das Aussersich-seiende)〔精神の外にそれ自身として存在するもの〕（空間、時間、物質の規定をとって）である。

他者そのものはそれ自身における他者であり、從って自分自身の他者、即ち他者の他者である。――それ故に、それは自分の中で絶對的に不等なものであり、自分を否定するものであり、自分を變化させるものである。けれども、他者はまたあくまでも自己同一的である。というのは、この他者が自分を變化して行く當のものもまた他者であって、他者という規定以上の規定をもたないものだからである。即ちこの變化するものはちっともちがった在り方を取るのではなく、それもやはり他の物であるという點では同じである。だから、それは他の物の中でただ自分と一致するにすぎない。この意味で、この變化するものもやはり他在の止揚ということを伴うところの、自分に反省したものである。即ちそれは自己同一的な或る物である。從って、ここでは他在が同時にこの自己同一的な或る物〔變化するもの〕

の契機ではあるにしても、その他在はこの或る物とは區別される別のものであり、それ自身或る物そのものとして、この自己同一的な或る物には屬さないものである。〔卽ち他在の他在、云いかえると自己同一的な或る物という他者の他者こそ自己同一的な或る物そのものなのである。〕

2、**〔或る物と他の物との關係性〕** 或る物はその非定有〔他の物への變化〕の中にあって自分を維持する。或る物は本質的にこの非定有と一つのものであるが、しかしまた本質的にこれと一つのものではない。それ故に或る物は、その他在に對する關係をもつもの（in Beziehung stehen）である。或る物は純粹に自分の他在なのではない。他在は同時に或る物の中に含まれているが、また同時にまだ或る物と分離している。卽ち他在は向他有である。

定有そのものは直接的なものであり、關係をもたないものである。卽ち定有は有の規定の中にある。しかし、定有は非有をその中に含むものとして、規定された、それ自身において否定された有である。そこで次に定有はまず差し當って他の物となる。——もっとも、定有は自分の否定の中で同時にまた自分を維持するものであるから、その他の物も單に向他有にすぎない。

定有そのものは自分の非定有の中で自分を維持するものであって、有である。しかし、それかといって有一般ではなくて、自分の他の物への關係に對立する自己關係としての有であり、自分の不等性に對立する自己同等性としての有である。卽ちこのような有は卽自有である。[六九]

この向他有と卽自有とは或る物の二つの契機を構成するものである。それで、ここに(1)或る物と他の物（Etwas und Anderes）、(2)向他有と卽自有（Sein-für-Anderes und Ansichsein）、との二對の規定が現われた。第一のものは二つの規定性の沒關係性を表わすものであり、そこでは或る物は他の物とは分離している。しかし、兩者の眞理はその關係にある。だから、向他有と即自有とは前の或る物と他の物との規定が同じ一つのものの契機として措定されたものである。即ちここではこの二つの規定は關係であって、あくまでも統一の中に、即ち定有の統一の中に存在するものである。それ故に、その各〻は同時にまた自分と區別された契機を自分の中に含んでいる。

有と無はその統一である定有の中では、もはや有と無としてはない。――單なる有と無は、その統一の外にあるものにすぎない。だから、兩者の絶えざる統一、即ち成の中では有と無とは生起と消滅であった。――ところで、或る物の中の有は即自有である。有、即ち自分への關係、自分との同等性はいまやもはや直接的にあるのではなく、ただ他在の非有という意味でのみ（即ち自分に反省した定有という意味で）自分への關係である。――同樣に非有も、この有と非有との統一の中にある或る物の契機という意味で、非定有一般ではなくて、他の物であるが、それも一層明確に云えば、有の非有との區別に立ちながら同時に有の非定有に對する關係としてあるものであり、即ち向他有〔としての他の物〕である。

從って即自有は第一には非定有に對する否定的な關係である。即自有は自分の外に他在をもち、この他在と對立する。或る物が即自的にあるかぎり、或る物はその他在と向他有とから引き離されている。しかし第二に、即自有はまた非有をそれ自身の中にもっている。というのは、即自有そのものは向他有の非―有〔ないこと〕（das Nicht-sein）だからである。

これに反して向他有は第一には、あの最初まず定有と或る物としてあるものとせられた有の自分への單純な關係の否定である。それで、或る物が他の物の中にあるものであり、或いは他の物との關係において〔向他有によって〕存在するものであるかぎりでは、或る物は自身の有をもっていない。しかし第二に、向他有は純粹無としての非定有ではない。むしろ向他有はその自分に反省した有としての即自有を指し示しているところの非定有であり、また逆に即自有は向他有を指し示している。

3、〔或る物の中における二面の關係〕　この二契機は或る物という同じ一つのものの二規定である。或る物は向他有から自分に復歸しているかぎりにおいて即自的なものである。しかし、或る物はまた規定または狀態を即自的に〔自分の許に〕（*an* sich）持つ。（この場合には即〔即して、許に、手に〕（an）にアクセントがある）云いかえると、この狀態が外面的に或る物の許に〔手に〕あるものであるかぎり、即ちそれが向他有であるかぎり、或る物は規定または狀態を「それの許に」〔それの手に〕（an ihm）持つのである。(七〇)

このことから更に次の規定が出て來る。即自有と向他有とは差し當ってはちがったものである。しかし、或る物が即自にもつものを或る物はまた「それの手に」も持ち、また逆に或る物に向他有としてあるものがまた即自的なものでもあるということである。——このことは、或る物そのものがこの二契機の下にある同一の基體であって、從って二契機は或る物の中で非分離的に存在するものだという意味で、即自有と向他有との同一性を表わすものである。——この同一性は形式的には、すでにこの定有の領域の中に現われて來るが、しかし一層はっきりした形は本質の考察のときに、更に內面性と外面性との關係の考察の場合に、しかし一番嚴密な形は概念と現實性との統一である理念《イデー》の考察の時に出て來る。——即自という言葉は內面という言葉と同樣に、何か高尙なものを表わしているかのように考えられている。しかし、或る物が單に即自的に（an sich）あるということは單にそれを持つ（an ihm）ということにすぎない。即自的ということは單に抽象的な、從ってそれ自身外面的な規定である。〝Es ist nichts an ihm〟〔それは何の取柄《とりえ》もない〕とか、〝Es ist etwas daran〟〔それは萬更すてたものではない〕という表現は、多少あいまいではあるが、「或るものが持つ」(an einem) もの〔外面的、表面的のもの〕がまたそれの即自有に、即ちそれの内的な眞價にも關係するものだという意味を含んでいる。

ここに物自體(Ding an sich)の正體《ジン》が明らかになると云ってよい。物自體は實に單純な抽象體であるが、一時は非常に重要な規定と見られ、何かもったいないものであるかのように見られ、「われわれには物自體がどんなものかはわからない」という文句は金言か何かのように使われたものである。――一體に物のすべての向他有が捨象される場合に、云いかえると物がすべての規定をもたずに、無と考えられる場合に、物は即自〔自體〕(an sich) だと云われる。このような意味においては、勿論われわれは物自體が何であるかを知ることはできない。というのは、「何であるか」(was?) という問いは、そのそれぞれの規定を擧げることを要求するものだからである。ところが、その規定を擧げることを求められている當の物が物自體だとせられるのだから、即ち何らの規定をももたないものだから、この問いの中に、馬鹿馬鹿しくも、答えの不可能ということが、或いはとんちんかんの返答しかできないように、あらかじめ仕組まれているのである。――物自體は、その中ではすべてが一つであるということしか知り得ないところのあの絶對と同じものである。だから、われわれは勿論この物自體の中に(an)何があるか〔物自體が何を持つか〕ということは知っている。即ち物自體はそのものとしては眞理をもたない、空な抽象以外の何ものでもないのである。しかし、物自體が本當は何であるか、本當に即自とは何かということの敍述は論理學がやる。そこでは「即自的」ということは抽象よりも以上の何かを意味するものとせられる。云いかえると、それは自分の概念の中にあるところの何かであるものを意味するものとせられる。しかも、この場合に概念とはそれ自身具體的なものであって、概念一般〔普遍的なもの〕として概念的に把握され得るものであるとともに、また規定的なもの〔個別的、具體的なもの〕として、即ちその中にその諸規定の連關を擔うものとして認識され得る《エルケンバール》ものでもある。

即自有は差し當っては向他有を自分に對立する契機としてもっている。しかし、この即自有にはまた被措定有（Gesetztsein）[七二]ということが對立するものとして立てられる。被措定有という言葉の中には向他有という意味も含まれているが、しかしこの言葉はもう一歩進んで、即自的でないもの〔第二段の區別の段階〕から、——そのものがそこで積極的となるはずの——それの即自有であるものへの現實的な屈折〔反射、反省〕の意味を明示している。即自有とは一般的には概念表現の抽象的な形態と見られる。措定（Setzen）ということは本來は客觀的な反省である本質の領域ではじめて出て來るものである。根據は根據によって根據付けられるものを措定する。原因は更に一歩進んで結果、即ち一個の定有を產出する。これによって定有の獨立性は直接的には否定され、定有は自分の事柄、自分の有を他のものの中にもつという意味を負わされることになる。これに反して有の領域においては、定有は成から出て來るものにすぎない。或いはまた或る物とともに他の物が、有限的なもの〔有限者〕とともに無限的なもの〔無限者〕が措定されるが、しかし有限的なものが無限的なものを產出するのでもなければ、また無限的なものを措定するのでもない。有の領域においては、概念そのものの自己規定はまだやっと即自的にあるにすぎず、その意味でそれは推移と呼ばれるのである。また或る物と他の物、有限的なものと無限的なものというような有の反省的な規定も、本質的には相互に指示しあうものであり、向他有としてあるものではあるが、しかしやはり質的なものとしてそれぞれ獨立に存立しているものと見られる。他者は〔直接的に〕あるのであり、有限的なものも無限的なものと同樣に、直接に存在するものであり、それだけで自立しているものと見られる。即ち兩者の意味は、その他者がなくても完全なものであるように思われている。これに反して、積極的なものと消極的なもの、原因と結果のようなものは、たとえ孤立的にも存在するように見えても、相互の關係を離れてはやはり意味のないものである。その相互の假現（Scheinen）が互に兩項のそれぞれそのものの中に（an ihnen selbst）あるのであり、それぞれのものの他者の假現が互に各〻の中にあるのである。——規定の種々の分野を見る場合に、特に敍述《エクスポジチオーン》の進展に當って、更に詳しく云えば、概念からその敍述への進展に當って大切なことは、まだ卽自にあるものと措定されたものとを何時もはっきりと區別し、概念の中にある規定と措定された規定、卽ち向他有としてある場合の規定とを何時もはっきり區別するということである。この區別は、ただ辯證法的展開のみのなし得るところであって、批判哲學をも含めて、一般に形而上學的な思考の知らないものである。形而上學の定義とか、その前提、區別、推論などといったものは單に存在的なものを、それも卽自的に存在するものを主張し、生み出そうとするものにすぎない。

向他有は或る物の自己統一の中では或る物の卽自性（das Ansich）と同一のものになっている。向他有はこの意味で或る物の持つもの（an Etwas）である。そこで、このように自分に反省した規定性は再び單純な存在する規定性であり、從ってそれは再び一個の質——規定（Bestimmung）なのである。

(b) 規定〔本分、使命〕、性狀、限界

或る物はその向他有から卽自性に自己反省したのであるから、その卽自性はもはや抽象的な卽自性ではない。卽自性は、その向他有の否定として、向他有によって媒介されたものであって、從って向他有はその契機である。卽自性は單に或る物の直接的な自己同一性ではなくて、或る物の卽自的に（an sich）あるものがまた、それの持つ（an ihm）ものでもあるといった意味での同一性である。それで向他有は或る物の持つものである。というのは、その卽

自性は向他有の止揚であり、向他有から自分に復帰したものだからである。しかしまた、そのことができるということがすでに、元々即自性が〔それ自身〕抽象的なもので、従って本質的に否定を伴うものであり、向他有を伴っているものだからでもある。即ちここには單に質や實在性という存在的な規定性（seiende Bestimmtheit）があるというにとどまらず、即自的に存在する規定性（an-sich-seiende Bestimmtheit）が出ている。(七二) そこでこれからの展開は、この即自的に存在する規定性を自分に反省した規定性として措定するにある。

1、〔**規定**〕 單純な或る物の中では即自性は本質的に或る物の他の契機であるそれの持つこと（An-ihm-sein）〔向他有〕と統一しているが、このような即自性である質を或る物の規定（Bestimmung）〔本分〕と名附けることができる。この場合、この規定という言葉は嚴密な意味では規定性（Bestimmtheit）という言葉とは一般に區別される。規定とは即自有としての肯定的な規定性である。即ちそれは、或る物がその定有の中で自分を規定する他の物とのいろいろの紛糾にもかかわらず、それに則って自分を失わず、その自己同等性において自分を維持し、その向他有の中にありながら自分に自主性を與えるものである即自有である。そこで、差し當って或る物の他の物との關係から次々にいろいろの形の規定性が出て來るが、この規定性がその即自有に則って充される〔即自有を根底にもつものだということが現實的に明らかにされる〕場合に、或る物の規定〔本分〕が充實（erfüllen）される〔現實的に實をむすぶ〕のである。つまり規定は、或る物が即自的にもっているものが、またそれが手に持っている〔それが身に着けている〕ものでもあるという意味を含んでいる。(七三)

人間の規定〔本分、本性〕は思惟する理性である。思惟は一般に人間の單純な規定性であって、人間はこの規定性によって動物と區別される。それでまた人間は思惟自體〔即自的な思惟〕（Denken an sich）だとも云える。即ち思惟がその向他有、即ち人間固有の自然性や感性（この點では人間はそのまま他の動物と結びつくもので、動物とちがわない）と區別されるものであるかぎり、人間は思惟自體である。しかし、思惟はまた人間が持つもの（an ihm）でもある。それで人間はそれ自身思惟である。人間は思惟するものとして定有するのであり、思惟は人間の現實存在であり、またその現實性である。また更に、思惟が人間の定有の中にあるとともに、人間の定有もその思惟の中にあるものであるから、思惟は具體的なのであり、思惟は内容と充實をもつものと見られることができる。即ち思惟は思惟する理性であり、その意味で思惟は人間の規定である。けれども、この規定でさえも一方から云えば再び單に即自的に、一個の當爲（Sollen）としてあるにすぎない。云いかえると、この規定はそれ自身としては、その規定の即自性と合體されているところの充實をもつものでありながら、まだ――外的に對立する、直接的な感性と自然性としてあるような、――この充實と合體されていない定有に對立するものとしての即自性一般の形式をもっている。

2、〔性狀〕 それで即自有が規定性によって充實されるということは、單に向他有であるものとして規定の外部にあるような規定性とは區別される。というのは、質的な存在の領域においては、區別は止揚されておりながら、やはりその區別に直接的な、質的な有が對立するものとしてあるからである。そこで或る物がその手許に持つ（an ihm）ところのものは二面に分れるのであって、この面から見ると、その或る物が手許にもつものは或る物の外面的定有である。そしてこの外面的定有もまたもとより或る物の定有ではあるが、しかしそれは或る物の即自有には屬さないものである。――この意味で、この規定性は性狀（Beschaffenheit）である。

或るものがこれこれの性狀をもつという場合には、或る物は外的な影響と關係との下にあるものという意味をもつ。それで、この性狀の出て來る基になっている外的關係と、他の物によって規定されるという面は何か偶然的なものであるように見える。しかし、この外面性に委ねられており、性状をもつということこそ或る物の質なのである。

或る物が變化する場合、この變化は性狀の變化である。他の物に變化して行く面は、或る物のその手許に持つ（an Etwas）この性狀である。或る物はこの變化の中にあって自分を維持するのであって、變化はただ或る物の他在というその不定な表面に關係するだけで、或る物の規定そのものには無關係である。

規定と性狀とはこのようにちがうものである。或る物はその規定の點から云えば、その性狀には無關係である。しかし、或る物がその手許に持つ（an ihm）ところのものは、この二つを結合する推論式の中辭である。もっとも前に見たように、むしろ「或る物が持つもの」(das *Am Etwas sein*）が、その兩項に分裂したのであった。そこで單純な中辭は規定性そのものであり、規定も性狀もその兩者の同一性である規定性に屬している。けれどもまた、規定はそれ自身で獨立に性狀へ、また性狀も規定に推移する。このことは、これまで述べたことで分っているはずであるが、この關係をもう少し詳しく云えば、次のようになる。卽ち或る物の卽自にあるもの（an sich）がまた或る物が手許に持つもの（an ihm）であるかぎり、或る物は向他有を伴っている。從って規定もそれ自身、他の物との關係に門戶を開いている。規定性は同時に契機であるが、しかし同時にまた卽自有とは異なるものであり、或る物の否定者であり、他の定有であるという質的區別を含んでいる。そこで、このように他の物を自分の中に抱いているところの規定性が卽自有と結合されるとき、それは他在を卽自有の中へ、卽ち規定の中へ導入するのであって、それによって規定は性狀に引き下げられるのである。——逆に、向他有が性狀として孤立的にそれだけ取られると、それはそれ自身他の物そのものであるものと、云いかえるとそれ自身における他の物、卽ちそれ自身としての他の物であるところのものと同じものである。しかしこうなると、向他有がまた自分に關係するところの定有であり、從って規定性をもつところの即自有であり、即ち規定である。――だが、規定と性状との兩者がやはり分けて見らるべきものであるかぎり、この外的な存在、即ち他の物一般を基礎づけるものと見られる性状はやはり規定に依存するのであり、從って外部からの規定の働きも同時に或る物自身の内在的な規定の働きによって規定されている。けれども、また性状は或る物が卽自にもつものに屬してもいる。即ち或る物は、その性状とともに變化する〔自分を他の物にする sich ändern〕のである。(註)

或る物のこの變化は、もはや單にその向他有の面で起る或る物のあの最初の變化ではない。あの最初の變化は單に即自的に存在する變化、内的概念に屬するところの變化にすぎなかった。ところが、いまや變化はまた或る物の中に措定されたところの變化でもある。――或る物そのものが進んで規定されるのであり、否定が或る物に内在的なものとして措定されるのであり、否定が或る物の展開された自己内有（Insichsein）〔否定が或る物そのものの規定〕として措定されるのである。

まず規定と性状との相互の推移は兩者の區別の止揚であり、從ってここに一般に定有または或る物が措定される。そこで、この或る物がそれぞれ質的な他在を意味するあの區別からの結果として生れたものである以上、ここには二個の或る物が存在することになる。しかし、兩者は互に對立する單なる他者一般ではない。そうだとすれば、この否定はまだ抽象的で、單に比較に屬するものにすぎないであろう。そうではなくて、ここでは否定は二つの或る物に内在するものとしてある。二つの或る物は定有するものとして互に無關係なものではあるが、しかしこの兩者の肯定はもはや直接的な肯定ではなくて、各々はそれぞれ規定をもって卽自有に反省しているところの他在の止揚を媒介として自分自身に關係しているのである。

或る物はこのように自分自身からして他の物に關係することになるが、それは他在が或る物自身の契機として或る物の中に措定されたからである。それで、或る物の自己内有はその中に否定を含むのであって、しかもこの否定を媒介とすることによってはじめて或る物はいまや一般にその肯定的定有をもつ。ところが他者は、この肯定的な定有とは質的にも異なるのであり、從って他者は或る物の外部に立てられている。だから、その他者の否定がはじめて或る物の質なのであるが、それは或る物がこの自分の他者の止揚として或る物たり得るのだからである。こうしてここにはじめて他者が本當の意味で定有そのものに對立することになる。即ちここでは第一の或る物に對して他者はただ外的に對立するにすぎない。云いかえると、或る物と他者とは實際は絶對的に《シュレヒトヒン》〔そのまま〕、即ち概念上連關しているにすぎないから、兩者の連關は却って定有が他在に、或る物が他の物に推移してしまっており、或る物も他の物も共に一個の他の物であるといった連關になっている。ところが、自己内有が他在の非有であり、他在は自己内有〔或る物〕の中に含まれてはいるが、しかし同時に存在するものとしてこれと區別されるものであるかぎり、或る物はそれ自身否定であり、或る物における（an ihm）他の物の消失である。つまり、或る物は他の物に對して否定的に關係するものとして、同時にまたその否定することによって自分を維持するものとせられている。――そこで、こういう他者、即ち否定の否定としての或る物の自己内有こそ或る物の即自有であって、同時にこの他者の止揚は或る物の持つ單純な否定としてあるのであり、即ち或る物に外的な他の或る物の否定としてある。こうしてここには二つの或る物の唯一の〔共通の〕規定性があることになるが、この唯一の規定性こそ一面から云えば、否定の否定として二つの或る物の自己内有と同一のものであるとともに、また他面から云えば、この二つの否定が二つの別の或る物として互に對立するのであるかぎり、二つの或る物を自發的に結合させると同時に、その各々をそれぞれ他を否定するものとして互に分離させるものにほかならない。——それは卽ち限界（Grenze）である。

3、〔限界〕 向他有は或る物とその他者との無規定的な、肯定的な結合體《グマインシャフト》〔共有物〕である。ところが、限界の中では他者の質的否定である向他非有（Nichtsein-für-Anderes）が現われ、これによって他者は自分に反省した或る物から遠ざけられる。次にこの〔限界の〕概念の展開（Entwicklung）を見なければならないが、しかしこの展開はむしろ紛糾（Verwicklung）または矛盾ということにもなる。この矛盾は次の點で早速出て來る。卽ち限界は或る物の自分に反省した否定という意味で、或る物と他の物との二契機を觀念的に（ideell）その中に含んでいるが、しかしこの二契機は區別された契機として、同時に定有の領域内では實在的に（reell）、質的に區別されたものとして立てられているということである。

α、〔他の物の否定、非有としての限界——或る物の有としての限界〕 或る物はそれ故に直接的な自分に關係する定有であって、限界を差し當っては他者に對立するものとしてもっている。卽ち限界は他者の非有であって、或る物そのものの非有ではない。或る物は限界の中で、その他者を限定している（begrenzen）のである。——しかし、他者も一般に或る物である。それ故に、或る物が他者に對してもつところの限界は、また或る物としての他者の限界でもあって、この他者の限界によって他者は第一の或る物を自分の他者として自分から排斥するのである。云いかえると、限界によって他者は第一の或る物の非有なのである。この意味で、限界は單に他者の非有であるのみでなく、むしろ双方の或る物の非有であり、從って或る物一般の非有である。

けれども、限界は本質上また他者の非有であるから、その點から見ると或る物は、その限界によってはじめて存在する。それで、或る物は限定するもの〔限界づけるもの〕でありながら、またしかに自分が限界されたものに引き下げられる。しかし、或る物の限界は或る物における他者の終止《アウフヘーレン》として、同時にそれ自身は或る物の有にほかならない。つまり、或る物は限界によって或る物自身なのであり、限界の中に自分の質をもつ。——この關係は、限界が單純な否定または第一の否定であり、これに對して他者は同時に否定の否定であり、或る物の自己內有であるということの外的な現象である。

或る物はそれ故に直接的な定有として他の或る物に對する限界である。けれども或る物はまた、この限界を自分自身の手に(an ihm)持ち、この限界の媒介によって或る物であるが、この限界はまた或る物の非有でもある。從って限界は或る物と他者とを存在せしめるとともに、また存在せしめないような媒介である。

β、〔中間としての限界〕 ところで、或る物がその限界の中にあると同時にまたなく、しかもこの〔有と無との〕兩契機が直接的な、質的な區別であるかぎり、或る物の非定有と定有とは互に分離する。或る物はその定有をその限界の外に(或いは內にと云ってもよい)もつ。また他者も或る物であるから、他者も限界の外に存在する。從って限界は兩者の間に介在する中間であって、兩者はその中間の中ではなくなる。卽ち或る物と他者とは共に、その定有を兩者の限界の彼岸にもつのであって、双方の非有としての限界は兩者の他者である。

——この或る物のその限界との相違という面から見ると、〔例えば〕線は線としてその限界である點の外に現われる。また面は面として線の外にある。同樣に立體は立體として、それが限界する面の外にある。——これが、限界がまず差し當って表象——卽ち概念の自己外有——の中に現われ、特にまた空間的對象に適用される場合の例である。

γ、〔或る物の要素または原理としての限界〕 しかし次に、或る物が限界の外にある場合には、或る物は限定されない或る物であり、單に定有一般にすぎない。從って或る物はその他者と區別されない。或る物はただ定有にすぎず、それ故にその他者と同一の規定をもつ。その各〻はただ或る物一般であり、或いは各〻が他者である。その意味で兩者は同一のものである。ところが、この兩者の最初は直接的であった定有がいまや限界としての規定性をもつものとせられたのであって、この限界の中では或る物と他者との兩者はそれぞれその本來の相をとることとなり、互に區別されたものとなる。けれども、また限界は兩者の共通の區別性であり、即ち兩者の統一であるとともに、また區別でもある。同じことは定有の面からも云える。そこで、この或る物と他者との二重の同一性、即ち定有と限界とは次のような關係を含んでいる。即ち或る物は差し當ってはその定有をただ限界の中にのみもつものであるが、限界と直接的な定有との兩者は同時に互に否定的なものであるから、このただ自分の限界の中にのみあるものである或る物もまた自分を自分自身と分離し、自分を越えてその非有を志向するものとなり、この非有を自分の有と稱して、これに推移することになるということである。この關係を上述の例に適用して云えば、或る物はその本來のままのものとしては、ただその限界の中にあるというのがその一つの規定である。——それ故に、點は單に線が點で終り、線が定有として點の外にあるという意味において線の限界なのではない。——また線も單に面が線の中で終るという意味において、線が面の限界なのでもなく、また立體の限界である面の場合も同樣である。むしろ逆に線は點の中で始まるのである。點は線の絶對的始まり〔始元〕である。のみならず、また線がその兩端において限りのないもの、或いは普通に云われるように無際限に延長し得るものと考えられるかぎり、點は線の要素《エレメント》をなす。同樣に線は面の要素であり、面は立體の要素である。實際、これらの限界はそれが限界づけるところのものの原理である。それは丁度、一が例えば〔いずれも〕百番目の一として限界であるとともに、また百全體の要素でもあるのと同じである。[七五]

いま一つの規定は、或る物がその限界の中にあって、即ち或る物がそこに内在的にあるその限界の中にあって、不安定な相をもつものだということ、云いかえると、或る物が自分自身を越えようとする矛盾であるということである。その意味で點は線になるという點自身の辯證法なのであり、線は面になるという辯證法、また面は全空間〔立體〕になるという辯證法である。そこで線、面及び全空間に關して、線は點の運動によって生じ、面は線の運動によって生ずる等々という第二の定義が與えられる。しかし、この點、線などの運動は何か偶然的なものと見られ、或いは單にそう觀念されたものにすぎないかのようにも思われる。だが、このことも本當は線等々を成立させるものとせられる規定が、それらの要素または原理だということに歸着するのであって、するとこの要素と原理は同時にその限界にほかならない。だから、以上の線等々の成立は單に偶然的なもの、または單にそう觀念されたものというように見られることはできない。點、線、面がそれ自身自己矛盾的なものとして、自分自身で自分を反撥する始元であり、從って點はその概念上自ら推移するものであり、自ら自分を動かして、線を生ぜしめるものである等々ということは、——すでに或る物に內在する限界の概念の中に含まれていることなのである。だが、この適用は本來は空間の考察に屬する問題である。ただ、ここにそれを暗示しておくとすれば、點は全く抽象的な限界であるが、しかし定有をもつものである。もっとも、この定有はまだ全く無規定的に取られたものであって、いわゆる絶對空間、即ち抽象的空間であり、全く連續的な分離量（das schlechthin kontinuirliche Aussereinandersein）である。[七六] そこで、限界が抽象的否定でなくて、特定の定有をもつ限界であり、空間的規定性であるという意味において、點も空間的であり、抽象的否定と連續性との矛盾であって、從って線等々への推移であり、またすでに推移していることでもある。その意味でも、點は勿論、線、面なども單に實際に存在するものではないことがわかる。

こうして自分の內在的な限界をもつものとしての或る物が自己矛盾として措定され、この矛盾のために或る物が自分を越え出ようとすることになり、それに驅り立てられるものとなるとき、或る物はいまや有限的なもの（das Endliche）である[七七]。

(c) 有限性

定有は規定されている。これに對して、或る物は質をもつのであるが、この質の中では單に規定されているのみでなく、更に限定されている。或る物の質はその限界であって、或る物はこの限界をもつものとしてまず最初は肯定的な、靜止的な定有であるにすぎない。しかし、この否定〔限界〕は發展して、或る物の定有とその定有に內在的な限界である否定との對立がそれ自身或る物の自己內有となり、また更に或る物がそれ自身單に成にすぎないことになるのであって、この意味でこの否定の面こそ或る物の有限性を構成するものである。

物が有限であると云う場合には、單に物が或る規定性をもつということだけではなく、即ち單に物が實在性または即自的に存在する規定としての質をもち、從って物が限定されている——その意味ではまだその限界の外に定有をもっている——ということだけではなくて、むしろ非有が物の本性、即ちその有を構成するものだということを意味している。有限的な物は存在する〔有る〕が、しかしその有限的なものの自分自身への關係〔即ちその存在〕とは、否定的に自分自身に關係するということ、即ちまさにこの自分自身への關係の中で自分を越え出で、自分の存在〔有〕を越え出るということにほかならない。有限的な物は存在する〔有る〕が、この存在〔有〕の眞理はその物の終り〔限り〕（Ende）[七八]ということである。有限的なものは或る物一般のように單に變化するというだけではなくて、むしろ滅びる（vergehen）のである。だから、有限的なものにとっては、それが滅亡しないこともあり得るというように、その滅亡が單に可能なことではない。むしろ有限的な物の存在〔有〕そのものが滅亡の萌芽を自分の自己內有としてもつものにほかならない。卽ちその生誕の時はその死の時なのである。

α　有限性の直接性

〔1、**有限の本性**〕　物の有限性に關する思想はこのような悲哀を伴うが、それは有限性がぎりぎりにまで押しつめられた質的否定であって、このような規定の單純性の中では、もはや物の肯定的な有はそれの淪落の規定〔定め〕と分たれたものとして殘されてはいないからである。ところで、この否定は無と滅亡との有に對する抽象的對立にまで還元されるのであるが、このような否定の質的單純性のために、有限性ということは極めて執拗な悟性のカテゴリーとなる。否定一般とか、性狀とか、限界などは、その他者、卽ち定有と兩立しないものではない。抽象的無もそれだけでは抽象としてすてられる。ところが、有限性はそれ自身において固定した(an sich fixirt)否定であって、その意味でそれはその肯定的存在に對して嚴として對立する。實際、有限的なものは有限的なものとして消滅の運命を背負うものであり、それ自身自分の終末をもつものとして規定されたものである。それも、ただ自分の終末をもつものとしてのみ。——有限的なものはむしろ自分の肯定的存在、卽ち無限者に肯定的に參じ、これと結びつくということに對する拒否を意味する。それ故に有限的なものは自分の無と不可分になっているのであって、そのためにその他者、卽ち肯定的存在との如何なる和解も斷ち切られている。有限的な物の規定〔定め〕は、その終り(Ende)ということの外にはない。悟性は非有を物の規定とすると同時に、非有を不滅のもの、絕對のものとする點で、有限性の悲哀の中に低迷する。有限性の無常はただその他者、卽ち肯定的存在の中でのみ消滅し得るものであろうし、そうすることによってその

み有限性は有限的な物から解脱することになるものであろう。しかし、この有限性は物の不滅の質であって、云いかえるとその他者、卽ち肯定的存在に推移しないところにこそ有限性の質がある。その意味で有限性は永遠なのである。

〔2、有限者の分析——有限と無限〕 このいま見た點は非常に大事なことである。しかし、如何なる哲學、如何なる見解、或いは如何なる悟性といえども、有限的なものが絶對であるというような立場を自分の立場としようとはしないであろう。むしろこの有限的なもの〔有限者〕に關する主張の中には明らかにその反對が表明されているのである。それは、有限的なものが制限されたもの（das Beschränkte）であり、無常なもの（das Vergängliche）だということである。有限的なものは單に有限的なものであって、不滅なものではないということである。卽ちこのことこそ有限という規定や表現の中に端的に出ているところである。しかし、ここに肝心の問題は、この見解が有限性の有をあくまでも主張し、無常の存立を認めるか、それとも無常と滅亡とが滅亡するものだと見るかどうかということである。けれども、滅亡を有限的なものの究極のものとするような、この有限的なものについての見解においては、實はそういう滅亡が滅亡するなどということはあり得ない。そこでは有限〔有限者〕は無限〔無限者〕と調和し得ず、結びつき得ないものであり、有限は無限には絶對に對立するものだということが、はっきりと主張される。〔なるほど〕無限者も有を、それも絶對的な有をもつものとせられる。しかし、この無限者に對してあくまでも有限者が立てられ、有限者が無限者の否定者として据えられる。だから、有限者は無限者と合一することのできないものとして絶對的に自分自身の立場を守っている。だが、有限者は自分の肯定を肯定的な存在、卽ち無限者から受け取るはずであり、またその意味で滅亡するはずである。ところが、このような無限者との統一こそ、ここでは不可能だと說かれているのである。だから、有限者が無限者に對立するものでなくて、滅亡するものだとせられる場合でも、上述のように、まさに

有限者の滅亡だけが究極のものとせられるのであって、滅亡の滅亡にほかならないような肯定的存在〔否定の否定として眞の肯定、從って却って有限者の眞の肯定であるもの〕が究極のものとせられるのではない。しかし、有限者が肯定的存在の中で滅亡するのでなくて、有限者の終末〔端、限界〕が無〔有限者自身が有で、從って無限者は無――即ち終末が無いから有限者は永遠〕だと見られるというのであれば、われわれは再びあのもうずっと以前に消滅してしまっている最初の、抽象的な無に逆戻りすることになるであろう。

〔3、**推移――有限者の崩壞**〕　だが、このような無、即ち單に無とせられて、ただ思惟とか、觀念〔表象〕とか、或いは會話の上でだけ存在が與えられるようなこういう無においても、いま有限者のところで述べたと同じ矛盾が現われる。もっとも、その無の場合には矛盾は單に姿を見せる（**vorkommen**）というだけであるが、有限性の場合には矛盾が明瞭に有るという相違はある。前の場合には矛盾は主觀的のものとして現われるのであり、そう見えるのであるが、ここでは有限者は無限者と永久に對立するものであるということ、それ自身空無なものが存在する〔有る〕のであり、この空無なものがそれ自身空無なものとして存在するということが主張されるのである。この區別は、はっきりと意識しておく必要がある。そこで次の有限者の展開が明らかにすることは、有限者がそれ自身において、このような矛盾として自分の中で崩壞するものであるということである。しかもこの矛盾の現實的な解決は、有限者が單に無常なもので、滅亡するものだという面〔有限者の有が非認されるという面〕からなされるのではなくて、むしろこの滅亡、無が究極のものではなく、却ってそういう滅亡、無こそ滅亡するものだ〔從って無限を無と見ることが非認さるべきだ〕という面からなされるということである。

この矛盾は抽象的な形では勿論、或る物が有限であるということ、或いは有限者が有るということの中に早速出て來る。けれども或る物または有は、もはや抽象的に立てられたものではなく、すでに自分に反省したものであり、展開して規定と性状とをその中にもつ自己内有となっている。一層はっきり云えば、この或る物はそれ自身一個の限界をもつが、この限界が或る物の内在性とその自己内有の質を構成するものとして有限性となるのである。そこで次に、この有限的な或る物の概念の中に如何なる契機が含まれているかを見なければならない。

〔1、制限と當爲〕　規定と性状とは外的反省にとっては二面と見られた。しかし、前者は他在をも或る物の即自性に屬するものとしてすでに含んでいた。だから、他在の外面性も一面では或る物自身の内面性の中にあるものではあるが、他面ではそれはあくまでも外面性として内面性とは異なるものであり、外面性はやはり外面性そのものであるが、しかしそれでも或る物における外面性である。ところが、進んで他在がそれ自身否定の否定である限界であることになるから、この或る物に内在する他在はこの兩面〔規定と性状〕の關係であることになる。しかも、この規定と性状との兩面をもつところの或る物の自己統一は、或る物の自分自身に返った關係である。云いかえると、それは或る物の即自有的な規定の限界に對する關係であるが、それも或る物の内在的な限界を或る物の中で否定するという關係である。この意味で、自己同一的な自己内有は自分自身の非有〔限界〕としての自分自身に關係する。しかし、この非有は否定の否定という意味をもつ。云いかえると、この非有は或る物の自己内有の質だという點で、その中に同時に定有をもっているところのものを否定するものだという意味をもっている。このように或る物自身の限界が或る物の

否定者であると同時に、その本質的なものでもあるということになると、それはもはや單に限界そのものではなくて、むしろ制限（Schranke）となる。しかし、制限は單に否定されるものとして措定されたものではない。ここでは否定〔限界〕によって否定されるものとして措定されたものこそ限界であるから、否定は兩刃的である〔二重の意味をもつ〕。卽ち限界は一般に或る物と他者との兩者の共有物であるが、また規定そのものとしての卽自有の規定性でもある。從ってこの卽自有は、卽自有と區別されることになっている自分の限界、卽ち制限としての自分に對する否定的關係である。卽ちこの卽自有は當爲（Sollen）である。(七九)

〔2、**有限性の本質――當爲と制限との本性**〕　或る物が一般にもつ限界が制限であるためには、或る物が同時に自分自身の中でこの限界を超えて、しかも自分自身の中で非存在としての限界に關係することにならなければならない。或る物の定有は靜止的に無關係に、云わばその限界と並んで存在している。しかし、或る物が限界を止揚したものとなり、限界に對して否定的な卽自有となるかぎりでのみ、或る物はこの限界を超えるのである。つまり、限界が制限という規定そのものの中にあるものとなるとき、或る物は自分自身を越えることになるのである。

それ故に當爲は二重の規定をもつ。それは第一には否定に對立するものとして卽自的に存在する規定という意味をもち、第二には非有としてそういう規定だという意味をもつ。この非有の面は、それが制限だという意味では卽自有の面とは區別されるものであるが、しかし同時にそれ自身むしろ卽自的に存在する規定である。

この意味で、有限者とはその規定のその限界に對する關係ということになる。この關係においては、規定は當爲であり、限界は制限である。だから二つは有限者の契機であり、從って當爲と制限との兩者は共にそれ自身有限的なものである。しかし、實は制限の面だけが有限者として措定される。當爲は卽自的にのみ、從つて「われわれにとって《フューア・ウンス》」

のみ制限されたものである。當爲はそれが當爲そのものにすでに內在しているところの限界に關係をもつものだという點で制限されたものであるが、しかしこの當爲の制限の面は卽自有の中に蔽いかくされている。というのは、その定有の面から云えば、卽ち制限に對立するものだという當爲の規定性の面から云えば、當爲は卽自有として立てられたものだからである。

當に有るべきものは有ると同時に無い。もしもそれが有るなら、それは單に有るべきものではないはずである。それ故に當爲は本質的に制限をもつ。この制限は、それに無緣なものではない。單に有るべきものは規定であるが、ここではその規定が實際にあるがままの面から措定されているのであり、卽ち規定は同時に單に一個の規定性にすぎない。

それ故に、その規定である或る物の卽自有も當爲に引き下げられるのであるが、それはこのまさに或る物の卽自有を構成するものが同一の見地において非有としてあるからである。更に詳しく云えば、その卽自有は自己內有、卽ち否定の否定だという意味では一個の否定（卽ち否定者）として他の否定〔制限〕との統一であるが、この他の否定が同時に質的に異なるもう一つ別の限界としてある以上、この統一はその限界〔制限〕に對する關係〔卽ち當爲〕として存在することになるからである。有限者の制限はそれに外的なものではなく、有限者自身の規定がまた有限者の制限でもある。それで、この制限は制限そのものであるとともに、また當爲でもある。制限は制限と當爲との兩者の共有物であり、というよりもむしろ兩者は制限〔有限者〕という同一のものの二面である。

〔**3、推移——制限の超越**〕　ところで、次にまた有限者は、それが當爲であるという意味ではその制限を越えて行く。この有限者の否定であるところのその規定性〔制限、從ってまた當爲〕がまた止揚されるのであって、するとその規定性は有限者の卽自有そのものとなる。〔制限であったものが卽自有となり、當爲であったものが當爲そのもの、卽ち卽自有と

なる。」こうなると、有限者の限界もまた、その限界ではないことになる。

こうして或る物は當爲として〔當爲そのものとなって〕その制限を超克している。しかし、このことはまた逆に云えば、或る物が單に當爲としてその制限をもつということでもある。兩者は分ち得ないものである。即ち或る物がその規定の中に否定をもつかぎり、或る物は制限をもつのであるが、また規定は制限の止揚されたものでもある。

註釋〔當爲〕

當爲ということは、このごろ哲學上、殊に道德の面で、また一般に形而上學的にも、即自有または自分自身への關係と規定性または限界との同一性という、究極的にして絕對的な概念として、重要な役割を演ずることになっている。「汝はなすべきであるが故に、汝はなし得る」、——この意味深長な表現[八〇]は當爲の概念に屬するものである。なぜかといえば、當爲（Sollen）は制限の超越であり、限界は當爲の中では止揚されるのであって、その意味で當爲の即自有は自分への同一的な關係であり、「なし得る」（Können）の抽象體だからである。——しかし逆にまた、「汝はなすべきであるが故に、まさに汝はなし得ない」ということも同樣に正しい。なぜかといえば、當爲の中では制限は制限としてあるものだからである。即ちこの可能性の形式主義は、その中に自分に對立するものとして實在性、質的他在をもっているのであるから、兩者相互の關係は矛盾であり、從ってそれは「なし得ないということ」、或いは不可能性である。

有限性の超越、即ち無限性は當爲という形で始まる。即ち當爲は以下の展開の中で、この不可能性の面で無限累進（Prozess ins Unendliche）という形で現われて來るものにほかならない。

〔1、制限と当為〕　制限と當爲との形態に關して二つの偏見をいくらか詳しく批評しておこう。まず第一に、普通によく思惟や理性などの制限ということが重視されすぎて、思惟はその制限を越え得ないということが主張される。しかしこの主張の中には、或るものが制限をもつとせられるというまさにその點で、すでにその制限が超越されているものだということに對する無自覺が潜んでいる。というのは、規定性とか限界とかというのはその他者一般、即ち無制限なものとの對立からはじめて制限とせられるものだからである。即ち制限の他者とはまさに制限の超越を意味する。石とか金屬とかはその制限を越えないが、それはこれらのものにとっては制限も制限とは見られないためである。しかし「制限は越えられ得ないものだ」というこの悟性的思惟の一般的命題において、もしも思惟がこの概念の中に何が含まれているかを吟味しようとしないとすれば、われわれはこれを現實に訴えることができる。すると、このような命題が如何に現實に反するものであるかがわかる。だが、思惟は現實よりもずっと高尚なもので、現實と離れてはるかに高い領域にあるべきものと見られ、そのために思惟そのものが當爲とせられるために、一面では却って思惟が概念にまで突っ込んで行けないことになり、また他面では思惟が現實に對しても、概念に對しても正當な態度をとり得ないということになる。――なるほど石は思考せず、また一向に感覺をもたないものであるから、石の制限も石にとっては別に制限とはならない。即ち石が感覺、表象、思惟などをもたない以上、石の中にはその感覺、表象、思惟等に對する否定というものはない。けれども、石でさえも或る物であるという意味では石の規定、即ち石の即自有と石の定有との區別はあるのであり、そのかぎりでは石もまたその制限を越えるのである。石が即自にもつ概念は他者との同一性を含んでいる。即ち石が酸化性の鹽基であるとすれば、石は酸化し、中和し得る、等々。つまり、酸化とか中和などにおいては石の制限、即ち石の鹽基としての存在は止揚される。即ち石はこれを超越するのである。

同様に酸は酸であるというその制限を止揚する。しかし酸の中でも、腐蝕性鹽基の中でも、その制限を超越するということが當爲としてあるだけに、却ってそれらをまた故意に——水氣のない、即ち全く中和しない——酸や腐蝕性鹽基として殘しておくということもできるのである。

しかし、或る存在が概念を單に抽象的な卽自有としてもつだけでなくて、向自的に〔自立的に〕存在する全體性として、例えば衝動、生命、感覺、表象等としてもつときには、この存在そのものが自身で制限の超越を企て、その超克を成し遂げることになる。植物は萌芽であるという制限を越えるとともに、また花、果實、葉であるという制限を越える。卽ち萌芽は發育した植物となり、花はしぼむ等々。また飢餓とか渇き等の制限を感じるところの感覺をもつ存在は、この制限を越えようとする衝動をもつことになって、この超越を遂行する。感覺のある存在は苦痛を感ずるのであって、苦痛を感ずるということこそ感覺を有する自然の特權である。苦痛の感じは、その感覺をもつ存在の自己の否定であるから、この否定はその存在の感情の上では制限と見られることになる。それというのも、感覺をもつ存在はその全體性そのものである自己についての感情を有するものであって、この自己はそういうような規定性〔苦痛、制限〕を超えたものだからである。もしもそれがこの制限を越えるようなものでないなら、それはこの制限を自分の否定として感ずることはなかろうし、從って苦痛は感じないであろう。——ところが、いま理性とか思惟は制限を越えることのできないものと云われる。——それ自身制限を、卽ちあらゆる特殊性を越えているものであり、制限の超越にほかならないところの普遍者であるはずのその理性がである。——勿論、すべての制限の超越、超克が制限からの眞の解放、眞の肯定なのではない。すでに當爲そのものがそういう不完全な超越であり、また一般に抽象的なものはそうである。だから、「制限は越えられ得ない」というような同樣に抽象的な獨斷に對しては、全く抽象的な普遍を指摘するだけで十分だし、「有限の域を超越することはできない」という獨斷に對しては、〔單なる〕無限一般を擧げるだけで十分であろう。(六)

ここで序でにライプニッツの含蓄のありそうに見える想いつきのことにふれておこう。——それは、もしも磁石が意識をもつとしたなら、磁石が北を指していることも自分の意志の規定だと見、自分の自由の法則と思うだろう、というあれである。しかし磁石が意識をもち、從って意志と自由とをもつとすれば、磁石はむしろ思考するものであろうから、空間は磁石にとってはあらゆる方向を含む普遍的な空間でなければなるまいし、すると北を指すという一定の方向は磁石の自由の制限と見られることになろう。それは、一定の場所に縛りつけられることは人間にとっては制限であるが、植物にとっては制限とはならないのと同じである。

〔2、**有限的な超越**〕　他面では、當爲は制限の超越であるが、しかしそれ自身は單に有限的な超越である。だから、當爲は有限性の領域の中にその座と意義とを有するものであり、そこでは當爲は制限された存在に對して卽自有を高くかざして、この卽自有を空しい存在に對する規則とし、本質的なものとして强調することになる。義務とは特殊的な意志、利己的な欲望、放恣な關心に對して立てられた當爲である。意志が動搖し易いものであるために眞なるものから離れるものであるかぎり、眞なるものはこの意志に對して當爲として揭げられる。だが、道德上の當爲を徒らに重んじて、その結果、當爲が究極のもの、眞なるものと認められない場合には、道德はもうお仕舞だなどと考えるような連中、並びに現實に存在する如何なるものに對しても次々に當爲を立てて、それによって一歩一歩と次第に高い知識を押し進めて行くことによって、悟性に絕えず滿足を供給しなければおれず、その意味で夢にも當爲をなくしようなどとはしないような理屈屋は、彼らの住む國である有限性にとっては〔當爲はつきものであって〕當爲が完全に認

められているのだということを知らないのである。――けれども現實そのものといえども、理性や法則が單にあるべきものとしてあるにすぎないというほどに悲慘なものではない。それが單に當爲にすぎないとすれば、そこにはただ卽自有の抽象體しかないことになる。――また當爲が當爲を生むというように次々に永久に立てられるものであり、これを裏から云えば、有限性が絶對的であるというほどに現實は哀れで、みすぼらしいものでもない。カントやフィヒテの哲學は理性の矛盾の解決の最高の點として當爲を掲げたが、しかしそれはむしろただ有限性に固執し、從って矛盾に固執するところの立場にほかならない。

γ　有限者の無限者への推移

當爲はそれ自身制限を含むものであり、また制限は當爲を含む。兩者相互の關係こそ、各々の自己內有の中でそれぞれ兩者を含んでいる有限者そのものである。この有限者の規定の二契機は質的に對立している。制限は當爲の否定者という規定をもち、また當爲は制限の否定者という規定をもつ。その意味で、有限者は自分の中における自己矛盾である。だから、有限者は自分を止揚し、滅亡する。しかし、この有限者の結果である否定者一般は、(α)有限者の規定そのものである。というのは、この結果は否定者の否定者だからである。この意味で有限者はその滅亡の中にあって滅亡しない。有限者はまず單に他の有限者になったにすぎない。しかし、この他の有限者もまた同じく他の有限者への推移としての滅亡であって、この關係は恐らく無際限に續く。(β)けれども、この結果を更によく見れば、有限者はその滅亡、卽ちこの自分自身の否定の中で自分の卽自有を獲得したのであって、その點で有限者は自分自身と合致したのである。しかも有限者の契機の各々が共にこの結果をもつ。卽ち當爲は制限を、卽ち自分自身を越える。しかし、この當爲の超越〔當爲の向う側にあるもの〕、即ち當爲の他者は制限そのものにほかならない。これに對して制限も、そのまま自分自身を越えてその他者、即ち當爲を目がけて進むが、しかし當爲は制限と同様に即自有と定有との分裂であって、そのかぎり制限と同じものである。だから、制限は自分を越えて行きながら、また自分と合致するにすぎない。この自分との同一性、即ち否定の否定は肯定的な有であって、その意味でこれはあの有限者として當然に第一の否定をその規定性とするものであった有限者の他者である。——そしてこの他者は即ち無限者(das Unendliche)なのである。

C 無限性

無限者をその單純な概念から見れば、それはまず差し當って絶對者の新しい定義と見ることができる。この無限者は〔前には〕規定をもたない自己關係として有や成として立てられたのであった。定有の諸形式は絶對者の定義と見られ得るような規定の系列には這入らない。というのは、定有の領域の諸形式は、それ自身は直接的には單に規定性として、それも一般に有限的な規定性として立てられるものだからである。ところが、無限者は全く絶對と見られてよい。というのは無限者は、はっきりと有限者の否定という規定をもつものであり、——有や成もそれ自身の中には如何なる制限性ももたず、また制限性を掲げてはいないにしても、その可能性はやはりもっていたのであったが、——その制限性に對する關係も無限者の中でははっきりと取り除かれ、制限性などというものは無限者においては否定されているからである。

しかし、それかと云って無限者もまだ實際は制限性と有限性を脱しているのではない。だからここに肝心なことは、無限性の眞實の概念を惡無限性から區別し、理性の無限を悟性の無限から分けることである。實際、この後者は有限化された無限である。ところで、無限者が有限者から純粋に見られ、引き離して見られるときには、無限者が却って有限化されるものだということは、後に明らかになるはずである。

無限者は

a、單純な規定の中にあるものとしては有限者の否定として肯定的なものである。

b、しかし無限者は、そのために有限者との交互規定に陥るのであって、抽象的な、一面的な無限者である。

c、この無限者と有限者とが唯一の過程として自分を止揚すること、――これが眞の無限者である。

(a) 無限者一般

無限者は否定の否定、即ち肯定的なものであり、制限性から再び自分を回復した有である。無限者は有るが、それも最初の直接的な有より一層潑剌とした《インテンシーフ》意味で有るのである。それは眞實の有であり、制限の超越である。われわれは無限者という名前をきくと、心情や精神に光が射して來る。というのは、精神はこの無限の中では單に抽象的に自分の許に《バイ・ジッヒ》あるのではなくて、自分を自分自身にまで高め、自分の思惟の光に、自分の普遍性と自分の自由の光に高揚させるものだからである。

無限者の概念に關してまず第一に明らかになることは、定有がその即自有〔無限者〕の中で自分が有限者であることを明らかにし、この制限を越えるものだということである。自分を越え、自分の否定を否定して、無限なものになるというところに有限者そのものの本性がある。従って無限者はそれ自身完成したものとして有限者の上に位するものではなく、またその意味で有限者が無限者の外に、または下に自分の生存をもち、これを維持するということでもない。また、われわれは単に主観的な理性として、有限者を越えて無限者に到るのでもない。だから人々が、無限者が理性概念であって、われわれは理性によって時間的なものを超越すると云う場合でも、實はこのことは有限者とは全然無關係にそうこじつけられるのであって、この有限者にどこまでも外面的な高揚は有限者の一向に關知しないことである。けれども、有限者自身が無限性に高められるものであるかぎり、有限者にこの高揚をやらせるものは有限者に無關係な力ではない。むしろ有限者が制限として、というよりもむしろ制限そのものであるとともに當爲として自分に關係し、その點でこの制限を越えるということ、或いは逆に自分への關係として制限を否定し、制限を超脱するということこそ、この有限者の本性なのである。有限者一般の止揚によって無限性一般が生ずるのではなく、むしろ有限者が、みずからその本性によって無限性になるものにほかならない。無限性は有限者の肯定的規定であり、有限者が眞に即自にもつ本性である。

この意味で、有限者は無限者の中で消失するのであり、従ってそこに存在するものは無限者のみである。

(b) 有限者と無限者との交互規定

〔1、**無限者と有限者との對立**〕 無限者は有る。こういう直接性〔有〕の形態から見ると、無限者は同時に他者、即ち有限者の否定である。この意味で無限者は有的であると同時に他の物の非有として、規定された存在一般としての或る物のカテゴリーに後戻りしている。一層詳しく云えば、——無限者は規定性一般の止揚によって生じた結果として自分に反省した定有であり、従ってその規定性〔有限性〕と區別される定有として措定されているために、——限界を伴う或る物というカテゴリーに戻っている。ところが有限者は、その規定性の點で實在的な定有として無限者に對

立する。それ故に、兩者は互に獨立的な存在をもつものとして質的な關係に立つことになる。無限者の直接的な存在〔有〕は無限者の否定、即ちはじめは無限者の中で消失したように見えた有限者の存在〔有〕を再び呼び起す。

けれども、無限者と有限者とは單にこの二つの關係のカテゴリーの中にあるにとどまらない。關係の兩面は進んで互に單に他者として對立するという規定をもつことになる。即ち有限性は制限として措定された制限であるが、自分の即自有の中に推移し、無限なものとなるという規定をもつところの定有である。無限性は有限者の無であり、有限者の即自有と當爲であるが、しかしこれは同時に自分に反省したものとしての當爲であり、完成された當爲《アウスゲフュールテス・ゾルレン》であって、ただ自分にのみ關係する全く肯定的な有である。だから無限性の中には、一切の規定性、變化、すべての制限が、またそれとともに當爲そのものが消滅し、またそれらが止揚されて、有限者の無が措定されているという滿足の狀態がある。即自有はこのような有限者の否定という規定をもつのであって、即ちそれは否定の否定としてそれ自身肯定的なものである。だが、それにもかかわらずこの肯定は質的に直接的な自分への關係として有である。そしてその點で無限者は有限者を他者として自分に對立させるという段階のカテゴリーに後戻りしている。即ち無限者の否定的な本性は有的な否定性、即ち最初の直接的な否定であることになっている。無限者はこの意味で有限者との對立をもつものであり、これに對して有限者はその即自有、即ち無限者の中に同時に止揚されたものとして措定されているにかかわらず、また同時にあくまでも他者であるという意味で、規定された、實在的な定有である。つまり無限者は「有限的でないもの」(das Nicht-endliche)であり、——否定という規定性をもつ有である。そこで無限者は有限者、即ち、存在的な諸〻の規定性、實在性の領域に對立するものとして無規定的な空虛であり、有限者の彼岸であることになるが、それとともにまた有限者も規定的な定有である自分の定有の中で自分の即自有をもたないものとなる。

〔2、惡無限〕　このように無限者が有限者に對立して互に他者と他者という質的な關係の中にあるものとなるとき、この無限者は惡無限(das Schlecht-Unendliche)、または悟性の無限(das Unendliche des Verstandes)と呼ばるべきものであって、これこそ悟性にとっては最高の眞理、絕對の眞理と見られるものである。悟性はここでは眞理との和解を得て滿足を見出し得たと信じているが、實は一向に和解せず、むしろ解けない、絕對の矛盾に陷っているのであって、このことを悟性に意識させるためには、悟性がこの自分の〔無限の〕諸〻のカテゴリーの適用や解說を企てるや否やあらゆる面において早速陷るはずの矛盾を引き起させて見る必要があるであろう。

この矛盾は、有限者が定有として無限者にあくまでも對立するということの中に早速出て來る。從って、ここには二つの規定性がある。卽ちここには無限の世界と有限の世界との二つの世界が存在するのであって、兩者の關係から見ると、無限者は單に有限者の限界にすぎず、從って單に一個の規定された無限者であり、それ自身有限的な無限者にすぎない。

この矛盾はその內容を一層明瞭な諸形式へ展開して行く。——有限者は實在的な定有であるが、この定有はそれがその非有、卽ち無限者に推移させられる場合でも、やはり無くならずに存在する。——卽ち上述のように、この無限者は單に第一の直接的な否定ということを有限者に對する自分の規定性としてもつのであるが、また有限者は否定されたものとして、その否定〔無限〕に對して單に他の物という意味をもつのみであって、その點でそれはまだ或る物である。それだから、この有限の世界から拔け出ようとする悟性がその最高の存在、卽ち無限者に昇ったという場合でも、悟性にとってはこの有限の世界が依然として此岸として殘り、つきまとっているのであって、從って無限者は單に有限者の上に位するものとして立つことになり、無限者は有限者とは切り離され、從ってまた有限者も無限者と切り離されるということになる。――即ち兩者は異なる場所に位置するものとなる。有限者は此岸の定有としてあり、これに對して無限者はなるほど有限者の卽自性ではあるが、しかし彼岸として神祕的な、有限者の手のとどかない遠方にあることになり、有限者はこの領域の外に取り殘されることになる。

〔3、惡無限の本性――無限累進、交互規定〕　このように兩者は切り離されながら、またまさにこの分離する否定によって本質的に互に關係づけられている。この兩者、卽ち自分に反省した二つの或る物〔卽ち有限者と無限者〕を關係させる否定は兩者相互の限界である。しかもそのために兩者の各〻は、この否定を單に他者に對するものとして自分の手に(an ihm)持つのではなく、むしろこの否定は兩者の卽自有であって、各〻は他者と離れて、それぞれ獨立に自分の中に限界をもつことになる。しかし、限界は最初の否定としてあるものだから、兩者はそれ自身限定された有限的なものである。だが、各〻はまた自分に肯定的に關係するものとして、自分の限界の否定でもある。その意味で、各〻は限界を自分の非有としてそのまま自分から排斥し、これと質的に切り離されるのであって、卽ち各〻は限界を一個の他の有として自分の外に立てるのである。卽ち有限者がその非有をこのような無限者として立てるとともに、無限者も有限者を自分の非有として立てる。そこで、有限者が必然的に、云いかえると有限者の規定に基いて無限者に推移し、卽自有としての無限者に高まるようになるということは當然のことである。というのは、有限者はなるほどそれ自身として存立している定有ではあるが、しかし同時にまたそれ自身としては空なものであり、從ってこの規定から云えば解消するものだからであり、また無限者はなるほど否定と限界とを伴うものという規定をもつが、それはまた同時に卽自有としてあるにすぎず、そのためにこういう自己關係的な肯定〔卽自有〕という抽象がその規定をなすもので、この點では有限的な定有はその抽象の中には含まれていないはずだからである。しかし、すでに述べた

ように、無限者はそれ自身否定の媒介によって、即ち否定の否定としてはじめて肯定的な有となるのであり、従ってこの無限者の肯定はただ單純な質的有と見られるのであり、その結果この有の中に含まれる否定も單純な直接的否定に、即ち規定性と限界とに引き下げられたのである。だから、そうなるとこの有はまた、その即自有に矛盾するものとして、その有から排斥されるのであって、有そのものの本性としてではなくて、むしろその即自有に對立するものとして、即ち有限者として措定されるのである。このように有限者と無限者との各〻はそれ自身において、またその規定上自分の他者の措定であるから、兩者は不可分のものである。けれども、この兩者の統一は兩者の質的な他在の中にかくされているのであって、それは單に根底に潛むにすぎないところの內面的統一である。

この統一の顯現の仕方も以上のことによって規定される。この統一が定有の中で措定されるときには、有限者から無限者への、また逆に無限者から有限者への轉換または推移という形をとる。從って無限者は有限者の中に、また有限者は無限者の中に、即ち他者はその他者の中に、ただ單に現われるにすぎない。云いかえると、各〻は他者の中に自身の直接的生起〔直接的な姿〕(ein eigenes unmittelbares Entstehen) をもつのであって、兩者の關係は單に外面的な關係にすぎない。

この推移の過程は詳しく云えば次のような形態をとる。即ちそれは有限を超えて無限に進むのであるが、この超出は外面的な作用の形をとる。すると、この有限者の彼岸にある空虛の中で何が生ずるのであるか。その中にある積極的なものは何であるのか。無限者と有限者との不可分性のために(或いは、この一方の側に立つところの無限者そのものが制限されている故に)、そこには限界が現われる。無限者は消滅して、その代りにその他者、即ち有限者が出現する。しかし、この有限者の出現は無限者にとっては全く外的な出來事であって、この新しい限界は無限者そのものから生じたものではなくて、それもまたそこにただ偶然に見出されたというにすぎない。従って、それは前にすでに止揚された規定への退歩であり、前の止揚の意味が無視されることになる。しかし、この新しい限界はそれ自身再び止揚さるべきものにほかならず、或いは超越さるべきものにすぎない。こうしてここにまた再び空虚、即ち無が現われ、その無の中にまた前の規定性、即ち新しい限界が見出されることになるのであって、――この關係は無際限に進んで行く(so fort ins Unendliche)。

それで、そこにあるものは有限者と無限者との交互規定(Wechselbestimmung)である。有限者は當爲、即ち無限者との關係から見るときにのみ有限であり、無限者も有限者との關係から見るときはじめて無限である。兩者は不可分のものであるが、同時に互に全く他者である。各〻は、それ自身の中に(an ihm selbst)自分の他者を持つ。その意味で各〻は自分と自分の他者との統一であって、そのかぎりまたその規定性の中には、それ自身でも、またその他者でもないという定有がある。

このような自分自身と自分の否定との兩者を否定するところの交互規定こそ、無限累進(Progress ins Unendliche)〔無際限の累進〕として登場するものにほかならない。この無限累進は、もはや超克され得ない最後のものとして、いろいろの形態で見られ、またいろいろの適用をうける。普通に思想は、この「こうして無際限に」という最後のものに達すると、その終局に到達したものと考える。――この累進は、それぞれの相對的な規定が對立の關係の中にまで進められ、その結果これらの規定が不可分の統一をもつものであるにかかわらず、その各〻に他方に對する獨立的定有が認められるような場合には、到る處にいつでも出て來る。だから、この累進は矛盾が解決されずに、いつまでも依然として存在するものだということを表明するものにほかならない。

ここには、この超出そのものは超出され得ないという點で、超出がいつまでも不完全なものを脱しないという抽象的な超越がある。實際、無限者は現に存在する。しかし、そこに新しい限界が立てられ、まさにそのために無限者は却って有限者に押し戻されてしまうから、この無限者がどうしても超越されねばならないことになる。この惡無限は、それ自身としてはあの永續的な當爲と同じものである。それは有限者の否定ではあるが、しかし有限者から眞に解放されることはできない。有限者は惡無限それ自身の中に再びその他者という形でその姿を現わす。というのは、この無限者はその他者である有限者と關係するものとしてのみ存在するものだからである。だから、無限累進は單に同樣なものの反復にすぎず、有限者と無限者との退屈な一律の交替にすぎない。

この無限累進の無限性は、どこまでも有限者そのものにまとわれるものであり、有限者によって限定されるものであるから、それ自身有限なものである。しかも、無限累進〔無限〕である點で、それが實際は有限者と無限者との統一であるかのように見られる。しかし、この統一はまだ反省されていないのである。もっとも、この統一は有限者の中に無限者を、また無限者の中に有限者を呼び出すところのものにほかならず、云わば無限累進の推進力《トリープフェーダー》である。無限累進はこの統一の外的に現われたものであって、日常の觀念はこの外的現象に滿足し、あの同一的な交替の永續的な反復に、卽ち次から次へと限界を越えて無限に進む空しい動搖にあくまでも固執する。卽ちこの進行は、この無限者の中に新しい限界を見出すが、無限者の中におけると同樣に、この限界にもとどまることはできないのである。この無限者は彼岸というちゃんとした位置と方向はもつが、彼岸が到達さるべきものでないという性格をもつものであり、存在的な否定〔直接的に立てられた否定〕である彼岸という規定性を脱ぎすてることのできないものである以上、彼岸は到達され得ないものである。こういう規定のために無限者には有限者が此岸として對立して來るが、しかし有限者もまたこの他の物を定位點《デテルミナチオーン》としてもつものであり、従って自分の彼岸の中で繰り返して、それも彼岸とは異なるものとして繰り返し繰り返して自分を産み出すところの定有という永續的反復の形態をもつものであるが故に、無限者に高揚することはできないのである。(八三)

(c) 肯定的無限性

〔1、惡無限の分析〕 前述の有限者と無限者との間の交互規定の中にはすでに兩者の眞理が即自的に存在しているから、いま問題はただこの存在している眞理を把握するにある。この兩者の交互推移は概念の外的に實現されたものである。その中では概念が含むものが外面的に、分裂した形で措定されている。それでここに必要なことは、ただこの異なる二契機を比較することであって、この比較によって概念それ自身を表わすところの統一が明らかになるのである。――この有限者と無限者との統一という言葉については、すでに度々注意したことであるが、またここに特に指摘しておく必要があると思うのは、それが統一の眞の本性を表わすに適さないものだということである。だから、このいま掲げているような概念の表現〔肯定的無限性〕を用いるのは、それによってこの誤った規定〔意味〕を斥けようという考えも含まれているはずである。

無限者は、これをその最初の單に直接的な規定の面から見れば、單に有限者の超越にすぎない。無限者はその規定上有限者の否定を意味する。この意味で有限者は單に超越さるべきものとして、自分自身における自分の否定にすぎず、そしてこの否定が無限性である。従って各〻の中には他者の規定性が含まれているが、しかしこの兩者は無限累進の考えに従えば、相互に排斥さるべきものであり、互に交替的に顔を出す《フォルゲン》はずのものである。いずれもその他者なしには立てられることも、つかまれることもできない。無限者は有限者なしにはなく、また有限者も無限者なしにはあり得ない。無限者、即ち有限者の否定が云われるときには、それと一緒に有限者が云い表わされている。有限者は無限者の規定に缺くべからざるものである。だから、無限者の中に有限者の規定を見出すためには、ただその云っていることの意味を知りさえすればよい。また有限者にしても、それが空しいものであることは直ぐに分るが、しかしこの有限者の空しさこそ、有限者がそれと不可分のものである無限者から來る。——以上の見方では有限者と無限者とは兩者のその他者への關係という面から見られているように見える。だが、これに對して、もしも兩者が無關係に見られて、兩者が單に「及び」ということで結びつけられるにすぎないとすると、兩者は獨立的で、各ゝはただそれ自身であるものであって、互に對立している。そこでわれわれは、この場合の兩者の性質をよく見てみなければならない。ところで、その場合の無限者は二つの中の一つである。しかし、それが二つの中の一つにすぎないとすると、無限者そのものが有限的であって、その無限者は全體ではなくて、單に一方の側面にすぎない。無限者は自分に對立するものの中に自分の限界をもつ。その意味で、それは有限的な無限者（das endliche Unendliche）である。こうしてここには二つの有限者が存在するにすぎない。無限者が有限者と分離され、従って一面的なものとせられるというまさにその點に、無限者の有限性があり、それ故に無限者の有限者との統一がある。——また有限者の方も無限者と切り離されて、獨立に見られると、同樣の自己關係となり、この關係の中では有限者の相對性、依存性、無常性は無視されることになる。すると、有限者は元々無限者がもつべきものであるその自立性と肯定とをもつことになる。

　それで二つの考察の仕方は、その第一のものが無限者と有限者との相互の關係、各ゝのその他者に對する關係という面だけから見、第二のものが、兩者をその完全な分離の面から見るものであったかぎり、異なる規定性をその出發點とするように見えたが、結果としては同じことになる。即ち無限者と有限者との相互の關係は兩者に外面的なもののようであったが、しかし本當は兩者に本質的なものであって、この關係なしには各〻そのものがないのであるから、この關係の面から見れば、各〻はその他者を自分自身の規定としてもっている。同樣にまた、各〻を獨立のものと見、各〻だけで見てみても、その中にはその他者が各〻自身の契機として含まれているのである。

そこで、このことからして有限者と無限者との——例の評判の悪い〔誤った〕——統一が生ずる。——この統一はそれ自身、無限者自身と有限性とを自分の中に含むところの無限者である。——それ故にまた、この統一は有限者を無限者から分離して、これを他方の側に立てるような無限者とはちがった意味の無限者ではある。ところが、兩者がまた區別されねばならないものだという點では、前述のように、各〻はそれ自身自分の中に兩者の統一をもっている。この意味で、ここに二つの統一が生ずる。兩者の共通者、即ち二つの規定性の統一は、統一であるという點で、まずこの兩者を否定された規定性として措定する。というのは、兩者はその區別性の中にあるものとせられているからである。それ故に兩者は、その統一の中ではその質的本性を喪失する。——以上の反省は、無限者と有限者との統一の中でも兩者が獨立にもつべきものとせられる質の面からだけ兩者を見るという見方をすてようとせず、從ってこの統一の中に矛盾だけを見て、進んで兩者の質的規定性の否定による矛盾の解消を見ないところの日常の觀念を斥けるためには重要な反省である。——しかしそれはともかくとして、以上の意味で、ここに無限者と有限者とのまず差し當って單純な、一般的統一が誤り作られる。

ところが、他方から云えば、兩者はまた區別されたものとも見らるべきものであるから、二つの契機の各〻がそれ自身それ〔無限者の統一〕であるところの無限者の統一は兩者の各〻の中で、それぞれ異なる規定をもっている。その規定上無限者であるものは、その中に自分と區別される有限性をもっており、この統一の中では無限者は即自的なものであり、有限者は單にその即自的なもの〔無限者〕の持つ規定性にすぎず、限界にすぎない。けれども、この限界こそ實は無限者の絶對的な他者、無限者の反對のものである。それで即自有そのものであるところの無限者の規定は、こういう種類の質〔規定性〕を含有することによって汚され、傷つけられる。その意味で、それは有限化された無限者（ein verendlichtes Unendliche）となる。同樣の意味で、有限者それ自身は單に「即自有でないもの」にすぎないが、いま云う統一という點で、それもまたその中に自分の反對のものをもつのであるから、有限者は自分の價値を越えて、云わば無限的なものに高められる。即ちそれは無限化された有限者（das verunendlichte Endliche）ということになる。

このように、上述の簡單な統一を誤り作ったのと同じ仕方で、悟性はまた無限者と有限者との二樣の統一をも誤った形で作る。このことは、ここではまた次のように云ってもよい。即ち二つの統一の一方においては、無限者は否定されたものとは見られず、むしろ即自有と見られ、それ故にこの即自有の中には規定性や制限は立てらるべきでないとせられる。だが、その點で却って即自有が格下げされることになり、汚されることになる。逆に有限者もまた、それ自身としては空しいものではあっても、あくまでも否定され得ないものと見られるから、そのためにそれが無限者と結合するとき不當にも有限者自身でないものに高められることになり、その點で自分の消滅しないのみか、むしろ不滅の規定であるものに對立するものとして無限化されることになる。

〔2、**惡無限から眞無限への推移**〕　悟性が有限者と無限者とに關して犯す誤り、即ちその相互の關係を質的差別として固定し、兩者をそれぞれの規定によって分離し、しかも絶對的に分離したものと見ようとする誤りは、悟性自身も

實際はもっているはずの、この兩契機の概念であるものを忘却するところから來る。この概念から見れば、有限者と無限者との統一は兩者の外的結合ではなく、またそれ自身互に分離し、對立する自立的なもの、存在するものが、従って和解すべからざるものが結合するというような各〻の規定に矛盾する不都合な結合ではない。むしろ各〻は、それ自身においてこの統一であり、また自分自身の止揚としてのみ統一であって、この統一の中ではいずれも、その他者に對して卽自有とか、肯定的定有とかという優位をもつことはない。前に述べたように、有限性は自分自身の超越としてのみ存在する。それ故に有限性の中には有限性自身の他者である無限性が含まれている。同様に無限性も有限者の超越としてのみ存在する。それ故に無限性は本質的にその他者を含み、従ってそれ自身の中に自分自身の他者を持っている。有限者は自分の外部にある力としての無限者によって止揚されるのではなく、むしろそれが自分自身を止揚するということこそ有限者の無限性なのである。

だから、この止揚は變化または他在一般ではなく、或る物の止揚ではない。有限者は有限性の否定としての無限者の中において止揚されるのである。しかし、この有限性はそれ自身、以前に非有として規定されたところの定有にほかならない。それ故に否定の中で止揚されるものは否定にすぎない。また無限性は無限性で、有限性の否定であり、従って規定性一般の否定者であり、卽ち空虛な彼岸であるという規定をもつ。だから、有限者の中におけるこの彼岸の自己止揚は、この空虛な逃亡からの復歸であり、それ自身否定的なものたる彼岸の否定である。

それ故に、ここに存在するものは兩者の場合共に、同一の否定の否定である。しかし、この否定の否定はそれ自身としては〔卽自的には〕自分自身への關係、卽ち肯定であるが、それも自己復歸として、云いかえると否定の否定という媒介を通じて生じたものである。この二つの規定こそ、われわれの眞に留意しなければならないものである。しかし、もう一つ注意しなければならないことは、これらの規定が無限累進の中にもまたすでに現われて［措定されて］いるということ、――しかもそれが無限累進の中に出ているかぎりでは、――要するにまだその最後の眞理の形では措定されていないということである。

この無限累進の中では、第一に無限者も有限者も共に否定される。兩者は同様に超越される。しかし第二に、兩者はまたそれぞれ他者と區別されるものであり、それ自身積極的なものとして、順次に措定される。このように、われわれはこの二つの規定を比較の形で擧げるが、それはあの前に有限者と無限者とをその相互關係から見るのと、これを各獨立的のものと見るのとの二つの考察の仕方を分け、比較の形で、即ち外的に比較して見たやり方を踏襲しているのである。けれども、無限累進は更にそれ以上の意味をもっている。即ち無限累進の中には區別されたものの連關ということが措定され、出ているのであるが、しかしこれもはじめはただ推移と交替という形で出ているにすぎない。次にわれわれは、その中に實際に何があるかということについて簡單な省察をなしておかねばならない。

まず無限累進の中に措定される有限者と無限者との否定は單純なもので、從って別々に、ただ次々に繼起するものと見られる。それで、有限者から出發するとすると、まず限界が超越されて、有限者は否定される。それ故にそこに有限者の彼岸、即ち無限者が出て來るが、しかしこの無限者の中にまた再び限界が生ずる。その意味で無限者の超越が現われる。だが、この二重の止揚は一方から云えば、一般にただ各契機の外的な出現であり、外的な交替として措定されるものであるとともに、他方から云えばまだ一個の統一として措定されてはいない。この超越の各〻はそれぞれ自身の着手《アンザッツ》であり、それぞれ新しい出發であって、その點でそれらの各〻の超越はそれぞれ獨立のものである。――しかし、無限累進の中には更にまた兩者の關係の面もある。即ちまず有限者がある。次にこの有限者が超越されるのであるが、この否定者または有限者の彼岸が無限者である。第三に、この否定が再び超越されるのであって、そこに新しい限界が生じ、再び有限者が現われる。――これは完全な自己完結的運動であって、この運動はその出發點となったところのものに再び到達する。そこでは出發點となったところのものと同一のものが生ずるのであり、即ち有限者が回復されるのである。それ故に、有限者は自分自身と合致したのであり、その彼岸の中に自分を再び見出したにすぎない。

無限者についても同じ關係が見られる。無限者、即ち限界の彼岸の中にもやはり新しい限界が生ずるが、この新しい限界も有限者が否定されねばならなかったのと同じ運命を擔っている。それで、再び出て來るものは前に新しい限界の中で消失したその同じ無限者である。だから、無限者は無限者の止揚によって、その新しい限界によって次々に押し除けられて行くのではない。即ちそれは有限者から遠ざけられるのでもない。というのは、この有限者は無限者に推移するものにほかならないからである。また無限者は自分自身から遠ざけられるのでもない。というのは、それは自分の許に（bei sich）戻っているからである。

この意味で、有限者と無限者との兩者は、このような自分の否定を通じて自分に復歸する運動である。兩者はただそれ自身における媒介としてのみ存在するのであって、兩者の肯定的な面は兩者の否定を含むものであり、否定の否定である。――この意味で、兩者は結果であって、從ってその始元の規定の中にあったような兩者ではない。――即ち有限者は有限者の側面における定有ではなく、また無限者も有限的なものという規定をもつ定有の彼岸にあるような定有または卽自有ではない。悟性が有限者と無限者との統一に對して反對する理由は、悟性が制限と有限者、並びに卽自有を永續的のものとして前提するところから來るにすぎない。そのために悟性は無限累進の中に實は存在しているところの兩者の否定を見落すとともに、また兩者がこの累進の中では單に全體の二契機としてあるにすぎないということ、また兩者がただその反對者を媒介としてのみ、しかも本質的にはむしろこの反對者の止揚を媒介としてのみ現われるものだということを看過しているのである。

〔3、**眞無限について**〕　まず、自己復歸が有限者の自己復歸と見られる場合にも、また無限者の自己復歸であると見られる場合にも、この結果そのものの中には、いま上に非難した誤りと同一の間違いが出て來る。即ち第一に有限者が、次に無限者が出發點とせられて、そのために實に二つの結果が生ずる。しかし、實はどちらが始まりとせられるかということは全くどうでもよいことである。すると、結果の二重性を產み出したところの區別はおのずからなくなってしまう。このことは兩方向のどちら側にも限界のない無限累進の直線の場合にもまた見られるところである。その直線の中では二つの契機の各〻は共に交替的に出現するが、それが如何なる地點で見られようが、またどの點が始まりとせられようが、それは全くどうでもよいことである。――兩者は無限累進の中では區別されてはいるが、しかし各〻は同じように、それぞれ他方の契機であるにすぎない。有限者と無限者との兩者はそれ自身無限累進の契機であるから、兩者は共に有限的であるが、また兩者は共にこの累進過程と結果との中で否定されるのだから、この結果はこの兩者の有限性の否定という意味で本當は無限者と呼んだ方がよい。從って兩者の區別はそれぞれ二重の意味をもち、兩契機はそれぞれ二重の意味をもつことになる。即ち有限者は第一には有限者に對立するその無限者に對立するものであるとともに、また第二には有限者であると同時に有限者に對立する無限者でもあるという二重の意味をもつ。無限者も、この有限者と無限者との二契機の一方であるということ――その場合にはそれは惡無限である――と、その兩者、即ち無限者自身とその他者とを單に契機とするにすぎないような無限者であるということとの二重の意味

をもつ。それ故に、無限者が實際に出て來ることになると、累進は次のようなものとならなければならない。卽ちそこでは無限者は、まず一面では單にその二規定の一つにすぎないものとなり、有限者に對立するにすぎないものとなり、從ってそれ自身二つの有限者の一つにすぎないものになり下るとともに、他面ではまたこの自分の自分自身との區別を止揚して自分の肯定に高まり、この媒介によって眞實の無限者〔眞無限〕としてあるということである。

この眞無限という規定は前に非難されたような有限者と無限者との統一の公式から見られることはできない。統一というのは抽象的な運動のない自己同等性であって、その契機もまた動かない存在者としてある。これに反して無限者は、またその二契機も同様に、本質的にむしろただ成としてあるものであり、しかもいまやその契機の面で一層突っ込んで規定された成としてある。卽ち成は、はじめは抽象的有と無をその規定としてもっていた。更に變化として、或る物と他の物という定有するものを契機とした。ところが、いまや無限者として、それ自身生成するものである有限者と無限者とを契機にもつ。

この無限者は自分に復歸したもの、自分の自分自身に對する關係として有であるが、しかし沒規定的な、抽象的な有ではない。というのは、無限者は否定を否定するものとして措定されたものだからである。無限者は從ってまた定有でもある。というのは無限者は否定一般を、從って規定性を含んでいるからである。それは有るとともに、定有するのであり、現在し、現前にある。ただ惡無限だけが彼岸であるにすぎない。なぜなら、惡無限は實在的のものとして立てられた有限者の否定にすぎないからであって、——惡無限は抽象的な最初の否定である。惡無限は單に否定的なものと規定されているために、定有の肯定をその中にもたない。それは單に否定的なものとして固定されるために、定有すべきものでさえもなく、卽ち到達さるべきものではない。しかし、この到達できないということはその偉大を意味するものではなく、却ってその缺點である。そしてこの缺點の究極の根據は、有限者があくまでも存在的なものとして固執されるところにある。眞でないものこそ到達され得ないものである。それで、われわれとしてはこのような無限が眞でないものであることを見拔くことこそ必要である。――無限累進の像〔比喩〕は直線であって、無限は單に直線の兩限界の所にのみあり、いつでも直線――直線は定有である――のもはや無い所にのみある。そこで直線はこの直線の非存在に、卽ち無規定的な存在の中に超越して行く。これに反して自分の中に戻ったものであるところの眞無限の像は圓である。卽ちそれは、すでに完結して、全く現在的のものとなり、出發點も終結點ももたないところの、自分に到達した線である。

このように眞の無限性は一般に、抽象的否定に對して肯定的なものとして措定されたところの定有として、前の單純な規定しかもたなかった實在性よりも一層高い意味における實在性（Realität）である。眞無限は、ここではすでに具體的な内容を獲得している。實在的なものは有限者ではなくて、無限者である。この意味で、實在性は後に進んで本質、概念、理念などと規定されることになる。もっとも、一層具體的なものの場合にも實在性というようなそんな初期の抽象的なカテゴリーを繰り返して用い、そういう初期のままのものよりも一層具體的な規定に對して初期のカテゴリーを用いるというのは、無駄なことである。例えば本質または理念が實在的なものであると云ったりするのは、ただ有、定有、實在性、有限性などといった最も抽象的なカテゴリーが未熟な思惟に一番なじみ深く、近づき易いものだという理由から、ここにその繰り返しをやることにすぎない。

ところで、ここにまた實在性のカテゴリーを持ち出して來るもう一歩立ち入った理由は、實在性が否定に對立する〔單なる〕肯定的なものであるのに對して、ここでは否定が否定の否定〔眞の肯定〕を意味し、從ってこの否定そのものが前の有限的定有としての實在性に對立するものという意味をもっているからである。――この意味で、否定は觀念性（Idealität）という意味をもつ。觀念的なもの（das Ideelle）[註] とは眞無限の中にあるものとしての有限者である。卽ち一つの規定であり、區別された内容ではあるが、しかし獨立的に存在するものではなくて、契機としてあるような内容である。觀念性とは有限的な定有の否定ということによってはまだ完全に表現され得ないような、こういう一層具體的な意味をもつものである。――しかし、實在性と觀念性との關係からして、有限者と無限者との對立が見られ、有限者は實在的なもの（das Reale）を意味し、これに對して無限者は觀念的なもの（das Ideelle）を意味するという風に見られることにもなる。このことはまた後に、概念が觀念的なもの、しかも單に觀念的なものと見られ、これに對して定有は一般に實在的なものと見られるのと同じである。けれども、上述の否定の具體的な規定を表わすために觀念的なものという獨自の表現を持ち出してみても、こういうやり方では勿論何んにもならない。そういうように對立させて見ることになると、それは惡無限に屬するものであるところの抽象的否定の一面性に再び後戻りすることになるのであって、有限者の肯定的定有の立場を一歩も出ないものである。

（註） 理想的なもの（das Ideale）という言葉は觀念的なもの（das Ideelle）という言葉よりも（美やこれに屬するものといった）一層規定的な意味をもっている。[三] しかし、前者はまだこの本の問題に屬するものではない。それ故に、ここでは「觀念的」(ideell) という表現が用いられる。實在性（Realität）の場合には言葉の使い方として、こういう區別はほとんどない。das Reelle と das Reale とは大體、同義に用いられる。この二つの言葉のもつニュアンスのちがいも問題にはならない。

〔D〕 推移

觀念性は無限者の質だと云ってよい。しかし、本質的には觀念性は生成の過程（der Process des Werdens）であり、従って定有の中の生成とも云うべき推移である。そこで次に、この推移を考察しなければならない。有限性の止揚として、云いかえると有限性そのものの止揚として、また有限性に單に對立する、單に否定的な無限性の止揚として、この自己復歸、自分自身への關係は有である。しかし、この有の中には否定があるから、この有は定有である。けれども更にまた、この否定は本質的に否定の否定であり、しかもこの否定の否定は自分に關係する否定であるから、この否定は向自有（Fürsichsein）と呼ばれるところの定有である。

註釋1〔無限累進〕

〔1、**惡無限、無限累進——因果關係の例**〕無限者——普通の意味での惡無限というそれ——と無限累進は、當爲と同様に、矛盾の表現にほかならないが、自分自身は矛盾の解決であり、究極のものだと自任している。この無限者は感覺的觀念が有限者を越えて思想に高まるその最初の高揚であるが、しかしこの思想は單に無、即ち明らかに存在しないものとして措定されたものをその內容とするにすぎない。——またそれは制限されたものを越えての逃亡であって、自分を自分の中に集中し得ず、否定的なものを積極的なものに還元することができない。この不完全な反省も現に有限者と無限者との對立と有限者と無限者との統一という眞無限の二規定を共にもってはいるが、しかしこの反省は二つの思想を統一することができない。なるほど、その一方は他方と不可分のものではあるが、しかしこの反省は兩者を單に交替させるだけである。この交替の場面、即ち無限累進は二規定の統一と對立との矛盾がなくならないかぎり、到る處に現われる。有限者は自分自身の止揚であり、有限者の否定、即ち無限性をその中に含むものであって、——兩者の統一である。——しかしまた有限者を超えて、有限者の彼岸としての無限者に到るのであって、——それ

は即ち兩者の分離である。けれども、無限者の超越はまた他の有限者であり、——超越、即ち無限者は有限性を含んでいるのであって、——それは兩者の統一である。しかし、この他の有限者はまた無限者の否定者でもあるから、——それは兩者の分離である、等々。——例えば、因果關係において原因と結果は不可分のものである。如何なる結果をもたないような原因は原因ではなく、また如何なる原因をもたないような結果はもはや結果ではない。だから、この關係は原因と結果との無限累進を生ずる。或る物は原因と見られるが、しかしその原因は有限者として（原因は元來その結果と分離されているものであるが故にまさに有限である）それ自身また原因をもつのであり、即ち原因であるものがまた結果でもある。從って原因と規定されたその同じものがまた結果とも見られるのであって、——それは原因と結果との統一である。——ところが、結果と規定されたものは再び一つの原因をもつ。即ち原因はその結果と分離され、異なる或る物と見られなければならない。——しかし、この新しい原因はそれ自身また結果にすぎないのであって、——それは原因と結果との統一である。——だが、この新しい原因はまた一つの他の物を自分の原因としているのであって、——その點では二つの規定は分離する、等々。このようにこの關係は無際限に進む。(八四)

〔2、有限と無限との統一と對立との對立觀とその眞理〕 この意味で累進に特有の形式が生ずることになる。まず「有限者と無限者とは唯一の統一だ」と主張される。ところが、この誤った主張は「兩者は全く異なるものであり、互に對立する」という反對の主張によって是正されなければならない。しかし、この後者の主張も再び統一の主張によって、「兩者は不可分のものであって、一方の規定の中には他の規定も存在する」というように改められなければならないのであって、この關係はまた無際限に進む。——そこで、無限者の本性を洞察するために出される註文は別にむつかしいものではない。それはまず無限累進、即ち展開された悟性の無限が、二契機の統一と分離という兩規定の交

替という性狀をもつものだということを意識するとともに、更に進んでこの統一と分離とがそれ自身不可分のものであることを知るようにするということである。

しかし、この矛盾の解決は二つの主張の同等の正當さを承認することでもなければ、その同等の不正當さを認めることでもない。――そのことは單にいつまでもある矛盾の別の形態にすぎない。――そうではなくて、兩者の區別の中に兩者の相互の否定を見、兩者を單に契機として含むような兩者の觀念性こそ矛盾の解決でなければならない。あの一律單調な交替は實際は兩者の統一の否定であるとともに、また分離の否定でもある。その交替の中にもまた事實はいま云う點〔區別が契機であるという觀念性〕がある。卽ちそこでは有限者は自分を越えて無限者となるが、しかしまたこの無限者をも越えて有限者自身が再び產出されることを見出すのであって、從ってそこでは有限者はただ自分と一致するにすぎないということである。しかも、そのことはまた無限者についても云える。從ってこの同じ否定の否定が肯定を生ずるのであって、その點でこの結果が兩者の眞理であり、根源であることが明らかにされるのである。それだから、この區別された兩者の觀念性としての有の中では矛盾は抽象的に消滅するのではなく、むしろ解消され、宥和されるから、上の二つの思想〔有限者と無限者とが對立であるということと統一であるという二つの主張〕はそれぞれ完全な獨立性をもつのみでなく、また互に結合されてもいる。またここから見るとき、思辨的思惟の本性が上述の例證の中に、はっきりした形で示されていることが分る。卽ち思辨的思惟の本性は、ただ對立する契機をその統一の中に把握するという點にある。その契機の各〻は自分自身の中にその反對を持ち、この反對の中で自分と一致するものであり、しかもそのことを事實上それ自身において示すものであるから、肯定的眞理とはこの自分の中で運動する統一であり、二つの思想の綜合であり、兩者の無限性であり、――卽ち自分自身への關係である。――しかも、それは直接的な自己關係ではなくて、無限な〔媒介的な〕自己關係なのである。

〔3、如何にして無限者が有限者になるかという問題〕 思惟にすでに熟達した人々からは、哲學の本質はしばしば「如何にして無限者は自分から出て有限性に到るか」という問題に答えることにあると考えられた。——實際このことは解き難いものと見られる。しかし、われわれがいまここにその概念に到達し得たところの無限者は、その敍述の進展とともに立ち入って自分を規定し、いま求められている問題の回答、即ちその言葉通りに云えば、如何にして無限者は有限者に達するかということをいろいろの形式でその中で示すはずである。けれども、われわれはここではただ、この問題をその直接的な形からのみ、それも無限者が普通にもつとせられている上述の無限者の意味の面からのみ考察することにする。

それぞれの哲學の存否も一般にいま云う問題の回答にかかるものと見られる。しかも、人々はこの問題の回答がまだ疑問だと云いながら、同時にこの問いそのものを一種の魔力的なもの、人力を超えた護符のようなものに祭り上げ、この護符がその回答を、從ってまた哲學を、また哲學の把握を安全に、保證してくれるものと信じている。他のいろいろの對象においても問題を理解するためには一定の教養が前提されるが、しかし哲學的な對象においてはましてその問いをフイに〔何にもならないことに〕する答えとちがった答えを得るためには、更にそれ以上の教養が必要である。——普通にこのような問いに當って大切なことは、言葉ではなくて、いろいろの形の表現によって問題の核心を理解することにあるとせられるが、それは正しい。けれども、例えば上述の問いに用いられている「達する」(herausgehen)とかといったような感性的な觀念〔表象〕を意味する表現からは、その觀念が日常の觀念の地盤から來たもので、從ってその回答としても日常使われている觀念や感覺的な寓話の形態が期待されるのではないかという懸念が起される。

無限者の代りに有一般をとってみると、有の限定《ベスティムメン》、即ち有の否定、または有の有限性ということはずっと理解されやすいように思われる。勿論、有そのものは無規定的なものであるが、しかし有が規定されたものの反對のものだということは、有の中には直接に表現されてはいない。これに反して無限者は、このことを明瞭に表現している。即ち無限者は非有限者（das Nicht-Endliche）である。從ってそこでは有限者と無限者との統一ということこそ、まず排除されているように見える。そのために未熟な反省は、この統一を頭として斥けることになるのである。

しかしすでに明らかにしたことだし、また有限者と無限者との規定に深く立ち入らなくとも早速わかることは、無限者をそういう反省がとるような意味――即ち有限者に對立するものだという意味――から見るとき、無限者が有限者に對立するものだというその點で、無限者はその中にその他者を持つものであり、從ってすでに限定されたものであり、それ自身有限的であって、惡無限だということである。それ故に、如何にして無限者は有限になるかという問いに對する回答は次のようなものでなければならない。即ちまず最初に無限的であって、後になってはじめて有限的になり、有限性にならなければならないような無限者というものは存在せず、むしろ無限者はそれ自身としてすでに無限であるとともに、有限であるということである。元來、以上の問いは、無限者が一方に自立的にあり、これに對して無限者から出て分離の形態をとった――或いは何處から出て來たのでもよい――有限者が無限者と分離して、眞に實在的にあるということを假定するものであるから、われわれとしてはむしろこの分離こそ不可解だと云うべきであろう。だが、このような「分離した」有限者も、またこのような「分離した」無限者も共に眞理をもたない。そして眞理でないものこそ不可解である。しかしまた、われわれは兩者が理解し得るものだということも云わなければなるまい。感覚的観念［表象］に現われる場合の兩者を見てさえも、有限者と無限者との一方の中にそれぞれ他方の規定が含まれていることがわかり、即ち兩者がこういう兩者の不可分性に對する簡單な洞見を含むものであることがわかるが、そのことは即ち兩者を理解《ベグライフェン》することだからである。即ちこの不可分性こそ兩者の概念《ベグリッフ》なのである。――これに反して上の問いは、有限者と無限者との自立性をとる點で、眞理でない內容を立てるものであり、それ自身の中にすでにその內容の眞でない關係を含んでいる。それ故に、その問いに答えるよりも、むしろその問いが含む誤った前提、即ち問いそのものが否定されねばならない。即ちそういう有限者と無限者との眞理を問うことによって立場は變更されることになり、この變更は最初の問いが引き起さざるを得なかった混亂をその問いに返却することになる。このわれわれの問いは最初の問いを生んだところの反省にとっては異樣に感ぜられるであろう。というのは、そのような反省は思辨的關心をもたないものだからである。即ち思辨的關心はそれ自身、またそれが二つの規定の關係を見るに先立って、この兩規定が果して前提されたままで眞なるものであるかどうかを認識しようとするものであるが、あの反省はこのような思辨的關心をもたないものだからである。けれども、いまやあの抽象的無限者と、また他方のあくまでも自分の立場に踏みとどまろうとする有限者との非眞理性が認められた以上、有限者の無限者からの出現に關しては次のように云わなければならない。即ち無限者は抽象的統一と採られる場合には、その中に何らの眞理ももたず、またそれ自身として存在し得ないものであるから、自分を脱出して有限者に到るのだということである。また逆に有限者も、それが空しいものだという同じ理由から無限者の中に這入って行くのである。或いはむしろ、無限者は永遠に有限性に向って脱出して行くものであり、無限者は純粹有と同様に、それ自身の中に（an ihm selbst）その他者を持つことなしに存在することはないものだと云った方がよい。

この如何にして無限者が有限者に達するかという問いは、なおもう一つ進んだ前提、即ち無限者が即自的に有限者を含むものであり、從って即自的に自分自身と自分の他者との統一であるという前提を含んでいる。それ故にこの問いの困難は本當は、兩者の前提された統一に對立するところのその分離〔が如何にして生ずるかということ〕に關係するものである。この前提においては、そこに立てられる對立もちがった形態をもつことになる。即ち統一と區別とが互に分離され、別のものとせられるのである。しかし、もしもこの統一が抽象的な無規定的統一としてではなくて、この前提においてすでにそうであるように、無限者と有限者との規定的統一としてとられるとすれば、その統一の中にはすでに兩者の區別も現われているのである。――即ちこの區別は兩者の別々の獨立性を認めるといった區別ではなくて、却って兩者を觀念的のものとして統一の中に取り入れているような區別である。要するに、この無限者と有限者との統一と兩者の區別とは單なる有限性と無限性との場合と同様に不可分のものなのである。

註釋2〔觀　念　論〕

〔**1、ideell ということの意味と觀念論の意味**〕　有限者が觀念的（ideell）であるという命題は觀念論（Idealismus）を意味する。哲學上の觀念論とは、有限者を眞なる存在と認めないところに成り立つものにほかならない。如何なる哲學といえども本質的には觀念論であり、或いは少くとも觀念論をその原理としている。ただ問題は、どれだけこの原理が自覺され、實現されているかにある。この點では哲學は宗教と同じである。というのは、宗教もまた有限性を眞の存在、究極のもの、絶對的のものとは認めず、或いは措定されないもの、創造されないもの、永遠なものとは認めないからである。だから、觀念的な哲學と實在的な哲學とを對立させることは意味がない。有限的な存在そのものに

眞の、究極の、絶對的な存在を認めようとするような哲學は哲學の名に値しない。古代や近世の哲學の諸原理、例えば水だの、物質だの、原子だのといったものも實は思想であり、普遍的なもの、觀念的なものであって、直接に存在するような物ではなく、即ち感覺的個別性をもった物ではない。あのタレスの水でさえも直接的な物ではない。というのは、それがたとえ經驗的な水であるにしても、それは同時にもう一つの面としてあらゆる他の物の即自性または本質だという意味をもつものだからである。これに對して他の物は自立的な、自分自身の中に根據をもつものではなく、むしろ他の物、即ち水によって措定されたものであり、即ち觀念的なもの〔契機となったもの〕である。先に原理、普遍的なものは觀念的なものと呼ばれ、まして概念、理念、精神は觀念的なものと呼ばるべきだと云い、從って個々の感性的な物も原理、概念の中では、況んや精神の中では觀念的なものとして止揚されたものであると云ったが、その場合にも無限者の場合に見たのと同じ二重の面を前以って注意する必要がある。即ち第一の面は觀念的なものこそ具體的なもの、眞の存在であるということであり、第二の面はこの具體的なものの契機が觀念的なものであり、契機は具體的なものの中で止揚されたもの〔として觀念的なもの〕であるということである。しかし實際は、そこには唯一の具體的全體があるだけであって、各契機はこの全體と不可分のものである。

〔2、表象としての觀念〕 觀念的なものと云うと、すぐに表象の形式が考えられる。それで一體に自分の表象の中に、概念の中に、理念《イデー》の中に、想像などの中にあるものが觀念的と呼ばれる。從って觀念的なものとは一般に想像と見られ、——即ち實在的なものと異なるのみでなく、本質上實在的であるべきでないところの表象という意味にとられる。實際は精神こそ一般に云って本來の觀念論者である。精神が感覺し、表象するときすでに、まして精神が思惟し、概念するかぎり、精神の中では内容はいわゆる實在的定有としてではない。このような外的な有は自我の單純性の中に全

く止揚されており、それは私にとって（für mich）あるものであり、私の中に觀念的にあることになる。このような主觀的觀念論は、それが意識一般の無意識的な觀念論としてあるにせよ、或いは意識的にそれが原理として主張され、打ち立てられているにせよ、とにかくただ表象の形式に關係するものであって、その點で内容は私の内容である。體系的な主觀性の觀念論〔カントやフィヒテのそれ〕においては、この形式が唯一の眞なる形式と見られ、客觀性または實在性の形式、即ち内容の外的定有の形式を排斥するものとせられる。しかし、このような觀念論は表象または思惟の内容を無視する點で形式的であって、從ってそこでは内容は表象または思惟の中にあるものとして有限性の形態を脱し得ない。それで、このような觀念論によっては何一つとして失われてはいない。というのは、一面ではそういうような有限的な内容の實在性、有限性に充ちた定有がそのまま保存されているからであるが、また他面から云えば、その有限的な内容が捨象される場合にも、〔その内容は契機とはなり得ず、〕このような内容には元來何の意義や價値も認められないことになるからである。つまり、この觀念論によっては全く何一つ失なわれてもいない代りに、何一つ獲得されてもいない。というのは、自我、表象、※精神は相變らず有限性の内容を以って充たされているからである。主觀性と客觀性との形式の對立は云うまでもなく有限性の一つである。しかし、内容が感覺とか、直觀の中に取り入れられるとき、或いは表象とか思惟とかといった抽象的要素の中に取り入れられるときにも、内容は有限性を一杯に含み、この有限性の面はあの有限性の一つの在り方である主觀と客觀との形式を取り除くことによってはまだ決して取り去ることのできないものであり、まして自ら滅し去るようなものではないのである。

※　ここは「表象」の次にコンマを入れているラッソン版の讀み方をとっておく。

第三章　向自有（八五）

質的な有は向自有（Fürsichsein）の中で完成する。向自有は無限的な有（das unendliche Sein）である。始元の有〔純粋有〕は沒規定的であった。これに對して定有は止揚された有であったが、しかしただ直接的に止揚されたにすぎない有であった。その意味で、定有はまずただ最初の、それ自身直接的な否定を含むにとどまる。有の面もまたたしかに含まれており、否定と有とは定有の中では單純な統一をなしてはいるが、しかしまさにこの單純性のために兩者はそれ自身〔即自的には〕まだ互に不等で、兩者の統一はまだ措定されてはいない。その點で定有は差別、即ち二元性の領域であり、有限性の分野である。その規定性は規定性そのものであり、相對的な規定有〔規定されたもの〕（Bestimmtsein）であって、絕對的な規定有ではない。これに反して向自有においては、この有と規定性または否定との區別が措定されるとともに、また調停されている。質、他在、限界、實在性、即自有、當爲、等々のものは否定の有の中への介入の不完全な形にほかならず、これらの介入の根底には依然として兩者の差別が存している。しかし、有限性の中で否定は無限性に、即ち措定された否定の否定に推移したのであったから、この否定はいまや〔否定の否定が即ち肯定として〕單純な自己關係となり、それ故にその否定自身の中で有との和解《アウスグライフンク》〔調停〕となる。——即ちそれは絕對的な規定有（absolutes Bestimmtsein）となる。

〔1〕 向自有はまず第一に直接的な向自存在（Fürsichseiendes）、即ち一者〔一なるもの〕（Eins）である。

〔2〕 第二に一者は一者の多（Vielheit der Eins）、即ち反撥（Repulsion）に推移する。ところで、この反撥を

表わす一者の他在は一者の観念性、即ち牽引（Attraktion）の中で止揚される。

〔3〕第三に反撥と牽引との交互規定が起り、兩者はこの交互規定の中で平衡《グライヒゲヴィヒト》の中へ崩解して行き、また質はこの向自有の中でその頂點にまで昇りつめて、量（Quantität）に推移する。

A 向自有そのもの

こうしてここに、まず向自有の一般概念が出て來る。ただこの場合に、われわれがもっている「向自有」という言葉をこの向自有の一般概念として使ってよいためには、われわれがこの向自有という言葉に結びつけている觀念がその一般概念に一致するものだということを證明する必要があろう。ところで、それはまた實際一致するように思われる。「もの」がその他在、即ちそれの他者との關係や共同性を止揚し、これを斥け、これを捨象する場合、われわれはその「もの」が向自的に〔自立的に、單獨に〕（für sich）あると云う。この場合には他者は、この「もの」の中でただ止揚されたものとして、その「もの」の契機としてあるにすぎない。向自有はこのように制限を超越し、その他在を超越したところに、それがこのような否定として自分への無限の復歸であるところに成り立つものである。——意識はそれ自身すでに即自的に向自有の規定をもつ。というのは、意識はそれが感覺したり、直觀したりする對象を〔意識の中で〕表象するものだからである。云いかえると、意識はその對象の内容を自分の中にもつのであって、從ってこの内容は觀念的なものとして〔意識の中に〕存在するからである。意識はその直觀作用そのものの中にあって、一般に意識の否定者、即ち他者との葛藤の中にあって、自分自身の許に（bei sich）とどまっている。向自有はこれを限定する他者に對する鬪爭的《ポレーミッシュ》、否定的な態度であり、またこういう他者の否定によって得られた自己内反省有（Insich-reflektirtsein）である。とは云え、その場合にはこういう意識の自己復歸や對象の觀念性と並んで、そのほかにまた對象の實在性も依然としてある。というのは、對象はそこに同時に外的定有として意識されるものだからである。この意味で意識は現象的なもの（erscheinend）である。云いかえると意識は、一面では自分と異なる外的對象を認識するとともに、他面では向自的にあり、對象を自分の中に觀念的にもつという二元論であり、即ちこのような他者の許にあるのみでなく、また他者の中にありながら自分自身の許にあるという二元論である。これに反して自意識は完成され、措定されたものとしての向自有である。ここではそういう他の物、外的對象に對する關係の面は捨てられている。この意味で自意識は無限性の――勿論、極めて抽象的な無限性の――現前《プレゼンツ》の一番手近で、一番最初の例證である。無限性そのものは向自有一般とは全くちがった一層具體的な規定をもつものであって、これに比べると向自有の無限性はまだ全く質的な規定性をもつにすぎない。

(a)　定有と向自有

すでに述べたように、向自有は單純な有に癒着した無限性である。ところが、否定の否定である無限性の否定的な性質がこのいまや措定された有の直接性の形式の中に單に否定一般として、即ち單純な質的規定性としてあるかぎり、この向自有は定有である。有が規定性をもつとき有は定有となるが、しかしこのような規定性をもつ有はまたやはり向自有そのものとは區別される。向自有はその規定性があの無限な規定性である場合にはじめて向自有であり得る。とは云え、定有はまた向自有そのものの契機である。というのは、向自有もまた云うまでもなく否定を伴う有の面をも含むものだからである。この意味で、定有そのものの中で他の物と向他有という形で出ていた規定性は、向自有の無限な統一の中に取り入れられているのであって、定有のこの契機は向自有の中では向一有（Sein-für-Eines）[六六]という形で出て來る。

(b) 向一有

この契機は無限者との統一の中にある有限者、或いは觀念的なものとしてある有限者を表わす。だが、向自有は否定を規定性または限界として自分の中に持たず、從ってまたそれを自分と異なる他の定有に對する關係として持たない。それで、いまこの契機は向一有〔一者に—對する—有〕と呼ばれてはいるが、しかしこの契機が對し向う（für）ところの何ものもまだ存在せず、——これをその契機とするような一者というものは存在しない。實際、こういうようなものは、まだ向自有の中には確立していないのである。或る物が（——ここにはもう或る物というものは存在しないのだが——）對し向うようなもの、即ち一般にその他面となるべきものもやはり契機であり、それ自身單に向一有であって、まだ一者ではない。——それ故に、向一有ということから當然に暗示される二面の存在は、まだその二面の無區別という形をとっている。そこにはただ一個の向他有があるのみであって、それが一個の向他有にすぎないというその點で、この向他有はまた向一有にすぎない。この向一有は、一つの規定性を自分に對して、または自分の中で契機としてもつものと、そのものの中で〔自分が〕それの契機であるはずのものとの兩者に共通な一個の觀念性にすぎない。その意味で向一有と向自有とは眞に對立する規定性をなすものではない。けれども、この區別をいま一時採用して、ここに向自的に存在するものについて述べるとすれば、向自的に存在するものは他在の止揚されたものとしての向自的存在そのものであり、それは止揚された他者としての自分に關係する。それ故にそれは向一的〔一者として〕に

(für-Eines) ある。即ちそれは、その他者の中でただ自分自身にのみ關係する。觀念的なものは必然的に向一的であるが、しかしそれは他の物に對し向って (für ein Anderes) あるものではない。それが對し向うその一者は自分自身にほかならない。——それ故に自我、精神一般、または神は無限であるが故に觀念的なものである。しかし、それらは向自的に存在するものではあっても、觀念的には向一的にあるものと別のものではない。というのは、もしも向一的であるという契機をそれらがもたないものとすれば、それらに對し向うところのものはそれら自身ではなくて、他の物となるであろうから、それらは單に直接的な存在にすぎないことになろうし、或いはむしろ定有または更に向他有にすぎないものとなるだろうからである。だから、神自身が神に對し向うその相手のものであるかぎりにおいて、神は向自的なのである。

それ故に向自有と向一有とは觀念性の異なる二つの意味ではなくて、むしろ觀念性の本質的な、不可分の契機である。

註　釋〔Was für eines? という表現〕

〔**1、ドイツ語の意味**〕「もの」の質を問う場合に使う "**Was für ein Ding etwas sei?**"〔その「もの」が一つの物に對して——比べて——何であるか、即ちそれは如何なる種類、性質のものであるか〕というドイツ語は一寸きくと變にひびくが、それはいま見た契機をその自己反省の形で、はっきり表わしている。この表現は元來が觀念論的なものである。というのは、この表現は、「このAという物が他のBという物に對し比べて見て如何なるものであるか」とか、「この人間はこれを他の人間に對し比べて見て如何なるものであるか」という風に問わないで、——むしろ「これは一つの

物に対し比べて見て如何なるものであるか」、「この人は一人の人間に対し比べて如何なるものであるか」と問うものだからである。従ってこの向一有は同時に、この物、この人間それ自身の中に連れ戻されている。即ち存在するものと、そのものが対し向っているものとは同一のものなのである。――つまり、これは同一性であって、この同一性はまた観念性とも見られねばならない。

〔2、**観念性の意味**〕観念性（Idealität）とは、まず差し當って止揚された諸規定のもつ性質であって、諸規定がそのものの中ですっかり止揚されてしまうといったものでもなく、またそれかといって、實在的なものと見られ得るようなものでもない。しかし、その點で観念的なものはまた契機の一つとなり、實在的なものが他の契機となる。これを云いかえると観念性とは、二つの規定が同じようにただ一者として〔一者に對して〕（für Eines）あるという點、またただ一者と見られる（für Eines gelten）という點、従ってこの一個の観念性が區別されずに實在性であるということにほかならない。この意味において、自意識、精神、神は純粋に自分への無限の關係として観念的なものである。――自我は自我に對し向ってあり、二つの自我は同一のものである。自我は二度その名を呼ばれるが、しかし二つの自我の各〻は單に向一的であり、観念的である。精神はただ精神に對して、神はただ神に對してのみ存在するのであり、またこの統一だけが神であり、精神としての神である。――しかし、自意識も意識としては自分と他の物との區別をもつ。云いかえると、そこでは自意識の観念性（自意識はこの場合には表象的なものとなる）と、その實在性（ここでは自意識の表象は規定的な内容をもつが、しかもこの内容は依然として止揚されていない否定的存在として、即ち定有として認識されるものだという面をもっているから）との區別がある。だが、このように思想、精神、神だけを單に観念的なものと呼ぶことは、有限的定有が實在的のものと見られ、観念的なもの、または向一有に單に

一面的な意義しか認めないような立場を前提するものにほかならない。

〔3、スピノザの實體論とマルブランシュの觀念論〕前の註釋の中で觀念論の原理について述べるとともに、哲學において更に大切なことはこの原理がどれだけ實現されているかにあるということを云った。そこで、いまわれわれが問題にしているカテゴリーの關係から、この實現の仕方に關してもう少し論じておくことにする。この原理の實現の問題については、まず第一に、向自有と並んで有限的定有がまだ自立的にありはしないかという點を見ることが必要であるが、またむしろ無限者そのものの中にすでに向一の契機、云いかえると觀念的なものとしての自分に對する觀念的なものの關係が措定されているかどうかという點が大切である。その點から見ると、エレア學派の有とか、スピノザの實體は單にあらゆる規定性の抽象的否定にすぎず、その否定そのものの中には如何なる觀念性も措定されていないと云ってよい。――後に述べるように、スピノザにおいては無限性とは一つの物の絶對的肯定にほかならず、従って不動の統一にすぎない。だから實體は決して向自有の規定には達せず、まして主觀や精神の規定をもつことにはならない。高尚な人物、マルブランシュ（Malebranche）の觀念論では、この點がはっきり現われている。その觀念論は次のような根本思想をもつ。神はその中に一切の永遠の眞理、萬有の觀念と完全性とを含むものであり、従って萬有はただ神のものであるから、われわれは萬有をただ神の中にのみ見る。〔Vision en Dieu――萬有在神論〕神は感性的要素をもたない働きによって、われわれの中に對象に關するわれわれの感覺を呼び起すのであるが、その場合にわれわれは、對象に關して對象の本質を表わすところの對象の觀念のみならず　また對象の定有の感覺をも自力で獲得するものと自惚れている。（「眞理探究論」、「觀念の本性に關する『釋明』」De la recherche de la Vérité, Eclairc. Sur la nature des idées etc.）それ故に、物の永遠の眞理と觀念（本質性）とは勿論のこと、物の定有も神の中に觀念的にあるのであ

って、現實的な定有ではない。それらはわれわれの對象としてあるのではあっても、單に向一的に（für Eines）〔神という一者に對して〕あるにすぎない。ここでは絶對的觀念性が知識と規定されるのであるから、スピノザの哲學に缺けていたところのもの、即ち顯在的になった（explizierter）、具體的な觀念論の契機がはっきりと出ている。この觀念論は極めて純粋で、また深いものではあるが、しかし一方から云えば、それらの關係は思想にとってまだ多くの不明瞭な點を含み、また他方から云えば、その內容は一足飛びに具體的なものに走っている。（罪と救済などの問題がそれらの認識の關係の中に一度に持ち込まれている。）しかも、この觀念論の根據となるべき無限性の論理的規定は一向に明確に論證されず、そのためにこの崇高にして充實した觀念論はたしかに純粋な思辨的精神の所產ではあるにしても、それはまだ純粋思辨的な、まさにそれ故に眞に基礎づけを行うものであるような思惟の所產ではない。

〔4、ライプニッツの觀念論〕 これに對してライプニッツの觀念論は、むしろ抽象的概念の限界內にある。——ライプニッツの表象する存在《ヴェーゼン》、即ち單子は本質的に觀念的なものである。表象は一個の向自有であって、その中ではそれぞれの規定性は限界ではなく、從って定有ではなくて、契機にすぎない。表象というのはたしかにずっと具體的な規定ではあるが、しかしここではそれは觀念性というだけの意味しかもたない。というのは、ライプニッツにあっては無意識的なものもまた一般に表象するもの、知覺するものだからである。それ故に、この體系の中では他在は止揚されている。精神と物體、或いは一般にそれぞれの單子は互に他者という關係をもたない。互に限界しあうこともなく、互に他に影響を與えるということもない。一體に定有が基になるような關係というものは一切ないことになっている。多様性も單に觀念的で、內面的なそれにすぎず、それぞれの單子はそこでは、ただあくまでも自分自身にのみ關係する。變化も單子の內部で展開されるにすぎず、單子の他の單子に對する關係ではない。實在的規定から云って單

子相互の定有的な關係と見られるものも、實は個々の單子の向自有の中に閉じ込められているところの獨立な、單に同時的《シムルターネス》な生成である。――多くの單子が存在するということ、從ってそれらがまた互に他者として規定されるということは、それらの單子自身の何ら關知しないことである。それは單子の外部にある第三者の反省にすぎない。各單子はそれ自身としては互に他者という關係をもたない。その向自有は定有の並存なしに純粋に立てられている。――けれども、ここに同時にこの體系の不完全な點がある。卽ち單子はただ卽自的にのみ、或いは單子の單子たる神の中でのみ、或いはまた體系の中でのみ、このような表象するものであり得る。だが、他在もまた〔實際は〕存在するのである。その他在が何處にあるとせられようが、例えば表象自身の中にあるとせられようと、或いはどんな第三者が立てられて、その第三者が各單子を他者と、卽ち多くのものと見るにせよ、ともかくも他者は存在するのである。單子の定有の多ということは單に排除されているというにすぎず、それも一時的《モメンターン》に排除されるにすぎないのであって、それぞれの單子は單に抽象によって他者でないものとして措定されているにすぎない。だから、もしも單子の他在を措定するものが第三者であるとすれば、その他在を止揚するものもまた第三者である。しかし、單子を觀念的なものとするところのこの全運動は單子の外部にある。のみならず、假りに一歩をゆずって、この思想の運動そのものは表象する單子の中にあると云われるとしても、このような思惟の內容はそれ自身單子に外的なものだと見なければなるまい。そこで〔ライプニッツにおいては〕絕對的觀念性の統一（單子の單子）から直接的に、不可解な仕方で（創造の觀念に基いて）定有の抽象的な（無關係な）多というカテゴリーに推移し、またこの多から再び同じ抽象的な仕方で統一に復歸するということになるのである。だから觀念性、表象一般は、また意識にまで高まった表象も、あくまでも形式的なものを出でない。前に擧げたライプニッツの磁針についての隨想、卽ちもしも磁針が意識をもつとすれば、それが北の方向を指しているということも自分の自由の規定と考えるだろうという見方において、その意識が單に磁針の規定と內容を無視する一面的な形式と見られるのと同樣に、單子の觀念性もまた單子の多に對して外面的な形式にすぎない。そこで、觀念性が單子に內在的なものとせられ、單子の本性が表象する働きにあるとせられることになる。しかしそのために、一方ではこの單子相互の關係は單子の定有に屬さないところの單子の調和ということになり、——だから調和は豫定されたものとせられることになる。また他方では、この單子の定有は向他有とは見られず、ましてまだ觀念性とは見られないで、單に抽象的な多とせられることになる。卽ち多の觀念性とその多が更に規定されて調和になるということは、この多そのものに內在するものではなく、それに屬するものとはせられない。(八七)

〔5、カントとフィヒテの觀念論〕他の觀念論、例えばカントやフィヒテの觀念論は當爲または無限累進を超越することなく、定有と向自有との二元論にとどまっている。これらの體系においては物自體または無限の衝撃《アンシュトッス》が直接的な形で自我の中に這入って來て、單に自我に對するもの〔自我の相關者〕(ein für dasselbe)にすぎないものとなる。しかし、この衝撃は否定的な卽自有として存在しつづけるものであるところの自由な他在から出て來るものである。だから、自我はなるほど觀念的なもの、向自有、無限の自己關係という規定はもつが、しかし向一有の面はまだ完成されず、あの彼岸にあるもの、彼岸の追求が消滅するというところにまでは到らない。

(c) 一　者(八八)

向自有は向自有自身と向自有の契機である向一有との單純な統一である。そこには止揚の自分自身への關係(Beziehung-auf-sich-selbst des Aufhebens)というただ一つの規定があるのみである。この向自有の二契機は共に無區別性の中に沈沒している。そこで、この無區別性は直接性または有であるが、しかしこの直接性はその〔もう一方の〕規定として措定されたところのその否定の地盤の上に立つ直接性である。この意味で向自有は向自的存在者（Fürsichseiendes）ではあるが、この直接性〔有〕の中ではその内的意味の面は消失し、自分自身の全く抽象的な限界〔多くの一者に對立するもの〕の面が正面に出るから、——それは卽ち一者である。

ここで、次に論ずるこの一者の展開の中に潛む難解の點と、この難解の根據とについて豫め述べておこう。そこでは向自有としての一者の概念を構成するところの契機が互に分離的なものとして現われる。卽ち(1)否定一般、(2)二つの否定、(3)從って同一のものであるところの二つのものの互の否定、(4)二つのものの絶對的對立、(5)自己關係、卽ち同一性そのもの、(6)否定的な關係、しかも自分自身に對する否定的關係。ここでは直接性、卽ち有の形式が向自的に存在するものとしての向自有の中に這入って來るために、これらの契機は互に分離するものとして現われる。卽ちこの直接性のために各契機はそれぞれ獨自の、存在的な規定として措定される。しかしそれにもかかわらず、それらはまた不可分のものである。從って各〻の規定についてはまた當然に、その反對が云われ得る。そしてこの矛盾こそ、契機の抽象的性狀と相まって、その難解を惹起する所以のものにほかならない。

B　一者と多者

一者は向自有の自分自身への單純な關係であるから、そこでは向自有の兩契機はそのものとしては〔契機としては〕崩解することになる。だから、向自有はその中では直接性の形式をもち、その各契機は定有するものとなる。

一者は否定的なものの自分への關係として規定することとそのこと（das Ein Bestimmen）であるが、——それも自分への關係として無限に自分を規定することそのこと（unendliches Selbstbestimmen）である。けれども、目下のところでは以上のような直接性であるために、この二つの區別はもはや單に唯一の自己規定の二契機としてあるのではなくて、同時に二つの存在者として措定されている。この意味で、全體としての向自有の觀念性はまず實在性に、それも一者という最も堅固な、最も抽象的な實在性に轉換する。向自有は一者という形においては、他者への關係と自分への關係との絕對的統一であり、有と定有との措定された統一である。しかし次にまた、この有の規定性は無限な否定の規定に對立し、即ち自己規定に對立するそれとなる。その結果、即自的に一者であるものがいまや一者がその中に持つ（an ihm）にすぎないものとなり、從って否定的なものが一者と區別された他の物となる。もっとも、この一者と區別されたものとして現われるものも、一者自身の自己規定の働きそのものである。だが、こうしてこの自己規定の自己統一は自分と區別されることになるから、それは關係に引き下げられる。即ちそれは否定的統一として、他の物としての自分自身の否定であり、他の物としての一者を一者としての自分から排斥することとなるのである。

(a) それ自身における一者（八九）

一者は一般にそれ自身において（an ihm selbst）存在する。この一者の有は定有でもなければ、他者への關係としての規定性でもなく、また性狀でもない。それはむしろ、こういうようなカテゴリー群を否定したものにほかならない。從って一者は他者に成ることができない。一者は不變なものである。

一者は無規定的であるが、そうかといってもはや有のようなものではない。一者の無規定性とは自分自身への關係という規定性であり、絶對的規定有であり、つまり措定された自己内有である。その概念上自己關係的な否定として、一者は自分の中に區別をもつ。——卽ち自分から離れて他者に向う方向をもっている。けれども、こういう自己規定という契機から云って、そこにはこの方向が向う他者というものはないから、この方向はそのまま逆轉する。卽ちこの方向は自分自身に戻っているのである。

このような單純な直接性の中では定有と觀念性そのものとの媒介は消え失せており、從って一切の差別と多様性は消滅している。一者の中には何ものもない。しかしこの無、卽ち自分自身への關係という抽象が、ここでは自己内有そのものと區別されている。この自己内有はもはや或る物という單純なものではなくて、媒介として具體的なものであるという規定をもつから、この無も一個の措定されたものである。もっとも抽象的に見れば、この無は一者と同一のものではあるが、しかし一者の規定とは異なる。このように、この無が一者の中にあるものとして措定されると、それは空虛（Leeres）としての無である。——この意味で、空虛は直接性の形態にある一者の質（Qualität）である。

(b) 一者と空虛

一者は否定の自分自身への抽象的な關係としては空虛である。しかし、空虛が無であるという意味では、空虛は一者の肯定的な有としての單純な直接性とは全く異なる。しかも、一者の直接性と空虛との兩者は一者そのものという一個の關係の中にあるから、兩者の差異性が措定されている。しかし、空虛としての無は存在するものとは別のものとして、有的な一者の外にある。

向自有は、こういうようにして自分を一者および空虛と規定することによって、再び定有を獲得する。——一者と空虚とは否定的な自己關係をその共通な、單純な地盤としてもつ。けれども、向自有の二契機はこの統一から出て、互に外面的のものとして對立することになる。というのは、兩契機の單純な統一によって有の規定が出て來るから、この統一は自分自身を一方の側面〔有の面〕に、從って定有に引き下げ、またその點で自分の他の規定、即ち否定一般をも同様に無という定有として、即ち空虚として自分に對立させることになるからである。

註釋〔原子論〕

このような定有の形態の中にある一者こそ、原子論的原理として古代哲學に現われた、あのカテゴリーの段階をなすものである。この原理によれば、物の本質は原子と空虚（*to atmon* または *ta atoma kai to kenon*）である。抽象はこのような形態にまで發達して、パルメニデスの有やヘラクレイトスの生成よりも更に大きな規定性を獲得した。この抽象は大變な自負をもって、一者と空虚という單純な規定性をあらゆる物の原理とし、世界の無限な多様性をこの簡單な對立に還元し、この對立から世界の無限な多様性を强引に認識しようとしたのであったが、表象的反省〔常識〕にとってもまた一方に原子を立て、それと並んで他方に空虚を考えるということは考え易いことである。だから、何時の時代にも原子論的原理が絶えず出て來ることは別に不思議ではない。なお、具體的なものと多様性という假象に達するためには、この原理に更に結合（Zusammensetzung）という下らない、外面的な關係が附け加わらねばならないが、これも原子そのものと空虚と同様に通俗的な概念である。一者と空虚は全く外面性にまで引き下げられた向自有であり、極度に質的な自己內有である。一者はすべての他在の否定であるが故に、一者の直接性または有はもはや規定し得ないもの、變化しないものとなったのである。それ故に、この一者の徹底的な冷淡《シュプレーデイッヒカイト》さに對しては、すべての規定も、多様性も、結合も、全く外面的な關係にすぎないことになっている。

とは云え、この原子論の原理もその最初の思想家達にあっては、これほどの外面性にまではなっていなかった。そこでは空虛が運動の源泉と見られた點で、その原理の抽象の外にまた思辨的規定も含まれていたのである。この點は原子と空虛の二規定相互の單なる併存または無關心性とは全く別種の關係である。空虛が運動の源泉であるということは、或る物が單に空虛の中へ向ってのみ運動し得るものであって、すでに充實されている空間の中には空いた場所がないから、そのような空間の中へ向っては運動することができないというような取るに足らない意味をもつものではなかった。このような考えにおいては、空虛は單に運動の前提または條件にすぎず、運動の根據とは見られないだろうし、また運動自身も存在するものとして前提されているのであって、本質的なもの、即ち運動の根據は忘れられている。これに反して空虛を運動の根據とする見解は、一般に否定的なものの中に生成の根據、絶えざる自己運動の根據があるという深い思想を含んでいる。即ちその意味においては、否定的なものが無限者の眞の否定性と見られねばならない。——つまり空虛は、一者のその否定者に對する、即ち一者に對する、云いかえると定有するものとして措定されているような自分自身に對する否定的關係という意味でのみ、運動の根據なのである。

しかしその他の點では、原子の形狀、位置、その運動の方向などに關する古代人の說は全くデタラメで、勝手極まるものである。また、そこには原子の根本規定と眞向から矛盾するものがある。こうしてこの極めて外面的なもの、從って極度に沒概念的なものである原子を原理とするところから生じた分子說や微粒子說から蒙る物理學の禍は小さくないが、その點はまた個人の個別的意志から出發する國家學說にしても同樣である。(20)

(c) 多くの一者—反撥

一者と空虚とは向自有がとる一番最初の定有の形態である。この二契機の各〻は否定をその規定としてもつが、また同時に定有として措定されている。前の規定から云えば、一者と空虚とは否定が否定に對する關係であり、即ち他の物のそれの他者に對する關係である。即ち一者は有の規定の中にある否定であり、空虚は非有の規定の中にある否定である。けれども、一者は本質的には關係づける否定としてただ自分への關係である。云いかえると、一者それ自身は空虚を自分の外に存在するものとなすものにほかならない。しかし兩者は、また肯定的定有としても措定されている。即ち一方は向自有そのものとして、他方は無規定的定有一般として措定されている。だから、兩者は相互に他の定有に關係するものとして存在する。だが、一者の向自有は本質上、定有と他者との觀念性である。それは他者に關係するものではなくて、ただ自分にのみ關係するものである。ところが、向自有は一者として、即ち向自的に「獨立的に」存在するものとして、直接的に現存するものとして固定されるから、向自有の否定的な自己關係は同時に存在するものに對する關係である。またこの關係は同様に否定的であるから、向自有が關係する相手のものもあくまで一個の定有、即ち他の物という規定をもつ。しかし、その關係は本質上自分自身への關係であるから、この他者は空虚という無規定的な否定ではなくて、同様にまた一者である。こうして一者は多くの一者への成である。

けれども、本當はこれは成とは云えない。なぜなら、成とは有から無への推移であるが、これに反して一者はただ一者に成るにすぎないからである。關係させられる方の一者は關係という否定的な要素を含んでおり、否定的な要素をそれ自身の中に（an ihm selbst）持っている。それ故に成の代りに、ここにはまず一者自身の內在的關係がある。

しかし第二に、この關係が否定的なものであって、しかも同時に一者が存在するものであるかぎり、一者は自分自身を自分から排撃《アプシュトッセン》する。即ちこの一者の否定的な自己關係は反撥（Repulsion）である。

この反撥はこのように多くの一者（viele Eins）の措定であるが、しかしそれは一者自身による多くの一者の措定であるから、この反撥は即ち一者自身の自己外脱出（das eigene Aussersichkommen des Eins）である。けれども、この一者の外にある多くの一者は、それ自身ただ一者なのである。以上の反撥は概念上の反撥、即ち即自的にある反撥である。ところが、第二の反撥はこれとは異なる。それは、まず外的反省の觀念〔表象〕に屬する反撥である。即ちそれは一者が産出するものではなくて、前提されて、豫め存在する多くの一者間の相互的な排斥にすぎない。そこで次に、如何にしてこの第一の即自的に存在する反撥が第二の外面的な反撥になるかを見る必要がある。

まず多くの一者がそのものとして如何なる規定をもつかということを、はっきりさせておかねばならない。ところで、多くのものへの生成、または多くのものが産出されるということは措定されることとして、それ〔生成、産出の過程〕はそのまま消失する。〔というのは〕産出されたそれぞれのものは一者であるが、それらは他者に對するものではなくて、無限に自分自身に關係するもの〔だから〕である。一者はただ自分を自分自身から排撃するにすぎず、それ故に一者は生ずるのではなくて、すでに存在するのである。反撥されるものと考えられるものも同じく一つの一者であり、一つの存在者である。それで反撥することと反撥されることとは等しく兩者のもつところであって、そこに何らの區別もない。

このように多くの一者は互に對立的なものとして前提されたもの（vorausgesetzte）である。――だが、それらは一者の自己自身の反撥によって措定されたもの（gesetzte）である。つまり、措定されないものとして前以って措定されている（voraus, gesetzt als nicht gesetzt）のである。即ちそれらの被措定有の面は止揚されているのであり、それらはただ自分に關係するものとして互に對立する存在者なのである。

從って多數（Vielheit）は他在〔一者自身の他の形態〕としてあるのではなくて、一者に完全に外的な規定であるように見えることになる。一者は自分自身を反撥するものでありながら、あくまでも自分への關係であるが、このことはまず最初に反撥されるものとせられたものについても云えるのである。それ故に、多くの一者が互に他者として對立しており、この多くの一者が多數という規定性に總括されるということは、一者そのものの何ら關知しないことである。もしも多數ということが一者そのものの相互の關係であるとすれば、これらの一者は互に限定しあうものであって、自分の中に向他有を肯定的に持つことになるであろう。だが、それらの關係は――また事實それらはこの關係をそれらの卽自的に存在する統一という點でもってはいる――ここに措定された〔明らかにされた〕ように、何らの關係でないものとして規定されている。卽ちそれらの關係は再び前に擧げておいたあの空虛なのである。しかし、この空虛は多くの一者にとって外面的なその限界であって、それらはこの限界の中では相互に關係をもち得ない。一體に、限界の中では限定された各存在が存在するとともに、また存在しないのであって、そういうものこそ限界なのである。ところが、空虛は純粹な非有という規定をもつものであるから、ここではただこの非有が多くの一者の限界を構成するにすぎない。

そこで、一者の自分自身の反撥は一者の卽自的な本性の解明《エクスプリカチオーン》〔表出〕にほかならない。しかし、ここでこのように無限性〔卽ち一者の卽自的本性〕が分解〔解明〕されることになると、それは自分の外に脫け出した無限性である。卽ちこの反撥〔解明〕は一者という無限者がその直接性〔定有〕に基いて自分の外に脫け出したことである。それで反撥は一者の一者に對する單純な關係であるとともに、またむしろ一者の絕對的な沒關係性でもある。前者は一者の自分への單純な肯定的關係の面であり、後者はその否定的な關係としての關係の面である。云いかえると、一者の多數性は一者自身の措定である。しかしまた、一者は一者の否定的な自己關係にほかならず、從ってこの關係、卽ち一者そのものが多くの一者なのである。多數性は一者に全然外面的なものでもある。というのは、一者とはまさに他在の止揚であり、反撥は一者の自己關係であり、自分自身との單純な同等性だからである。この意味で、一者の多數性は、何ものにも囚われずに、自由に自分を產出して行く矛盾として、無限性なのである。

註釋〔ライプニッツの單子〕

前にライプニッツの觀念論について述べたが、ここに次のことを附言しておく。卽ちその觀念論は向自的に存在するものであるところの表象する單子から出發して、丁度いま述べた反撥にまで進んで行くものにすぎず、それも一者が各〻全く向自的にあり、他の定有と向自有に對して無關心にあり、或いは一般にそれぞれの他者が一者に對するものという關係を少しももたないような多數性にまで進展するにとどまるものだということである。單子はそれ自身全く閉鎖した世界で、他の單子を必要としない。しかも、單子がその表象の中にもつ內的多樣性ということも單子の向自的に存在するという規定を少しも變化させるものではない。ライプニッツの觀念論は多數性を直接に所與のものとして取り上げて、これを單子の反撥とは見ないのである。だから、その觀念論では多數性は單子の抽象的外面性の面でのみ出て來る。原子論はもとより觀念性の概念をもたない。原子論は一者をそれ自身の中に向自有と向一有（Für-eines-sein）との二契機を持つものとは見ず、卽ち一者を觀念的なものとは見ずに、單に單純な、無味乾燥な向自的存在物〔獨立の存在〕と解する。けれども、原子論は單に無關心な多數性を超え出る。原子は元々不徹底なやり方においてではあるが、一歩進んだ相互規定の中に踏み込んでいる。これに反して、單子のあの無關心な獨立性の中では多數ということはあくまでも動かすことのできない根本規定であるから、多くの單子間の關係はただ單子の單子〔神〕に、或いは考察している哲學者に屬するにすぎないことになる。

C　反撥と牽引

(a)　一者の排斥

〔1、一者の自立性―他の一者の排斥、相互の無關係の面〕　多くの一者は存在者である。それらの定有または相互關係は關係のないこと（Nicht-Beziehung）であり、關係は多くの一者にとって外面的である。――即ちそれは抽象的な空虛である。ところが、多くの一者そのものは存在する他者としての自分に對するこういう否定的關係である。――即ちそれは明らかな矛盾であり、有の直接性の中に措定された無限性である。こうしていまや反撥はその反撥の相手を直接的に〔現實的に〕見出すことになる。この點から見ると、反撥は即ち排斥である。即ち一者はただ自分が作り出したものでなく、措定したものでないところの多くの一者を自分から反撥する。つまりこの反撥は、――相互的であれ、全面的であれ、ともかく相對的であって、――多くの一者の有によって制限されている。

多數性は差し當っては措定された他在ではない。限界は單に空虛であって、その中に多くの一者などといったものの存在しないものにすぎない。しかし多くの一者はまた限界の中にある。即ち多くの一者は空虛の中にある。云いかえると、多くの一者の反撥はその共同の關係である。

〔**2、排斥が關係の面**〕　この相互の反撥は多くの一者の定有の措定である。この反撥は多くの一者がただ第三者の中で多なるものとして區別されるにすぎないような、多くの一者の向自有ではない。むしろ反撥は多くの一者自身の自己保存的な區別である。——多くの一者は互に否定しあい、互に全く向一的なものとして措定しあう。しかしまた多くの一者は、そのそれぞれが全く向一的であることを否定する。それらはその觀念性〔向一的であること〕を反撥するのであり、その點でそれらは〔自立的に〕存在するのである。——その意味で、觀念性の中で全く統一されていたところの契機が分離されることになる。一者は元來その向自有の中でまた向一的でもあるが、しかし一者が對し向うところのこの一者こそ一者自身である。卽ち一者の自分との區別は、そのまま止揚されるのである。ところが、多數性の中では區別された一者はそれぞれ有をもっている。だから、向一有が排斥するものという面から見られるとき、それは卽ち向他有である。この意味で、各〻の一者は他の物によって反撥され、止揚されるが、それによって向自的なものではなくて、むしろ向一的であるようなものに、というよりもむしろ他の一者であるものにせられる。

それで多くの一者はその反撥の中で相互に止揚しあい、他の一者を單なる向他有として措定するのであるが、この多くの一者の向自有は以上の意味で、この相互の反撥を媒介とするそれらの自己保存であることがわかる。しかしまた同時に、この自己保存はこのような觀念性を反撥し、一者を措定するものであって、向他有でないところにある。けれども、多くの一者相互の否定的關係によるこの一者の自己保存は、むしろ一者の解體である。

それで、多くの一者は單に存在するのみでなくて、その相互の排斥を通じて自分を保持する。そこでまず第一に、この多くの一者が自分の否定されることに對して他との差異をもつための確乎とした足場はその有にあり、しかもその他者への關係に對立するところのその卽自有にある。この卽自有はそれらが一者であるということにほかならない。しかも、それらすべてが一者である。だから、それらはこの卽自有の點では、相互のはっきりした差別點をもつどころか、むしろ同一のものである。第二に、多くの一者の定有とそれらの相互の關係、云いかえるとそれらの自分自身を一者と措定することは、むしろ相互の否定である。しかしまたこのことも、すべての一者の同じ一つの規定であって、それ故にそれらはこの規定の點で、むしろ同一のものとして措定されるのである。同様に、すべての一者が卽自的に同一であるということによって、他者を通じて措定されるはずの一者の觀念性が一者自身の觀念性となる。それ故に、それらはまたこの自身の觀念性を反撥することはない。——こうして多くの一者は、その有と措定との面では、ただ一個の肯定的統一である。

しかしこの一者の見方、卽ち一者がその二つの規定、卽ちそれらが存在するという點と、それらが相互關係にあるという點から見て單に同一のものであり、區別のないものだということは、ただわれわれのやる比較にすぎない。——しかし、われわれは更に進んで、このそれらの相互の關係の中で、それらに何が措定されているかという點を見る必要がある。——多くの一者が存在するということは、その相互關係の中に前提されていることである。——それも、多くの一者が存在するのは、ただそれらが相互に否定しあい、同時にこのそれらの觀念性を、卽ちその否定されたものだということを自分自身から斥けるかぎりにおいて、云いかえると、この相互の否定を否定するかぎりにおいてである。卽ちそれらが否定するものであるかぎりにおいてのみそれらは存在するのであるが、しかしそうすると、またこのそれらの否定することも否定されることになるから、それらの有も否定されることになる。なるほど、それらは存在するのであるから、それらはこの否定によって否定されないとも云える。この否定は、それらにとって單に外面的なものにすぎない。この他者の否定はそれらに當って彈ね返され、ただそれらの表面に觸れるだけである。けれども、それらはこの他者からの否定を通じてのみ自分自身に戻るのである。それらはただ、こういう媒介としてのみ存在するのであり、こういうそれらの復歸がそれらの自己保存であり、またそれらの向自有である。だから、存在者が存在者として、或いは否定するものとして與える抵抗のために、それらの否定が無效なものとなるような場合には、それらが自分に復歸するということも、自分を保存するということもなく、從ってそれらは存在しないことになる。

〔3、推移―反撥とその關係〕 われわれは上に多くの一者が同一で、その各々は他のものと等しく一者であることを見た。しかし、このことは單にわれわれが關係を付けるということ、即ち外面的な結合にとどまるものではない。却って反撥がそれ自身關係なのである。多くの一者を排斥するところの一者はそれ自身この多くの一者に、即ち自分自身に關係する。從って多くの一者間の否定的な關係は、その自分との一致（ein Mit-sich-zusammengehen）にほかならない。それで多くの一者の反撥が推移して行くものであるこの同一性は、それらの差別性と外面性との止揚である。それらは相互に排斥するものとしてあったかぎりでのみ、むしろこの差異性と外面性とを主張しなければならなかったのである。

こうして、この多くの一者が自分を一個の一者の中へ措定すること（dies sich in-Ein-Eins-setzen der vielen Eins）は牽引（Attraktion）である。

註釋〔一と多との統一の命題〕

〔1、獨存の抽象的自由〕 向自的に存在する一者の尖端にまで自立性が突き進められると、それは抽象的な、形式的

自立性であって、自分自身を破壊することになる。それは自分を最高の眞理と考えるところの最高の誤謬、最も頑迷な誤謬である。——それが一層具體的な形態をとると、純粋自我としての抽象的自由であり、また進んでは惡となる。その自由は、自分の本質がこのような抽象の中にあるものと勘ちがいし、このような自分の許にある《バイ・ジイッヒ・ザイン》ことが自分を純粋に獲得したことだと自惚れるものにほかならない。この自立性は、これを更に突っ込んで云えば、自分自身の本質であるものを否定的に見、これに對して否定的な態度をとるという誤謬である。その意味で、それは自分自身の存在〔有、即自有〕を獲得しようとして却ってこれを打ち壞してしまうような自分自身に對する否定的態度であって、この行爲こそその行爲の空しさを表明するものにほかならない。宥和はこの否定的態度が打ち壞そうとするその當のものがむしろ自分の本質であることを認めることであり、自分の向自有に固執する代りに、この自分の向自有の否定性を棄却するところにある。

〔2、一と多の統一の命題〕「一は多である」、或いはむしろ「多は一である」というのは昔からある命題である。ここに繰り返して、このことについて述べておこう。即ちそれは一と多の眞理を命題の形で云い表わすのは不適當だということであり、この眞理は反撥と牽引という一個の成として、過程としてのみ把握され、云い表わされるものであって、有として、即ち命題の形で靜的な統一として把握され、表現さるべきでないということである。われわれは上に多を一から、即ち「一はある」という命題から演繹するところの「パルメニデス篇」におけるプラトンの辯證法について考察しておいた。即ちこの概念の内的辯證法については、すでに述べておいた。ところで、「多は一である」という命題の辯證法は外的反省と見られ易い。また事實、その對象である多〔多くのもの〕がまた互に外的なものであるかぎり、その辯證法も外面的なものであると云ってよかろう。しかし、この多なるもの相互を比較してみると〔外的

辯證法」、一も他者〔多〕と同樣に全くただ自分だけのものとして規定されているものであることが直ちに明らかになる。卽ち各々が一であり、各々が多の中の一であって、各々が他のものを排斥するのである。從ってそれらは全然同一のものであって、そこには全くただ一個の規定が存在するのみである。そうしてこれは事實であって、從ってこの單純な事實を把握することこそ大切である。けれども、悟性にとっては、そこに區別もまたその念頭に浮び、しかもそれが正しいと考えられるために、悟性の頑迷はこの事實の把握を拒むことにならざるを得ない。しかし、この區別があるにかかわらずその事實が明らかに存在するのと同樣に、この區別もその事實のために必ずしもなくなることはないのである。だから、われわれは區別の事實を見なければならないというこの幼稚な主張に對しては、「區別もやっぱりなくはならないよ」と云って、この悟性をいわば慰めることができるであろう。

(b) 牽引としての一個の一者

「1、多くの一者から一個の一者への推移」 反撥はまず差し當って一者の多くのものへの自己分散であるが、多くのものは存在者として互に前提しあうものであるから、多くのものの否定的な關係は〔影の存在であり、〕力の弱いものである。それは※觀念性の當爲にすぎない。しかし、この觀念性は牽引において實現される。卽ち反撥は牽引に、多くの一者は一個の一者に推移する。反撥と牽引とは最初は區別されていて、前者は多くの一者の實在性であり、後者は多くの一者の措定された觀念性である。しかし、牽引は反撥を前提としてもつという意味において、反撥に關係するのである。反撥は牽引に材料を供給する。もしも如何なる一者も存在しないとすれば、そこには牽引すべき何ものもないであろう。不斷の牽引という觀念、卽ち多くの一者の消耗という觀念は、同樣に一者の不斷の生産を前提する。空間的牽引という感性的觀念〔表象〕は牽引される一者の流れを絶やさない。即ち牽引點において消失する原子に代って他の一群の原子が、それも云わば無限に、空虚の中から立ち現われて來るのである。もしも牽引が完了したと考えられるとすれば、云いかえると多くのものが一個の一者の點に牽き寄せられたと考えられるとすれば、そこには單に一個の活動のない一者があるにとどまり、もはや如何なる牽引作用も存在しないことになるであろう。牽引の中に定有している觀念性も、まだやはり自分自身の否定という規定をもっている。即ちそれが關係するものである多くの一者をその中に持っている。だから、牽引は反撥と不可分のものである。

※　原文は sie となっていて、Repulsion ととる外ないが、意味の上から Verhalten ととり、es と讀んでおく。

〔2、すべての一者の同格と牽引そのものの優位〕　牽引作用は最初は直接的に存在するものとしての多くの一者の各〻が同様にもっている。如何なる一者も他の一者に優るということはない。その意味でそこには牽引作用の平衡が、というよりもむしろ牽引と反撥との平衡が、或いはまた定有する觀念性という意味をもたない不活潑な靜止が存在すると云ってよい。けれども、ここでもこのような一者が他の一者に對して優位を占めると云うことはできない。――優位を云うことは兩者の間に一定の區別を前提することになるからである。――むしろ牽引は一者の間に現存する無區別性の措定にほかならない。いや、牽引それ自身がはじめて他の一者と區別される一個の一者の措定なのである。即ち多くの一者は單に反撥を通じて自分を維持するはずの直接的な一者にすぎない。しかし、この多くの一者の措定された否定を通して牽引としての一者（das Eine der Attraktion）が立ち現われて來るのであって、だからこの牽引としての一者は媒介されたもの、一者として措定された一者という規定をもつことになる。それで、直接的な一者としての最初の多くの一者は、もはやその觀念性の中で自分に復歸するのではなく、却ってそれぞれの他の一者の中で

この觀念性をもつことになる。

〔**3、唯一の一者**〕けれども、この唯一の一者は實現された觀念性であり、一者の中に措定された觀念性である。その一者は反撥という媒介を通して牽引するものである。だから、それはこの媒介を自分自身の中に自分の規定として含む。それ故に、この唯一の一者は牽引される多くの一者を自分という一點に吸收するのではない。即ちそれらを抽象的に止揚するのではない。むしろこの唯一の一者はその規定の中に反撥を含んでいるのであるから、この反撥がそれぞれの一者を多くのものという形で同時にその唯一の一者の中に保存することになるのである。つまり、この唯一の一者はその牽引の働きによって云わば一身代〔特別の一者という獨自の地位〕を作り上げるのであり、即ち聲望《ウムファンク》〔幅〕または地位《エルフュルルンク》〔内實〕を獲得するのである。この意味で、この唯一の一者の中には反撥と一般的な意味の牽引との統一がある。

(c) 反撥と牽引との關係

〔**I、反撥と牽引との關係**〕以上のように一者と多者〔多くのもの〕との區別が結局その相互の關係という區別であることが明らかになった。即ちそれは、この二つの關係、即ち反撥と牽引とに分れており、その各〻は一應は他方と關係なしに獨立にあるものであるが、でも本質的には兩者は連關をもっている。そこで、この兩者の統一の完成するまでの過程について、もう少し立ち入って見ておかねばならない。

〔**1、反撥と牽引との自立性と、兩者の關係**〕一者の根本規定として反撥がまずはじめに現われる。また、反撥によって産出されたものではあるが、しかしやはり直接的なものとして立てられている多くの一者と同樣に、反撥は直接

的なものとしてある。從って、このように前提されたものとしての反撥に外部から附加されるものである牽引に對して、反撥は無關係である。これに反して牽引は反撥によって前提されるものではない。從って牽引は反撥の措定と存在〔有〕に何ら關與しない。云いかえると、反撥はそれ自身がすでに自分自身の否定なのではなく、多くの一者もそれ自身がすでに否定されたものではない。このように、われわれは反撥を抽象的に向自的に〔それ自身として、獨立に〕もつとともに、また牽引も存在するものとしての一者に對するものとして直接的定有の面をもち、別のものとして外から一者に附け加わるものである。

それ故に單なる反撥をそれだけとして取ると、反撥は多くの一者の全くの無關係性への分散であって、反撥は反撥そのものの圏外にある。〔そこには反撥ということもない。〕というのは、この反撥は元々、多くのもの相互の關係を否定するものだからである。沒關係性ということこそ抽象的に見た場合の反撥の規定である。しかし反撥は單に空虚なのではない。沒關係的のものとしての一者は反撥的でさえもなく、反撥の元來の規定をなすものであるところの排斥的でさえもない。反撥は否定的なものではあっても、やはり本質的に關係である。相互の排斥や逃避はその排斥や逃避の相手から自由になり切れるものではない。排斥するものは、それが排斥する相手とやはり結び付いている。ところで、このような關係の契機が卽ち牽引であるから、牽引は反撥そのものの中に存在するのである。卽ち牽引はこれまでの多くの一者がただ自分にのみ關係する存在であって、互に排斥するものでさえもなかったような、抽象的反撥の否定である。

しかし、このように定有的な一者の反撥から出發し、從ってまた牽引も外面的にこれらの一者に附け加わるものとせられると、反撥と牽引との兩者の不可分性にもかかわらず、兩者はやはり異なる規定として互に別々にあることになる。だが、すでに明らかになったように、單に反撥が牽引によって前提されるのみでなく、また反撥の牽引に對する逆の關係も存在するのであり、反撥が牽引をその前提とするのでもある。

　この意味で、兩者は不可分のものであって、同時にその各々は他方に對してそれぞれ當爲と制限としての規定をもつ。兩者の當爲は即自的に存在するものとして兩者の抽象的な規定性である。けれども、この抽象的な規定性はまさにその點で全く自分を超越し、他方と關係するのであって、その意味で各々は他者としての他者を介してはじめて存在するものである。兩者の自立性は、まず兩者がこの媒介の中で互に異なる規定をなすものとして立てられるというところにある。——即ち反撥は多者の措定であり、牽引は一者の措定であって、從って後者は同時に多者の否定であり、前者は一者の中にある多者の觀念性の否定である。——のみならずまた、牽引はただ反撥を媒介としてのみ牽引であるとともに、反撥も牽引を媒介としてのみ反撥なのである。しかし、まさにその點で、自分と他者との媒介は實際はむしろ否定されるのであり、この二つの規定の各々がいずれもただ自分自身との媒介であることになる。このことは次の兩者のもう一歩立ち入った考察から明らかになるが、またこのことこそ兩者を兩者の概念の統一にまで展開させるものにほかならない。

〔2、**兩者の關係の展開**〕　まず、最初のまだ相對的な反撥と牽引の關係の中にも、兩者の各々が自分自身を前提するものであり、その前提の中でただ自分だけに關係するものだということがすでに存在している。

〔a、**反撥の面**〕　相對的反撥は直接的なものとして存在するとせられる所與の多くの一者の相互的な排斥である。しかし、また多くの一者があるということこそ、とりも直さず反撥そのものを意味する。それで、反撥がもつとせられる前提こそ實は反撥そのものの措定するものにほかならない。更にまた、多くの一者が措定されたものであるということは別として、多くの一者のもつはずの有の規定も、——即ちこの有の規定ということによって多くの一者が前提されることになるが、その有の規定も、——また反撥に屬する。即ち反撥することによってはじめて多くの一者が多くの一者であることが顯現されるとともに、また自分を保持するのであり、またそれによって多くの一者は多くの一者として存在するのである。多くの一者の有こそ反撥そのものである。この意味で、反撥は他の定有に對立する相對的な定有なのではなくて、全く自分自身にのみ關係するものである。

〔b、**牽引の面**〕牽引は一者そのものの措定であり、實在的な一者の措定である。この實在的な一者の措定に對しては、多者の定有は單に觀念的なもの〔契機〕にすぎず、消滅するものという規定をもつにすぎない。この意味で、あのこれまで自分だけで存在するものと見られ、他者に對しても、それ故にまた牽引するものといったものに對しても反撥するものと見られた他の多くの一者にしても、それが觀念的であるというその規定の中に、牽引をすでに前提としてもっているのである。多くの一者は牽引に關係することによってはじめて、この反撥の規定に對立するものとしての觀念性を獲得するのではない。むしろ牽引は前提されているのであり、多くの一者の卽自的に存在する觀念性なのである。というのは、多くの一者は一者として、——この中には牽引するものと考えられた一者も包括される——互に區別のないものであり、同一のものだからである。

〔c、**一個の一者**〕そこで次に、この二つの規定の各〻がいずれもそれぞれ自分自身を前提するものだということは、進んで各〻が他方を契機として自分の中に含むものだということになる。この自分を前提すること（das Sich-Voraussetzen）は一般に一者の中に自分を自分の否定者として措定することであり、——即ち反撥であるが、そのことの中に前提されるものは前提するものと同一のものであり、——卽ち牽引である。各〻が卽自的に〔それ自身〕契機にすぎないということは、各々が自分自身から出て他者に推移することであり、即ちそれ自身において自分を否定して、自分を自分自身の他者として措定することにほかならない。このように、一者そのものが自己脱出（das Ausser-sichkommen）であり、一者自身が自分を自分の他者として、即ち多者として措定することであり、従ってまた多者も同様にそれ自身において崩解するものにほかならず、自分を自分の他者、即ち一者として措定するものであって、まさにその點でただ自分にのみ關係するものであり、各々はその他者の中で自分を連續させるものにほかならないから、――この點からいって、ここにすでに自己脱出（反撥）と自分を一者として措定すること（牽引）とが即自的に不可分のものとして存在しているのである。ところが、直接的な、定有的な多くの一者を前提するところの相對的な反撥と牽引においては、その各々がそれ自身においてこの自分の否定であるとともに、また自分の他者へ自分を連續させることでもあるということが措定されている。それで、定有する多くの一者の反撥は他者の相互的な排斥による一者の自己保存にほかならない。それ故に、(1)他の多くの一者がこの一個の一者の中で否定されるのであって、このことこそ、この一個の一者の定有またはその向他有の面である。しかも、この面はまたその意味で多くの一者の觀念性としての牽引にほかならない。また(2)一者は他の一者への關係なしに即自的にある。もっとも一般に即自ということは、もうずっと以前に向自有の中へ推移してしまったが、また必ずしもそうではなくて、一者はその規定上、即自的に〔即自的であるとともに〕多者へのあの生成《ヴェルデン》〔推移〕なのである。――定有する多くの一者の牽引はそれらの一者の觀念性であり、従って一個の一者の措定である。しかし、この觀念性または一個の一者の措定の中では牽引は〔多くの一者を〕否定するものであり、従って〔これを裏から云えば〕一個の一者を産出するものとして自分自身を止揚するものであるが、一個の一者を措定するものだという意味では牽引はそれ自身において自分自身の否定者、即ち反撥なのである。

〔II、**向自有から量への推移**〕以上によって向自有の展開は完成して、その結果に到達した。一者は無限に、即ち措定された否定の否定として、自分自身に關係するものとして次のような媒介である。即ち一者は自分を自分の絶對的な（即ち抽象的な）他在（多）として自分から反撥するが、またこの自分の非有に對して否定的に關係し、この非有を止揚するという關係をとるものであるから、まさにその點で却ってただ全く自分自身にのみ關係するという媒介である。また一者は次のような成にほかならない。即ちこの成においては一者が始まりにおいてもつ規定、即ち一者が直接者として、存在者として措定されるという規定と、一者が結果として再び一者に、即ち直接的な、排他的な一者に自分を回復するというような規定とは消滅している。そこで過程が一者であるが、この過程は到る處で一者を止揚されたものとしてのみ措定するのであり、またそういうものとしてもっている。この止揚ははじめは單に相對的な止揚、即ち他の定有者に對する關係という規定をもつにすぎず、従ってこの關係はそれ自身別個の反撥と牽引とであることであるが、次にそれは直接的なもの、または定有的なものの間の外面的關係を否定することによって無限な媒介關係に推移し、その結果として自分がまさに前の成であることを明らかにする。しかし、この成の各契機は不安定なものであるから、成は崩解する。云いかえると、成はむしろ單純な直接性の中への自己集結〔崩解、癒着〕（das Mit-sich-Zusammengehen）である。そこで、この有は、いまや新しく獲得された規定をもつものとして、即ち量（Quantität）である。

〔III、**質から量への推移の概觀**〕この質から量への推移の諸契機を簡單に概觀しておこう。質的なものは有と直接性をその根本規定としてもつが、この直接性の中では限界と規定性とは或る物の有と全く同一であるから、或る物はその限界や規定性の變化とともに消滅する。このことがはっきり措定されるとき、或る物は有限者という規定をもつことになる。この統一の直接性の中では區別は消滅しているが、しかしそこでも有と無との統一という形で區別は卽自的には存在している。しかし、この有限者における統一の直接性のために、區別は他在一般として、この統一の外部にある。ところが、この他者への關係は直接性と矛盾する。というのは、この直接性の中では質的規定性は自分への關係だからである。そこで、この他在は向自有の無限性の中で自分を止揚する。卽ち向自有は、それが否定の否定という形で自分自身の手中に持ち、または自分自身の中にもつところの區別を一者と多者という形で、また兩者の關係という形で實現し、そうして質的なものを眞の統一にまで、卽ちもはや直接的な統一ではなくて、自分と一致するものとして措定されたところの統一にまで高めたのである。

從ってこの統一は(α)有である。それも、單に肯定的なものとしての有であり、云いかえると否定の否定ということを通して自分と媒介されたところの直接性である。卽ちこの有は限界、等々といったその諸規定性の過程を經過した統一として措定されているのであって、これらの諸規定性はこの有の中に止揚されたものとして含まれている。(β)次に、この統一は定有である。定有はこのような規定から云って、肯定的な有の契機としての否定または規定性であるが、しかしその否定または規定性はもはや直接的なそれではなくて、むしろ自分に反省した否定であり、他者に關係するのではなくて、自分自身に關係するところの否定である。卽ちそのままのもの（das Schlechthin）——卽自的に規定された存在（das An-sich-Bestimmtsein）——一者である。ここでは他在そのものがそれ自身、向自有である。(γ)更にこの統一は向自有である。卽ちそういう諸ゝの規定性を貫いて自分を連續的に保持している有としての向自有である。この有の中では一者と卽自的な規定有はそれ自身止揚されたものとなっている。しかし、この一者は同時にいまや自分を超越した存在という規定、しかも統一という規定をもつ。從ってこの一者、卽ちこの端的《シュレヒトヒン》に規定されているところの限界は、もはや限界でないところの限界となるのであり、即ちその限界は有の中にあるが、しかし有に無關心なものであるような限界ということになる。

註　釋　〔牽引力と反撥力とからのカントの物質の構成〕

〔Ⅰ、**力としての牽引と反撥**〕　牽引と反撥とは周知のように、普通は力と見られている。そこで、この二つの力の規定とそれに關連する諸關係を、いままで牽引と反撥とに關して述べて來た諸概念と比較してみることにする。――兩者の觀念から云うと、兩者は獨立のものであって、その本性上、兩者は互に關係しないものと見られる。即ち各〻はその反對のものへ推移するような契機ではなくて、他方に對してどこまでも對立するものと見られる。しかしまた、この二つの力は物質という第三者の中で合一するものと考えられる。もっとも、この合一は兩者の眞理ではなくて、むしろ兩者の各〻が第一の原理であり、即且向自的な存在〔絶對自立的なもの〕であって、これから見ると物質または物質の諸規定は兩者によって措定されたもの、産出されたものと見られる。物質がその中にこの二つの力を含むと云われるにしても、この兩者の統一は一個の結合を意味するにすぎず、そこでは同時に二つの力が互に自由な自立的の存在として前提されているのである。

〔Ⅱ、**カントの見方**〕〔**1、二力の認識的、形式的區別の面**〕　周知のように、カントは物質を反撥力と牽引力とから構成している。或いは少くも彼自身云っているように、彼はこの構成の形而上學的二要素を打ち立てたのである。――この構成を立ち入って論ずることは興味のないことではなかろう。對象そのものも、またその對象の規定も單に經驗に屬するように思われるが、そういう對象を形而上學的に敍述するということは次の點で注目に値する。それはまず一方から云えば、この敍述が概念を基にする試みとして、少くも近世の自然哲學に刺戟を與えたという點である。――この哲學は〔自然哲學として〕自然を知覺に對して感性的に與えられたままの事實として學問の根底とするのではなくて、自然の諸規定を絕對的概念から認識するものだからである。他方から云えばまた、このカントの構成はいまにまだしばしば問題とせられ、物理學の哲學的始まり〔または始源 Anfang――Anfangsgründe――カントの書名にかけている〕とせられ、またその基礎とせられているからである。

感性的物質のような現實的な存在は、たしかに空間や空間規定と同様に論理學の對象ではない。けれども、牽引力と反撥力とが感性的物質の力と見られるかぎりでは、この二つの力の根底には以上に考察した一者と多者という純粹規定と、兩者の相互の關係とがある。――この關係の兩面を私は反撥と牽引と呼んだが、それはこの名前が一番われわれになじみ深く、分り易いものだからである。

カントはこの二力から物質を演繹するやり方を構成と呼んでいるが、このカントのやり方はよく見れば、この名前に値しないものである。もっとも、後の自然哲學者達は極めて淺薄な屁理屈や、勝手な想像力と思想の一向にない反省に基く、まるで根據も何もない寄木細工をさえも――こんな寄木細工ほど殊更に牽引力と反撥力などという厳めしい要素を使用し、これを到る處に持ち出したのであったが、――構成と名付けているところからも云えるように、どんな種類の反省でも、分析的なものでさえも構成と呼ばれるというのであれば話は別である。

カントのやり方は結局は分析的であって、構成的ではない。彼は物質の觀念を前提しておいて、それから更めてこの前提された規定を支持するためには如何なる力を必要とするかと問う。そこで、一方では牽引を伴わない反撥だけでは如何なる物質も存在し得ないという理由からして、牽引力を持ち出して來るのである。〔自然科學の形而上學的原理、五三頁、以下――〔邦譯、岩波版、カント著作集、11、九三頁以下〕）他方では彼はまた反撥を物質から導き出して、反撥を物質の根據とする。というのは、物質はそれを認識するためのわれわれの感官には不可入性（Undurchdringlichkeit）の規定をもつものとして現われ、從ってわれわれは物質を不可入のものとして表象するからだというのである。そこでカントは續けて云う。だから、反撥は物質とともに直接に與えられているものであるから、物質の概念の中に直ちに反撥を考えてよいが、これに反して牽引は物質に對して推論によって附加されるものにすぎない、と。だが、この推論の根底にもいま上に云ったこと、即ち反撥力だけをもつ物質が物質と考えられるものの全部をおおいつくすものではないということがあるはずである。――これがとりも直さず、經驗に關する反省的認識の方法なのである。即ちこの方法はまず現象の中で諸々の規定を知覺し、次にこれらの規定を根據として、これらの規定のいわゆる説明のために、これに適當な根本元素または力、即ちその現象の諸規定を生み出すはずの原理を想定するというやり方である。

反撥力と牽引力とがそれぞれ認識によって如何にして物質の中に見出されるかという上述の區別に關して、カントは續けて云っている。即ち牽引力は物質の概念の中に含まれているものではないにしても、やはり物質の概念に屬するものではある、と。〔邦譯、同、九五頁以下〕そしてカントは「物質の概念の中に含まれるものではないにしても」という句をイタリックにしている。けれども、そこにどういう區別があるかは明らかでない。なぜなら、或る事柄の概念に屬する規定は、當然に牽引力の中にも含まれなければならないはずだからである。

このような難問を生じ、またこのような見えすいた遁辭を持ち出さざるを得なかった所以は、カントが物質の概念としてはじめから一面的に不可入性という規定だけを想定し、われわれは感覺によってこの不可入性を知覺するはずだとし、その點で反撥力が他者の排斥として直接的に與えられているとする點にある。しかし彼が更に進んで、物質はまた牽引を缺いては存在し得ないと云う場合にも、この主張の根底となっているものは知覺から取られた物質の表象である。從って牽引の規定もまた知覺の中に見出されなければならない。たしかに物質がその向自有の外に、即ち向他有を止揚するところの（即ち抵抗をなすものであるところの）その向自有の外に、また向自的存在者相互の關係、即ち空間的延長と凝集《ツザンメンハルト》とをもつということ、剛體《シュタルハイト》性、剛性《フェスティッヒカイト》のある、極めて堅い凝集《ツザンメンハルト》性をもつものであることは知覺される。說明的物理學は物體の分割等のためには、そこに物體の部分間の牽引よりももっと強い力があるはずだとする。この眞理〔知覺〕(九二)からして、反省はまた反撥力に對してなしたと同樣に、牽引力をも直接的に演繹し、或いはこの牽引力を所與のものとして假定することになる。事實、牽引力を演繹するカントの推論のやり方を見ると（「物質が可能であるためには第二の根本力として引力が必要である」という定理の證明。同所――〔邦譯、同、九三頁以下〕）、單なる反撥だけでは物質は空間的なものとはなり得ないということ以外には何ごとをも云っていない。物質が空間を充實するものとして前提されるから、物質には連續性が附與されるが、その連續性の根底としては牽引力が想定されるのである。

ところで、このようないわゆる物質の構成が精々分析的な方法としての功績をもつにすぎず、それもその不純な敍述のために割引されるものであるにしても、物質をその根本力としてのこういう二つの反對の規定から認識しようとした根本思想は、やはり何時までも高く評價さるべきものである。カントは主として通俗力學の考え方の追放、即ち不可入性、即ち向自有的點性（die für-sich-seiende Punktualität）というような規定に固執して、それに對立する規定、即ち物質が內にもつ關係または多くの物質（これらはまたそれぞれ別々の一者と見られる）相互の關係を何か外面的なものとするような考え方の追放を志したのであった。——この考え方はカントも云っているように、壓迫と衝撃《シュトッス》とのような外部からの作用以外に如何なる運動力をも認めようとしないものである。〔邦譯、同、九八頁〕このような認識の外面性は運動を常にすでに物質に對して外面的に存在するものとして前提しているのであって、運動を内面的なものと見、運動そのものを物質の中で概念的に把捉しようとはしない。そのために物質はそれ自身では運動しないもの、惰性的なものと見られることになる。この立場は單に通俗力學の枠内にとどまり、内在的で、自由な運動を見得ないものである。——カントはなるほど牽引を、即ち物質が互に分離したものと見られるかぎり物質相互の關係を、或いは自己外有の中にあるところの物質一般の關係を、物質そのものの力とした點で、上述の外面性を止揚してはいる。けれども、他面から見れば、彼の二つの根本力は物質の内部であくまでも互に外面的な、獨立的な力として對立している。

〔2、二力の内容上の區別の面〕 以上のような認識の立場から二つの力に歸せられるところのこの二つの力の獨立的な區別が無意味のものであると同様に、この二つの力の内容規定の面で剛性をもつはずのもの（etwas Festsein-Sollen）とせられるところの各〻の區別も、また當然に無意味のものであることが示され得るはずである。というのは、上の二つの力の眞相から明らかなように、二つの力は單に互に推移する契機にすぎないものだからである。そこで、このもう一つの區別の規定について、カントの說くところをきいてみよう。

即ちカントは牽引力を滲透力（eine durchdringende Kraft）と規定し、それによって物質が他の物質の各部分に對しても、その接觸面を越えてまで直接に作用を及ぼし得るものと見る。これに反して反撥力は表面力（eine Flächenkraft）と見られ、それによってはそれぞれの物質はその共通の接觸面においてだけ互に作用し得るにすぎないとせられる。後者が表面力にすぎないとせられる理由については、次のように云われる。即ち「互に接觸する多くの部分は各々他の部分の作用圏を限定するものであって、反撥力は間に介在する部分を介しないでは隔った部分を動かすことはできない。延長力《アウスデーヌングスクラフト》〔または擴大力〕（即ち反撥力の意）によって、これらの中間の部分を飛び越えて一つの物質が他の物質に直接に作用を及ぼすことは不可能なのである。」（同書。定義《エルクレールンク》と系《ツウザッツ》、六七頁、參照。――〔邦譯、同、一一一―一一二頁〕）

ここで早速、次のことがわかる。物質のより接近した部分とより遠隔の部分とが假定されるから、牽引に關してもまた次のような區別が生ずる。即ち或る原子は他の原子に作用するが、しかし第三のより遠隔の距離にある原子と、第一の牽引を行う原子との間には他の原子が介在するから、第三の原子はまず中間に介在する自分により接近した原子の牽引圏内に屬するものであり、從って第一の原子が第三の原子に直接的な端的の作用を及ぼすことはない。この點からして、反撥力の場合と同樣に、牽引力にとっても媒介作用が必要だということがわかる。更にまた、牽引力の眞の貫通はただ、物質のすべての部分がそれぞれ眞に獨立的に〔即且向自的に〕牽引するものであるという點、從って一群の原子がみな受働的で、一個の原子だけが能働的に働くというようなものではないという點になければならないということになる。――これに對して直接に、云いかえると反撥力そのものに關しては、次のことを云い得る。即ち上記の個所で互に接觸する部分ということを云ったが、これは既成の物質の等質性（Gediegenheit）と連續性とを意味し、物質に自發的な反撥作用を認めないという意味である。しかし、この物質の等質性の中ではその各部分は互に接觸するのであり、もはや空虚によって分離されないのであって、この物質の等質性はすでに反撥力が止揚されているということを前提するものである。これらの接觸する部分とは、この議論でずっと元になっている反撥の感性的表象から云えば、互に反撥しない部分と見てよい。それ故に、このような反撥の非有が假定される所には、如何なる反撥もあり得ないという全くの同語反復が生ずる。しかも反撥力の規定に關しては、それ以上のことは、そこから一向に出て來ないのである。――しかし、接觸する部分がやはり互に分離したものであるかぎりでのみ互に接觸し得るものだということが反省されるなら、反撥力はもはや單に物質の表面にのみあるものではなくて、「牽引の場」(Sphäre der Attraktion)とも云うべき場の中にあるほかないのである。

次にカントは、「物質は引力〔牽引力〕によって或る空間を占有するだけで、空間を充實することはない」という規定を想定する。(同所――〔邦譯、一一二頁〕)「物質は引力によって空間を充實することはないから、引力は空虛な空間〔虛空間〕を通じて作用することができる。というのは、中間にある如何なる物質も引力に限界を立てることはないからである。」〔邦譯、一一二頁――定義七、系の自由引用〕――この區別は前掲の區別、即ち或る規定は事柄の概念に屬するが、しかしその事柄の中に含まれてはいないという考えと大體同類のものである。その意味で、ここでは物質は空間を占めるだけで、空間を充實しないと云われるのである。ところが、われわれが物質の第一の規定〔反撥力〕をあくまでもとるとすれば、多くの一者を互に反撥させ、單に否定的に、即ちここの言葉によれば空虛な空間を通じて、互に關係させるものこそ反撥なのである。しかし、この空間を空虛に保つものはここでは牽引力である。即ち牽引力は、それによる原子間の關係によって空間を充實しないのである。云いかえると、牽引力は原子を相互の否定的な關係において保持する。――われわれはカントがここで無意識的に、事柄の本性の中にあるものに直面しているのを見る。即ち彼は第一の規定に基いて反對の力〔反撥力〕に歸したところのものを、いまや牽引力に歸しているのである。即ち二つの力の區別の確立に努めている間に、いつのまにか一方の力が他方の力に推移するという結果になっている。

――同様の意味でまた他方では、物質は反撥によって空間を充實すべきものとせられ、從って牽引力が放置した空虛な空間は反撥力によって消滅されるものとせられる。從って事實は、反撥力は空虛な空間を止揚すると同時に、また原子間または一者間の否定的關係をも、即ちそれらの反撥をも止揚してしまう。云いかえると、反撥は自分自身の反對のものとして規定されるということになるのである。

このように區別が抹殺されたということに加えて、もう一つ次のような混亂がある。それは、上にも注意したように、カントの對立する二力に關する敍述は分析的であるが、論述の全體の上では、その二つの要素からはじめて導き出されて來なければならないはずの物質が、すでに完成したもの、構成されたものとして持ち出されているということである。表面力と滲透力の定義では、二つの力は運動力と見られ、それに基いて物質はそのいずれかの仕方で作用をなし得るものとせられている。――それ故に、ここでは二つは力と見られてはいるが、物質を成立させるような力ではなくて、すでに出來上っている物質を單に運動させる力にすぎない。しかし、それぞれの物質が互に作用しあい、動かしあうような力がここに問題になっているとすれば、それは二つの力が物質の契機としてもつはずの規定や關係とは全くちがったものである。(九三)

〔Ⅲ、**求心力と遠心力**〕 求心力と遠心力というずっと進んだ規定においても牽引力と反撥力の場合と同様の對立がある。求心力と遠心力の領域においても一個の一者、即ちちゃんとした中心が定められていて、この中心に對して他の多くの一者が向自的〔獨立的〕でないものとして關係するのであって、だから二つの力の區別がこの一個の中心になる一者とこれに對立する獨立的でない他の多くの一者との前提された區別に結びつけられるのであるから、二つの力はやはり本質的な區別を意味するもののように見える。しかし、二つの力が説明のために使用されるかぎり、――この説明の目的のためには、曾て反撥力と牽引力の場合もそうであったように、二つの力を對立的な量的關係〔比〕をもつものと見、一方は增加し、他方は減少するというように見るのであるが、——二力をそれの説明のために想定するその當の運動の現象はもとより、運動の不等性も、この二力の結果としてはじめて生ずるはずである。ところが、例えば中心的天體を軌道によって廻る遊星の不等速度をこの二力の對立から説明するというような極く手近な現象の説明を取り上げて見るだけでも、われわれはすぐにその中に潜む混亂と、この二力の量を互に分離することの不可能を認識することになり、從ってまた、説明の中で減少するものとされた力が却って增加するものとなり、或いはまたその逆になるという現象に出くわす。しかし、この點を明確にするためには煩わしい説明を要するので、ここではもはや述べることができない。それで、その肝要な點は後に逆比例の所で論ずることにする。[九三]

譯者註

（序文以下、第一篇）

（一）〔一頁〕カントの『純粹理性批判』（第一版一七八一年、第二版一七八七年）、『實踐理性批判』（一七八八年）、『プロレゴメナ』（一七八三年）であるから、このカントの批判哲學の確立、原典出版の時代を指すものと見てよい。

（二）〔三頁〕これは一般的に文化、學問の發酵期、變革期について云っているが、内容的、具體的にはカントやその亞流に當っているものと思われる。

（三）〔四頁〕『精神現象論』、序文全體の問題は、その見出しにあるように、「學的認識について」（Vom wissenschaftlichen Erkennen）にある。

（四）〔五頁〕これについては詳しくは『エンチクロペディー』、七九―八二節、參照。

（五）〔六頁〕論理學の卷數と區分、その出版年次は次のようになっている。

Erster Band { Erstes Buch—Die Lehre vom Sein (1812)
Zweites Buch—Die Lehre vom Wesen (1813) }

Zweiter Band, Drittes Buch—Die subjektive Logik oder Lehre vom Begriff (1816)

だから、ラッソン版では、この「第一冊の第二部」（"Zweite Abteilung des ersten Bandes"）の文句につづいて「目下印刷中である」という一句が這入っている。

（六）〔六頁〕この『精神現象論』が前には「哲學體系の第一部」とせられていたのに、いまそれが除かれたのは、知られているように、ヘーゲルが前と考えが變り、「本來の哲學體系」はただ『エンチクロペディー』の部分だけと考えるようになり、『エンチクロペディー』は、もはや第二部ではなくなったからである。

（七）〔九頁〕磁氣の正負の兩極から由來したカテゴリーで、當時の物理學に用いられた。シェリングにおいては、一（絶對者、無差別、同一者）が相關的な二つの對立、すなわち極（Pole）（主觀と客觀、觀念的と實在的）に分れるものと見られ、その自然哲學や同一哲學の中心のカテゴリーとせられた。

（八）〔一〇頁〕『精神現象論』（グロックナー版全集、第二卷、三三頁）では「一般に bekannt なものは bekannt であるからといって、erkannt であるというわけではない」といって、"bekannt sein"（常識的に知られていること）がまた概念的、學的知識 "erkannt sein" と區別している。『エンチクロペディー』（第十九節）でも、これを表象（Vorstellung）と思想（Gedanke）の區別と見て、同じことを云っている。

（九）〔一一頁〕アリストテレス、『形而上學』、第一卷、第二章、九八二b。

（一〇）〔一一頁〕同書、第一卷、第一章、九八一b。

（一一）〔一一頁〕同書、第一卷、第二章、九八二b。

（一二）〔一二頁〕ヘーゲル『哲學入門』（岩波文庫本）、一五二頁、參照。

（一三）〔一四頁〕「思想」（Gedanke）はすぐに「思惟」（Denken）ではない。思想は經驗的には思惟の働きの結果として出來たもの（gedacht）であるが、そういうものとして今度は思惟を働かせるための根據となり、原理となる。それ故に本性上は思想は理性そのもの、ロゴスそのもの、イデーそのものと一つである。ヘーゲルが「思想」というときは、術語的にはこの意味に用いている。

（一四）〔一四頁〕"Gedankending" の譯で、抽象的思想、空虛な抽象に基いて想定された存在を指す。ヘーゲルはカントの「物自體」に對してよくこの言葉を使う。

（一五）〔一四頁〕この節は極めて抽象的で、難解なヘーゲル一流の表現をしているが、思惟規定（論理）を客觀的なものと見て、事柄の中にのみ見る見方と、單に主觀的なものと見、われわれの中に見る見方とに對して、兩者の根底としての「思想」そのもの（ロゴスそのもの、精神）の中に見る一元論、すなわちドイツ觀念論、特にヘーゲル自身の見方が述べられている。

したがつてまた、この根底（中間）としての「思想」の見方に對するカントまたは批判哲學の不十分が批判されているのである。

（一六）〔一八頁〕形式と内容という兩契機、すなわち假象が共にその根據としての形式の兩面であるということ。『大論理學』、中卷、第三章「根據」の「形式と内容」の項、參照。

（一七）〔一八頁〕ヘーゲルは物（Ding）と事柄（Sache）とを區別して、事柄を「内面的」、「本質的」のもの、すなわち普遍、概念に關係するものと見、物が感覺的知覺の對象であるのに對して、事柄は思考の對象であると考えている。『精神現象論』、三一五頁、『エンチクロペディー』、二一節、等を參照。

（一八）〔一九頁〕彫塑的（plastisch）はここでは立體的というほどの意味に見てよいが、ヘーゲルはこの言葉を一體に非常に高い意味に用いる。例えばギリシャのペリクレスとか、アリストファネスのような人々を「彫塑的」なものの典型と見る。『歴史哲學』（グロックナー版全集、第十一卷）、三三八頁（武市譯、下卷、四三、四六、五二、五三頁）等、參照。

（一九）〔二八頁〕物（Ding）と思惟（Denken）とは發音が似ているからヘーゲルはそう云つているが、しかし語源的にはどうも二つが同一だとは云えないようである。

（二〇）〔三一頁〕以上の議論は勿論、カントの批判説に當っている。

（二一）〔三一頁〕フィヒテの知識學の立場。

（二二）〔三三頁〕raisonierend（Räsonnieren）は悟性に基く理屈、屁理屈で、單なる推理を意味する。ヘーゲルはこれを理性に基く概念的思考と區別して、『精神現象論』など以來、輕蔑の意味を含めて、到るところで用いている。

（二三）〔三六頁〕衝撃（Anstoss）はフィヒテ哲學の用語である。そこでは絶對的な原理である自我は常に自己を非我によって制限されたものとせられ、自我の無限の活動に對して非我は無限の衝撃としてこれを障げるものとなる。「われわれは無規定的に、また無限に進む自我の活動に對して、或る衝撃が起るという假定によらなければ、一般に表象を思惟することができない。この點で、自我は知力一般として、無規定的な、しかもまだ全く規定することの不可能な非我に依存している。

……」（フィヒテ、『全知識學の基礎』、メディクス版、四四二頁）

（二四）〔三六頁〕カント『純粋理性批判』、第二版の序文、八頁。

（二五）〔三七頁〕この項はヘーゲルの論敵で、こういういろいろな新しい試みを論理學やその他の領域でやろうとしていたフリース（Jakob Friedrich Fries）とその一派への諷刺である。「論理學の中であれ、その他の領域においてであれ」と本文にあるのは、例えば『法哲學』の序論でも「思索、思索とさわぎ立てるこの淺薄の一隊長フリース氏」といっていることなどを見ても分るように、（同、十頁）、彼がその他の領域にも何かと手を出しているからである。

なお、ラッソン版には次の第一版の註が載っている。「近頃出版された論理學の新しい改訂の試みである『フリースの論理學の體系』（System der Logik von Fries）は人間學的基礎に逃げ路を求めている。しかし、その場合に根底となっている觀念または意見はそれ自身としても、またその展開の面からいっても淺薄なものであるから、この下らない本に顧慮を拂ったりなどする勞ははぶく。」

（二六）〔三八頁〕『精神現象論』、序文（全集、第二卷）、四〇頁以下、及び本書、第一卷、第三篇（度量論）、參照。

（二七）〔四七頁〕「原始分割」としての判斷については、『論理學』、第三卷、「概念論」、第一篇、第二章「判斷」の項を參照。

（二八）〔五三頁〕これについては中卷、本質論の最初にある敍述を參照。

（二九）〔五七頁〕この始元について前以って一般的に述べておくとすれば、始元とは宗敎的な表現を用いて云うと「神」である。神の絶對性は何ものにも媒介されたものであることは許されない。もしも神が何ものかによって存在するとすれば、それだけ神の絶對性は傷けられる。この神が論理學においては純粋有とせられ、始元とせられる。

（三〇）〔六一頁〕ここでは始元はこのように抽象的に見られているが、それを內容的に先廻りして云えば、始元はロゴスそのものであって、そのロゴスそのものが、論理學全體の原理であることが純粋に見られるために、このようにむつかしく述べられていることを見落してはならない。

（三一）〔六二頁〕これは主としてラインホルト（Karl Leonhard Reinhold, 1758—1823）の『十九世紀初頭における哲學の狀態の概觀』(Beiträge zur leichtern Übersicht des Zustandes der Philosophie beim Anfang des 19. Jahrhunderts, Hamb. 1901—3) に現われた思想を指すもののようである。これに關してはヘーゲルはすでに、その最初の公刊論文「フィヒテ哲學の體系とシェリング哲學の體系との差異」、一八〇一年（グロックナー版全集、第一卷、一五〇頁以下）に詳しい批評を述べている。

（三二）〔六七頁〕 この同一性と非同一性との統一という言葉はヘーゲル哲學の原理を示す一つの重要なものであって、後に本書の中卷、本質論の「反省論」のところで取り擧げられて、嚴密に論ぜられるものであるが、それはすでに「フィヒテ哲學の體系とシェリング哲學の體系との差異」(全集、第一卷、一二四頁）で云われている。それはシェリングとの交友から生れたものと見てよい。しかし、またそれ以前の時代においても、これと類似の言葉「合一性と分離との合一」(Vereinigung von Einigkeit und Trennung)(『ヘーゲルの青年期の神學的著作』、ノール編、三七九頁註）や「結合と非結合との結合」(Verbindung der Verbindung und der Nichtverbindung)（同書、三四八頁）があり、ヘーゲルが元からいだいていた思想であるといってよいようである。

（三三）〔六九頁〕 フィヒテの知識學を指す。

（三四）〔七〇頁〕 知的直觀の立場はシェリングを指す。

（三五）〔七五頁〕 規定、規定性、變化などについては、有論の第二章、定有の項の「有限性」の中で説明される。——なお、この文句は意味の上からいくらか意譯しておく。また「有の規定が大きさである」というのも、嚴密には「有の規定性が大きさである」というべきであるように思われる。或いはむしろ「有の規定〔質〕が事柄《ザッヘ》である」ととるべきではないかとも思うが、sie は文法的には事柄（Sache）でなく、「大きさ」(die Grösse）ととるべきであろうから、以上のように譯しておく。

（三六）〔七六頁〕 カントの關係のカテゴリーはヘーゲルでは第二卷、本質論に位置づけられる。

（三七）〔七六頁〕 カントの樣相のカテゴリーはヘーゲルでは第三卷、概念論に位置づけられる。

（三八）〔七七頁〕 「定有」、「卽自有」などの意味については、それぞれの個所の註を參照。

（三九）〔七八頁〕 グロックナー版全集においては（舊全集も勿論）、「第一章有、Ａ」、次に「Ｂ、無」となっているが、これは勿論「Ａ、有」の脱落である。

（四〇）〔七九頁〕 有と無とは始元として無内容のものであるから、こういうように抽象的な言葉で述べられているが、始元としての有は實はロゴス（論理）そのものである。從ってこれを認識的に云えば、直觀または思惟（むしろ思惟そのもの）である。卽ちロゴスそのものが、始元として、ただ有（有るということ）とせられる。これに對してこの始元が無であるということは、この有が内容の面から見られているからである。云いかえると、始元としてはただロゴス、思惟そのものが有る（有）のであるが、これを内容から見れば（自然の面からといってもよい）、卽ち内容、自然としては、何ものもなく、無であるにすぎない。つまりロゴスを中心とし、原理とするから、ロゴスが有であり、始元であるが、内容、自然は無であり、無と表わされるほかない。或いはロゴスは述語そのものであり、内容、自然は主語であるが、主語であり、本來のものである内容、自然はヘーゲルでは、ロゴスが根本と見られるかぎり、無とせられるほかなかったといってもよい。ここにすでにロゴス中心の、そして自然を無とし、消極面からしか表わし得ないヘーゲル哲學の全性格が出ていると云うことができる。

（四一）〔八〇頁〕 「觀念または表象の中での」有と無との對立というのは、この始元の有と無との對立とに對して具體的な、われわれの表象または觀念の上にその内容の現われ得るものという意味である。始元の有と無との對立が、全く抽象的な有と無との對立であり、具體的な内容をもつ有と無でなく、卽ち規定的な有と無（定有としてのそれ）でないのに對して、規定的な有と無との實在的な區別は、はっきりとわれわれの表象または觀念の上で見得るものだからである。

（四二）〔八六頁〕 實在性と否定については本書の第一卷、第一篇、第二章「或る物」の項を參照。

（四三）〔八六頁〕 「或る物と他の物」についても、本書の第一卷、第一篇、第二章を參照。

（四四）〔八七頁〕 このままの文句はカントにはないようで、これは上述の「私の概念の外の存在によって……百ターレルそのものは少しも增されることはない……」を、いま知覺ということを云っているので、おき代えたもののようである。

（四五）〔八八頁〕 有限性は規定的な有、卽ち定有または或る物の規定である。本書の第一卷、第一篇、第二章のＢ、有限性を參照。

（四六）〔九三頁〕　實存（Existenz）は有（Sein）、定有（Dasein）と共に漠然と「存在」という意味をもち、ヘーゲルでも一般的にはこの意味に用いられている。しかし術語的には、有や定有が第一卷の有論の「存在」を意味するのに對して、實存は第二卷本質論における、本質に對する「現象」としての「存在」の意味をもち、高次の、複雜な意味をもつ存在を意味する。なお詳しい點については、本書の中卷、本質論の中の第二篇、第一章「實存」の項を參照。

（四七）〔九七頁〕　この項の敍述はあまりに簡潔であるから分りにくいが、非常に重要なものを含んでいるので說明を加えておく。またヘーゲルの辯證法はフィヒテの根本命題から生れたものであると云われているが、この本文の敍述を見ても、フィヒテとヘーゲルの原理が――少くもヘーゲルから云えば――根本的に異なるものであることが知られる。ヘーゲルは本文で有、無、成について繰り返して述べているように、有を始元として立てるが、その有は實は無と同じものであり、從って有無の眞の同一としての成である。つまり、成としての有が眞の始元である。これに對してフィヒテでは自我と非我との同一としての自我を第一の根本命題として立てながら、それはやはり非我と對立する自我を立てている。即ち規定された、對立的な自我を原理に立てている。このことは前に始元論のところでフィヒテの自我を批評したように、自我が絕對的のものであり、眞に直接的のものとせられながら、一方では經驗的、日常的自我の要素をもつものであり、純粹有であるよりは、すでに規定的な有、定有であるということとも關係する。だから、ヘーゲルの非難しているように、この自我に對して外的反省によつて、分析的に、非我が第二原理として附け加わつて來なければならなくなる。これはヘーゲルの云うように、フィヒテのみならず、パルメニデスにおいても、スピノザにおいても、一般に悟性的な行き方につきまとう進展の困難である。それでヘーゲルによれば、フィヒテが第一の根本命題として立てている「措定」、「自我」が眞にフィヒテの意圖したように、自我と非我、有と無との一つのものとしての自我そのもの、有そのもの、即ち成としての有でなければならない。パルメニデスのように有だけを絕對の有、始元として固定することも、フィヒテのように、自我を始元として固定することも反省的、悟性的な行き方であつて、自己矛盾を免れない。この意味でヘーゲルはフィヒテに基きながら、その反省的な行き方を眞に理性的、思辨的な行き方に轉じ、フィヒテ自身の意圖を眞に純化し、徹底したものであると云うことができる。

（四八）〔一〇五頁〕　プラトンの辯證法に對するヘーゲルの批評については、ヘーゲルの『哲學史講義』（グロックナー版全集、第十八巻）、二二二頁以下、特に「パルメニデス」篇の辯證法については、二四〇頁以下、參照。

（四九）〔一〇八頁〕　本書の第二章、定有の「b、質」の註釋「實在性と否定」の項、參照。

（五〇）〔一〇九頁〕　「措定する」（Setzen）または「定立する」は普通には「置く」というほどの意味であるが、これがヘーゲルでは特に論理的な意味を與えられて、術語的に用いられ、直接的に、即自的にあるものを展開し、説明すること、或いはこれを規定されたものとして表わすことの意味に用いられる。從って「被措定在」（Gesetztsein）と云えば、すでに反省、媒介、相對性を暗示しており、單なる直接的な、無區別の把握の仕方に對して、區別作用が這入って來たことを示している。なお、この語の詳しい説明は、特に本書の第二巻、本質論の最初の「反省論」の所に出ている。

（五一）〔一〇九頁〕　本書の第一巻、第二篇、量論の第二章定量、c、量的無限性、(b)量的無限累進、註釋2、「時間と空間との中における世界の限定性と無限定性とに關するカントの二律背反」、參照。

（五二）〔一一〇頁〕　この辯證法はゴルギアスの有名な「何ものもない」という命題の證明を意味するもののようである。

（五三）〔一一一頁〕　本書の第一巻、第二篇、第二章定量、C、量的無限性、(c)定量の無限性、註釋1、「數學的無限の概念の規定」の項、參照。

（五四）〔一一二頁〕　この成が二つの統一を含み、有が直接的なものであると共に、無に關係する面を含み、無もまた同樣だという點の詳しい、嚴密な論理は、後に本書の中巻、本質論で、反省論、特に「措定的反省」のところや、「全體と部分」のところなどで論ぜられる。卽ち一方が全體であるとともに、また他方に對するものとして部分であり、他方もまた同樣であるということの論理的本性の問題である。

（五五）〔一一四頁〕　「止揚されたもの」（das Aufgehobene）、「觀念的なもの」（das Ideelle）——「止揚」または「止揚する」（aufheben）の意味については、ヘーゲルの本文で説くところで十分であろうが、「止揚されたもの」、または「觀念的なもの」は「契機」と密接な關係をもつ。ヘーゲルは「契機」(das Moment, momentum) という言葉を力學から採って來て、これに特殊の意味を與えたが、契機は元來ラテン語の movere (movimentum, momentum)、即ち運動という語から來たもので、一般に「運動」を意味する。しかし、またそこから運動に關する特殊の規定、「距離」、「繼續」、「出發點」、「一方から他方への運動」を、また「力」、「壓」、「衝撃」、「重量」などを意味することにさえもなる。ところで、ヘーゲルはこれを「それ自身はもはや直接的な獨立の存在としてなく、より廣い關係の中に止揚(否定)されているが、しかし同時にこの關係を構成するに缺くべからざる要素、或いは項として保存されているもの」という意味に使用する。例えば、酸素と水素とは化合して水となることによつてその獨立を失い、水の中に止揚されるが、しかし水を構成する不可缺の要素として、水の契機としての存在をもつ。從つて「契機」は「要素」と大體同義に用いられるが、「要素」においては全體的統一を構成する不可缺の部分という意味が明瞭に表現されない。

止揚されたもの、または觀念的なものとは、獨立的で、實在的なもの (das Reale oder Reelle) が、このように止揚されて契機となつている狀態を指す。上の例で云えば、酸素は水素と化合することによつて、止揚されて水となるが、しかしそのために酸素は全然否定されるのではなく、觀念的な形で水の中に含まれているのである。だから、「契機」と「觀念的」とは「止揚」という一過程に關係するもので、兩者はただ意味の强調の點によつて差別されるにすぎないと見てよい。——またその點で、これを反面から云えば、その契機はもはや單に實在的なものでなくて、「理念《イデー》の國」にあるものであり、觀念の世界にあるものとして「觀念的なもの」であり、「觀念性」(Idealität) でもある。だから、この觀念的なもの、または觀念性はヘーゲルではよい意味、高い意味にとられ、哲學の意圖する眞の世界のものとせられ、ヘーゲルのよく使う愛用語の一つである。

なお「觀念的」または「觀念性」については、本書、第一卷、第一篇、第二章、定有、C、無限性、(c)肯定的無限性の項の最後の所、及びその次の「推移」の項、その註釋2、「觀念論」の項、及び第三章、向自有の項を參照。

(五六)〔一一五頁〕　このキケロの言葉は「オクタヴィウスを尊敬せよ」という表面の意味と、「オクタヴィウスを除け」という裏面の意味とを含む。ローマ共和制に賛成するキケロが、共和制を廢して帝政を樹立し、ローマ帝政初代の皇帝となつたガイウス・ユリウス・カエサル・オクタヴィアヌス（Gaius Julius Caesar Octavianus）（後のアウグストゥス皇帝）に對して弄した機智である。

（五七）〔一一七頁〕 定有（Dasein）——有が存在一般を指し、一般に「有る」ということを指すのに對して、定有とはその一般的な有が規定されて「定—有」（Da-sein）となり、「定」（Da）という規定をもつ有となり、即ち實在性をもつ有となつたものである。云いかえると、定有とは一定の有であり、一般に有ることに對して個々の有るもの、或いは個別的に有ることを意味する。即ち規定された存在である。だから、これを內容的に云えば、ここには有機物、無機物のすべてを含めての、「もの」の存在、實在的な物が意味せられていると云つてよい。そしてこういう一般的な定有が、だんだんに自分を規定して主體的な存在（向自有）（Fürsichsein）となり、その意味で廣い意味の有機物に、或いは少くも動物にまで展開して行く過程の敍述がこの「定有」の項の問題である。

（五八）〔一一八頁〕 規定する（bestimmen）、規定（Bestimmung）、規定性（Bestimmtheit）の意味について一言しておく。「規定する」とは或る事柄を論理的に定めることであつて、一般化（Generalisation）とは反對に、事柄に含まれているそのいろいろの構成要素を區別し、明らかにする作用である。普通には「限定する」と同義に用いられるが、「規定する」というときは「限定する」が外廓、外面をはつきりさせるという面が主であるのに對して、むしろ事柄の內部に這入つて、これを定めるという意味が一層明瞭に云い表わされていると云つてよい。

「規定」は「規定する」ことの結果として明らかにされたもの、出て來たもので、その「もの」の本性、特性、性質であるが、そのかぎり規定はむしろ「もの」が元來もつているものである。つまり、「もの」がはじめからもつている本性が規定の結果はじめて明らかにせられるのである。だから、時には規定は「使命」とか「天職」などの意味にも用いられる。つまり或る物が或る物としてもつているその本性である。

これに對して「規定性」とは一般的には「規定」と同じものであるが、この或るものの本性としての「規定」が形式または形態（Form）の面から見られたものである。従って、またこれを云いかえると、「規定」が他の物の規定に對して見られたものと云ってよい。つまり「規定」は「もの」の本性を内面的にそのものとして、即ち即自的に見たものであり、「規定性」はこの同じ規定を形態の面から、或いは他との關係から、即ち向自的に見たものである。だから、ヘーゲル自身でも「規定」というべきところを「規定性」といっている所がなくもないように思われる。なお、これについては本書のすぐ次の「B、有限性、(b)規定、性状、限界」の項を參照。

（五九）〔一二〇頁〕 普遍や特殊は本當は概念論ではじめて出て來るもので、豐富な内容を含む極めて具體的なものであるが、この有と云い、規定性というのは、普遍と特殊に當るものではあるが、最初のカテゴリーとして、まだ全く抽象的なものである。

（六〇）〔一二四頁〕 スピノザ、『書簡』50を見よ。

（六一）〔一二四頁〕 本書、第一卷、第二篇量、第二章定量、C量的無限性、(c)定量の無限性、註釋1、「數學的無限の概念規定」の項、參照。なお、スピノザ、『エティカ』、第一部、定理八、備考一を參照。

（六二）〔一二六頁〕 ヤコブ・ベーメ（Jakob Böhme, 1575—1624）において善惡二元の絶え間のない爭鬪の上に立つ神的一元觀がとられ、質料の面が深く捉えられて、質料が神の内にあって神に對する否定の原理とせられ、これが性質、源泉、苦惱（Qualität-Quelle-Qual）とせられたことは周知のことである。しかしこの場合、この「惱み」（Qualirung, Inqualierung）の Quale（苦惱）は質（Qualität）という言葉と語原的には同一ではないが、その發音の同じことや意味の上のつながりから、このように用いられたと思われる。現今では Quale（中性）を「質」の意味に用いるが、それはラテン語の qualis から來る。例えば E. Cassirer, Philos. d. symbol. Formen, Ⅲ, S. 152 における "…… haben wir die Erscheinung der Flächenfarben vor uns, die uns einfaches *Quale* gegeben sind……"

（六三）〔一二七頁〕 「自己内有」、或いは「自己内存在」、または「内自有」（Insichsein）は「自己外有」または「外自有」（Aussersichsein）に對立する言葉で、自己内（insich）とは最初の單なる即自（an sich）から區別相への展開を經て本來の自分（最初の卽自の立場）に立ち歸り、その內部、本性に据った狀態である。スターリングはこれを in itself（卽自）に對して "within itself" と云っている。

（六四）〔一二九頁〕「向他有」（Sein-für-Anderes）は卽自有（Ansichsein）に對立するものとして用いられるもので、「或る物」のもつ二つの面、二つの契機の中の一方である。卽ち「卽自有」とは或る物のそれ自身としてもつ本性、本來の相である。或る物は卽自有をもち、その本來の性質をもつ點で、同時に自分を他の或る物と區別する。從って或る物は卽自有をもつと同時に、他の或る物と對立する面をもつ。そしてこの或る物の中で見られるところの、或いは或る物そのもののもつところの、この他の或る物の面が「向他有」である。卽ち向他有は或る物の中に卽自有が措定されると同時に、その反面として措定されるものである。しかし、またこれを他面から云えば、卽自有は卽自的に元來、或る物の卽自有ではあるにしても、それが卽自有として措定されるのは向他有が他方に立ち、それと對立することによってのみあり得ることだから、これは逆に、卽自有は向他有の措定とともに措定されるとも云える。

　このように卽自有と向他有とは或る物そのものの二契機であるが、ここにわれわれのもう一つ考えておく必要のあることは、まさにその意味で向他有が二面を含むということである。一つは、向他有が或る物そのもののもつ或る物の他方の契機として、或る物自身の中にあるものであり、云いかえると或る物の中から或る物に對立する他の或る物を見たものであり、或る物自身の中にある或る物の他の或る物に對立する面であり、或いは或る物の中にある他の或る物の或る物に對立する面であるということである。これに對してもう一つの面は向他有が他の或る物そのものであり、他の或る物そのものを表わすものだということである。卽ち向他有を分析すれば、この二面がある。しかし實は、この向他有の第二の面も或る物の中でその卽自有との對立を離れて獨立にあるものではない。第二の面もあくまでも卽自有との對立から見られたものであり、そのかぎり或る物の中の契機であり、或いは少くも或る物の中で或る物の中から見られた他の或る物でなければならない。この意味で、ここに假りに分けて見た向他有の二つの面も、結局は第一の面に統一されて來る。卽ち向他有はそれ自身他の或る物を表わし、他の或る物そのものであるが、それも或る物の中で、或る物の卽自有との對立として見られた他の或る物として、あくまでも或る物の中の他の一面の契機なのである。

この意味でまた「向他」(für-Anderes) の「向」(für) も「對して」という意味と、他のもの「として」の二面とがあるが、それが一つに統一されているといってよい。

(六五)〔一二九頁〕「規定」(Bestimmung) とは或る物の内面に潛む本性という意味で、或る物の内面的な質を云う。從って、それは同時に或る物の「本分」、「使命」、「主要目的」、「特質」等をも意味する。

(六六)〔一二九頁〕性状 (Beschaffenheit) とはこの内面的規定が外に啓示されたものを云う。即ち或る物が他の物と區別されて、これこれの姿としてあることを云う。從って規定が或る物を他の物と區別する内的特徴であるのに對して、その規定が外に現われ、外から見られたところの、或る物と他の物とを區別する外的特徴とも云うことができるであろう。

(六七)〔一三〇頁〕aliud (ギリシャ語の *heteron*) は「多くのものの中の一つの他のもの」という意味であるが、普通に交互的の意味に用いられる時は alius alium となって、一方が四格になる。alter は「二つのものの中の一つ」という意味で、alter alterum の場合は交互的の状態を表わす。

(六八)〔一三二頁〕ヘーゲルによれば、自然は理念《イデー》が他在の形式の中にあるものであり、即ち理念の自己外化である。『エンチクロペディー』、二四七節、二四八節を參照。

(六九)〔一三三頁〕即自有 (Ansichsein) とは前に述べたように、「向他有」に對立する規定で、或る物の本來の存在であり、本來の性質である。

(七〇)〔一三五頁〕an sich (即自的) と an ihm (それの許に) とを分けて術語的に使っているが、それは内容または對象の面からいって、これまで云って來た「即自有」(Ansichsein) と「向他有」(Sein-für-Anderes) とを、これを所有する主體の面から表わすものである。an sich がそのものの本質としてもつこと、或いはそのものの血肉としてもっていることであるのに對して、an ihm はそのものが「身に着けている」、ただ「持っている」くらいの意味である。しかし日本語に譯しがたいので、一應以上のようにしておく。それで時には單に「それが持つ」ともする。

（七一）〔一三七頁〕「被措定在」または「被措定有」(Gesetztsein) は「措定」(Setzen) されていることを云う。なお、この術語の詳しい規定は『大論理學』、第二巻、第一篇、第一章、C、反省の項にある。

（七二）〔一三九頁〕ここで質や實在性のような「存在的な規定性」(seiende Bestimmtheit) と「即自的に存在する規定性」(an-sich-seiende Bestimmtheit) とを區別しているが、その意味はこうである。質や實在性などこそ或る物が本來もつ「即自的に存在する規定性」でありそうであるが、ここに「即自的に」(an-sich) といっているのは、それがすでに「それの許に」(an ihm) との對立から見られて、もはや全くの直接性を表わすものではないからである。本來の即自性、即ち直接的なものが、「それの許に」との對立から見られ、「それの許に」の面、即ち向他有の面と對立する本來の即自性を表わすとき、それが即自有である。この意味で、元の本來の全く直接的なものとしての即自性を「存在する規定性」と呼び、それの「それの許に」と對立するものとしての或る物の本性を「即自的に存在する規定性」と呼んでいる。またその意味で「即自性」(das Ansich) と「即—自有」(das An-sich-Sein) とが區別されているようにも思われる。

（七三）〔一三九頁〕いくらか大膽な云い方をすれば、或る物の即自有の面が規定であるのに對して、或る物のもつ「それの許に」(an ihm) の面、「向他有」の面が規定性だといってもよい。規定性とは規定のとる形態 (Form) だからである。

（七四）〔一四二頁〕なお、規定と性狀の具體的な説明については、例えば Stirling, The secret of Hegel S. 402 參照。そこではこれを例解して、「或る物」は例えば椅子、その「規定」は人間を一定の姿勢に支えること、その「向他有」は堅牢性、その「規定性」は木、その「性狀」は可燃性だという風に説明している。

（七五）〔一四六頁〕本書、第一巻、第二篇、第二章、A、數の項、參照。

（七六）〔一四七頁〕『哲學の體系』、二五四節、補遺——「分離性《ディスクレチオーン》と連續性との兩契機の統一が空間の客觀的に規定された概念である。しかし、この概念は單に空間の抽象にすぎないものであって、普通に絶對空間と見られるものである。」なお點、線、面の關係については、同書、二五六節、參照。

（七七）〔一四八頁〕ここにいう「有限的なもの」(das Endliche) は勿論、人間としての「有限者」ではない。それは元々「定有」そのものであり、「或る物」そのものであり、限界をもつそれぞれの物であって、宇宙の萬物の意味である。だから、それは人間をも含めた、一層、廣義の有限的存在である。「或る物」そのものが元來「非有を伴う有」として「有限的なもの」であるが、この或る物の本性がいまや或る物の展開を通して開示されたのである。その意味で「有限性」は「定有」一般の項目の中にあるものであるが、定有の本性をなし、定有の中心をなすものとして、定有の項の中心におかれる。なお、次の無限性について先廻りして云えば、無限性こそ定有または或る物の眞の本性をなすものであるが、無限性は實は定有の內的本性をなすものとして、定有自身には必ずしも自覺されない。だから、定有、或る物の表面的な、第一義的な規定はあくまでも「有限性」にある。

（七八）〔一四八頁〕 終り（Ende）は「限り」と「目的」との二義をもっている。從って、ここでも有限的なもの（das Endliche）は有限であること（限界、從って他者への變化、即ち滅亡）をその目的とするものであるから、必然的に滅びるものであるとも云える。

（七九）〔一五三頁〕 制限と當爲の關係についてのこの一節は難解であるから一言しておく。一般的に云えば、前に或る物のもつ二面であった卽自有の面と、性狀（向他有）の面とが展開して、卽自有が當爲となり、性狀の面が制限となっている。ところで、有限者（Ende 限界をもつもの）としての或る物の本性は、即ちそれが「制限」（限界、終末）をもつということである。だから「限界」（Grenze）こそ有限者を有限者たらしめる第一の規定でなければならない。その意味で、一般に否定の面、或いは性狀の面がまず有限者を規定する規定である。しかし、このように否定の面、限界の面が正面に立って或る物を規定するとともに、それによって同時にその卽自有の面であり、或る物の眞の本性である肯定的本性の面も制限され、それ自身「制限」となっている。卽ちいまや規定、卽自有そのものも「制限」なのである。そこで、或る物の本來の規定、卽自有そのものは制限としての卽自有に對して彼岸として、「當爲」として對立することになる。この意味で、これを一般的に云えば、限界、否定の面が制限であるのに對して、卽自有の面が當爲として對立すると云ってよい。

なお本文で「兩刃的 zweischneidig……」といっていることの意味は、「否定（限界）によって否定されるものが却って限界（制限、有限者）である」という意味であって、更にその意味はこうである。或る物に外的に限界を立てることは或る物の卽自有そのものを却って限界とし、制限とすることであるから、前の限界こそ却って或る物の卽自有であり、前の卽自有が却って限界となって、一つの否定、一つの限界が同時に二つの否定を意味し、二つを切っていることを意味する。卽ちそれは或る物を有限者とすることであって、それは卽ち卽自有を制限（限界）とすることだという意味である。從って或る物の眞の本性である卽自有がそれ自身「制限」となるとともに、眞の、本來のそれは却って「當爲」となる。この意味で、制限こそ、それ自身が當爲だとも云えるのである。

（八〇）〔一五五頁〕 カント『實踐理性批判』、第一部、第一篇、第一章、第七節の註。

（八一）〔一五八頁〕 これは、當爲が必然的に制限を伴うものであり、むしろそれ自身、制限であるから、眞の解放でなく、眞の肯定でないと同樣に、「制限が越えられ得ない」というような獨斷の見ている普遍とか無限が制限に對立する抽象的なそれとして、普遍、無限そのものが制限としてのそれであるという意味である。なお、このような無限については、次の無限論が立ち入って說明を與える。

（八二）〔一六九頁〕 この「こういう規定性のために無限者には……」以下の最後の一句については、ラッソンはちがった讀み方をしているが、やはりグロックナー版のままにしておく。

（八三）〔一七九頁〕 「理想的なもの」（das Ideale）については、『美學』（全集、第十二卷）、一〇七頁以下（美學の「區分」の項）、特に第一卷、第一篇、「藝術美、または理想的なもの（das Ideale）」の項（一三五頁以下）を參照。

（八四）〔一八一頁〕 原因と結果との交互性については『大論理學』、中卷、第三篇、第三章Bを參照。

（八五）〔一八九頁〕 向自有（Fürsichsein）とは、他の物に對する否定的關係を介して自分に戻り、自分に關係することになった狀態を云う。「向自」（für sich）とは、「自分として」の意、「自分を自覺した」の意で、他の物との對立によって自分としての獨立性が意識されたことを表わす。

有限性の過程を經て、有限者が自分の本性である無限性を自覺し、定有である有限者そのものが無限者になったものが向自有である。その意味で、向自有は有限者における有限性と無限性との統一である。またその點で、向自有はヘーゲル自身の云うように、それ自身は主觀性であり、主觀性の最初の形態である。また個性であり、個物である。しかし、この向自有がまだ必ずしも人間存在、人間的主觀、人間的個性を表わすものでなく、もっと廣くとらるべきものであり、少くも生物的、または動物的主觀を意味するものであることは注意しなければならない。勿論、人間主觀の意味も含まれてはいるが、眞のそれは更に後の展開の上にはじめて生ずるものである。

(八六) 〔一九二頁〕「向一有」(Sein-für-Eines) は譯語に困るが、Sein-für-Anderes を「向他有」とした例にならい、一應こうしておく。というのは、それは向他有が或る物の中にある他の物の側面を表わしたのと同様に、向一有も一者の中の他の一者の面を表わすものだからである。從って向一有は「向—一者—有」として、「一者に向って」の意味をもち、一者に一者であることを自覺させるものであると同時に、それ自身「一者として」あるものという意味をもつ。即ちそれ自身「一者に向って」ある「一者として」あることによって、第一の一者そのものをも「一者として」のものであることを自覺せしめる契機である。要するに、「向一有」は向自有の中における向他有の契機であるが、向自有が或る物の場合よりも一者である自立性の面が強いだけに、その向他有の面、即ち向一有の面も一者としての自立性の面が強く、從ってまた却って對立する二つの面の同一性の面、つまり向自有としての一者の自立性の面が強く打ち出されていると云ってよい。

(八七) 〔一九八頁〕ライプニッツの哲學原理に對するヘーゲルの批評については、なお『大論理學』、第二巻、第三篇、第一章Cの註釋や『哲學史講義』(グロックナー版)、第三巻、四五四頁以下、參照。

(八八) 〔一九八頁〕「一者」(Eins) は「一つの向自有」ということであって、數の一ではない。即ち向自有として前の有限性と無限性との統一である有限者、云いかえると有限者が自分の本性である無限性を意識したものである。しかし、また「向自有」がはっきり向自有となったものとして、向自有の二面である「向自有」と「向—一—有」との統一である。だから、一者は必ずしも人間に限らず、もっと廣義の個體であり、個性であり、主體である。それ故に「一者」というよりは、むしろ「一つのもの」というのがよいが、譯語としてはどうも仕方なく、一應「一者」としておく。

（八九）〔二〇〇頁〕「それ自身における一者」と一應譯したが、原語は ″das Eins an ihm selbst″ である。この an ihm は前に「或る物」の所で an sich に對して an ihm（それの持つ）といったそれと同じものである。だから、この「それ自身における一者」は das Eins an sich でも in sich selbst でもない。一者としては具體的には原子（アトム）が考えられているから、そういう向自有であって、眞に自分を自覺した主體的存在ではない。「自分を自分が外面的に持つ」というような、即ち an ihm selbst における向自有である。しかし譯語としてはどうも仕方がないので、假りにこの譯語を當てておく。

（九〇）〔二〇三頁〕『エンチクロペディー』、九八節、參照。

（九一）〔二二五頁〕ラッソン版は初版に基いて Wahrheit を Wahrnehmung と改めている。

（九二）〔二二九頁〕物質の牽引と反撥については、なお『エンチクロペディー』、二六二節を參照。

（九三）〔二三〇頁〕本書、第二篇、第三章、B、逆比例の所を參照。なお、求心力と遠心力の關係については、本書の第三篇、第三章、Bの註「遠心力と求心力について」の項、並びに『エンチクロペディー』、（『哲學の體系』）、二七〇節、及びその補遺を參照。

諸版対照表

この表において，Ⅰは本訳書，Ⅱはグロックナー版，Ⅲはズールカンプ社版，Ⅳはアカデミー版の頁数である．

Ⅰ	Ⅱ	Ⅲ	Ⅳ	Ⅰ	Ⅱ	Ⅲ	Ⅳ
1	13/14	13/14	5	38	49/50	47/48	36/37
2	14/15	14/15	5/6	39	50/51	48/49	37/38
3	15/16	15/16	6/7	40	51/52	49/50	38
4	16/17	16/17	7/8	41	52/53	50/51	38/39
5	17/18	17	8	42	53/54	51/52	39/40
6	18/19	17/18	8/9	43	54/55	52/53	40/41
7	20/21	19	10	44	55/56	53/54	41/42
8	21/22	19/20	10/11	45	56/57	54/55	42
9	22/23	20/21	11/12	46	57/58	55/56	42/43
10	23	21/22	12	47	59/60	56	44
11	23/24	22/23	12/13	48	60	56/57	44/45
12	24/25	23/24	13	49	61	57/58	45/46
13	25/26	24/25	13/14	50	61/62/63	58/59	46/47
14	26/27	25/26	14/15	51	63/64	59/60	47/48
15	27/28	26/27	15	52	64	60/61	48
16	28/29	27/28	15/16	53	64/65	61/62	48/49
17	29/30	28/29	16/17	54	65/66	62	49
18	30/31	29/30	17	57	69/70	65	53
19	31/32	30/31	17/18	58	70/71	65/66	53/54
20	32/33	31/32	18/19	59	71/72	66/67	54/55
21	33/34	32/33	19	60	72/73	67/68	55/56
22	34/35	33/34	19/20	61	73	68/69	56
25	36/37	35	27	62	73/74	69/70	56/57
26	37/38	35/36	27/28	63	74/75	70/71	57/58
27	38/39	36/37	28/29	64	75/76	71/72	58/59
28	39/40	37/38	29	65	76/77	72	59
29	40/41	38/39	29/30	66	77/78	72/73	59/60
30	41/42	39/40	30/31	67	78/79	73/74	60/61
31	42/43	40/41	31/32	68	79/80	74/75	61/62
32	43/44	41/42	32	69	80	75/76	62
33	44/45	42/43	32/33	70	80/81	76/77	62/63
34	45/46	43/44	33/34	71	81/82	77	63/64
35	46/47	44/45	34/35	72	83	77/78	64/65
36	47/48	45/46	35	73	83/84	78/79	65
37	48/49	46/47	35/36	74	84/85	79/80	66

Ⅰ	Ⅱ	Ⅲ	Ⅳ	Ⅰ	Ⅱ	Ⅲ	Ⅳ
75	85/86	80/81	66/67	118	122/123	116	96/97
76	86	81	67	119	123/124	116	97/98
77	87	82	68	120	124	117/118	98
78	87/88	82/83	68/69	121	124/125	118/119	98/99
79	88/89	83	69/70	122	125/126	119	99/100
80	89/90	84	70	123	126/127	119/120	100
81	90/91	84/85	70/71	124	127/128	120/121	100/101
82	91/92	85/86	71/72	125	128/129	121/122	101/102
83	92/93	86/87	72	126	129/130	122/123	102/103
84	93/94	87/88	72/73	127	130	123/124	103
85	94	88/89	73/74	128	130/131	124	103/104
86	94/95	89/90	74/75	129	131/132	124/125	104
87	95/96	90/91	75/76	130	132/133	125/126	104/105
88	96/97	91/92	76	131	133/134	126	105/106
89	97/98	92/93	76/77	132	134	126/127	106
90	98/99	93	77/78	133	134/135	127/128	106/107
91	99/100	93/94	78/79	134	135/136	128/129	107/108
92	100/101	94/95	79	135	136/137	129	108
93	101/102	95/96	79/80	136	137/138	129/130	108/109
94	102/103	96/97	80/81	137	138	130/131	109/110
95	103/104	97/98	81	138	138/139	131/132	110
96	104	98/99	81/82	139	139/140	132	110/111
97	104/105	99	82/83	140	140/141	132/133	111
98	105/106	99/100	83	141	141/142	133/134	111/112
99	106/107	100/101	83/84	142	142	134/135	112/113
100	107/108	101/102	84	143	142/143	135	113
101	108/109	102/103	84/85	144	143/144	135/136	113/114
102	109/110	103/104	85/86	145	144/145	136/137	114/115
103	110	104	86	146	145/146	137/138	115
104	110/111	104/105	86	147	146/147	138/139	115/116
105	111/112	105/106	87	148	147	139/140	116
106	112/113	106/107	87/88	149	147/148	140	116/117
107	113/114	107/108	88/89	150	148/149	140/141	117/118
108	114/115	108/109	89/90	151	149/150	141/142	118
109	115/116	109	90	152	150/151	142	118/119
110	116/117	109/110	90/91	153	151	142/143	119
111	117/118	110/111	91/92	154	151/152	143/144	119/120
112	118/119	111/112	92/93	155	152/153	144/145	120/121
113	119	112/113	93/94	156	153/154	145/146	121/122
114	119/120	113/114	94	157	154/155	146/147	122
115	120/121	114	94/95	158	155/156	147/148	122
116	121	114/115	95	159	156/157	148	123
117	122	115/116	96	160	157/158	148/149	123/124

I	II	III	IV	I	II	III	IV
161	158/159	149/150	124/125	196	189/190	179/180	148/149
162	159	150/151	125/126	197	190/191	180/181	149/150
163	159/160	151/152	126	198	191	181/182	150/151
164	160/161	152/153	127	199	191/192	182/183	151
165	161/162	153	127/128	200	192/193	183	151/152
166	162/163	153/154	128/129	201	193/194	183/184	152/153
167	163/164	154/155	129	202	194/195	184/185	153/154
168	164/165	155/156	129/130	203	195/196	185/186	154/155
169	165/166	156/157	130/131	204	196/197	186/187	155
170	166/167	157/158	131	205	197/198	187/188	155/156
171	167/168	158/159	131/132	206	198	188	156/157
172	168	159/160	132/133	207	198/199	188/189	157/158
173	168/169	160/161	133/134	208	199/200	189/190	158
174	169/170	161	134	209	200/201	190/191	158/159
175	170/171	161/162	134/135	210	201/202	191/192	159/160
176	171/172	162/163	135	211	202	192	160
177	172/173	163/164	135/136	212	202/203	192/193	160/161
178	173/174	164/165	136/137	213	203/204	193/194	161/162
179	174/175	165/166	137	214	204/205	194/195	162
180	175/176	166/167	137/138	215	205	195	162/163
181	176/177	167/168	138/139	216	205/206	195/196	163
182	177/178	168	139	217	206/207	196/197	163/164
183	178/179	168/169	139/140	218	207/208	197/198	164
184	179	169/170	140/141	219	208/209	198	164/165
185	179/180	170/171	141	220	209/210	198/199	165
186	180/181	171/172	142	221	210	199/200	165/166
187	181/182	172/173	142/143	222	210/211	200/201	166/167
188	182/183	173	143	223	211/212	201/202	167
189	183/184	174	144	224	212/213	202	167/168
190	184/185	174/175	144/145	225	213/214	202/203/204	169
191	185/186	175/176	145/146	226	214/215	204	169/170
192	186	176/177	146/147	227	215/216	204/205	170/171
193	186/187	177	147	228	216/217	205/206	171
194	187/188	177/178	147/148	229	217/218	206/207	171/172
195	188/189	178/179	148	230	218	207/208	172

■岩波オンデマンドブックス■

ヘーゲル全集 6a 大論理学 上巻の一

1956 年 11 月 10 日 第 1 刷発行
1994 年 12 月 21 日 第 25 刷発行
2002 年 9 月 6 日 新装版第 1 刷発行
2002 年 9 月 25 日 新装版第 2 刷発行
2016 年 8 月 16 日 オンデマンド版発行

訳 者 武市《たけち》健人《たてひと》

発行者 岡 本 厚

発行所 株式会社 岩波書店
〒 101-8002 東京都千代田区一ツ橋 2-5-5
電話案内 03-5210-4000
http://www.iwanami.co.jp/

印刷／製本・法令印刷

ISBN 978-4-00-730472-9 Printed in Japan